Thema
Geschichte

Geschichtliche Reihe für die Sekundarstufe II

Augustus – Prinzipat und Herrscherbild bei Zeitgenossen und Nachwelt

Heinz-Peter Platen

Schroedel

Thema Geschichte
Geschichtliche Reihe für die Sekundarstufe II

Augustus –
Prinzipat und Herrscherbild
bei Zeitgenossen und Nachwelt

bearbeitet von
Heinz-Peter Platen

ISBN 3-507-36851-X

Druck A 5 4 3 2 1 / 2006 2005 2004 2003 2002

Alle Drucke der Serie A sind im Unterricht parallel verwendbar. Die letzte Zahl bezeichnet das Jahr dieses Druckes.

Layout: Janssen Kahlert, Hannover
Grafik: Dirk Pfannenschmidt, Hannover
Kartographie: Theis Heidolph, Kottgeisering
Satz: Schmiku Repro, Schwerte
Druck: klr-mediapartner, Lengerich

INHALTSVERZEICHNIS

Einleitung 5

1. Bühne für die Politik – Die Regierungsviertel in Berlin und im augusteischen Rom 7

1.0 Politik und Öffentlichkeit: Repräsentative Regierungsbauten 8
1.1 Das Reichstagsgebäude, das Bundeskanzleramt und das Band des Bundes 9
1.2 Forum Romanum: Das „Regierungsviertel" im augusteischen Rom 16

2. Formen der Selbstdarstellung des Prinzipats 21

2.0 Alles Theater? 22
2.1 Architektur, Bilder und Skulpturen 23
Methoden: Münzen als historische Quellen 35
2.2 Dichtung und Literatur 40
2.3 Religion und Herrscherkult 48

3. Beruhte der Prinzipat auf einer Ideologie? Römische Sichtweisen 53

3.0 Augustus in der Toga 54
3.1 Der Tatenbericht des Augustus 55
3.2 Die Annalen des Tacitus 61
3.3 Zum Begriff der Ideologie 67
Methoden: Schriftliche Quellen zur Antike 69

4. Der Prinzipat: Eine neue Staatsform? 73

4.0 Wie kann eine Republik aus der Geschichte verschwinden? 74
4.1 Von der Republik zum Prinzipat 75
4.2 Das System der römischen Republik 80
4.3 Funktionen des augusteischen Staates 84

5. Zweitausend Jahre Augustus: Sein Nachleben in Geschichtswissenschaft und Politik 89

5.0 Was ist Rezeptionsgeschichte? **90**
5.1 Vorbild oder Feindbild? Vorstufen des modernen Augustusbildes 91
5.2 Nur dem politischen Zeitgeist verpflichtet? Geschichtswissenschaft und Geschichtsunterricht in Deutschland 100
5.3 Augustus im deutschen Schulbuch 107
Methoden: Darstellungen zur (Alten) Geschichte 110
5.4 Der Prinzipat als Vorbild des italienischen Faschismus 116
Methoden: Architektur als Quelle 127

6. Verwandlung der Berliner Republik? Politik in der medialen Erlebnisgesellschaft 133

6.0 Demokratie und Massenmedien **134**
6.1 Mediale Erlebnisgesellschaft 135
6.2 Politik im Unterhaltungsformat 139
6.3 Politainment und Mediokratie – Neue Herrschaftsformen? 142

Zeittafel 148
Glossar 149
Informationen zur weiteren Arbeit – Vorschläge für Referate und Facharbeiten, Literaturhinweise, Internetadressen 153
Register 159

EINLEITUNG

Die Alte Geschichte hat an Universitäten und Schulen einen schweren Stand, weil Rom und Griechenland in den Lehrplänen immer weniger Platz finden. Dem widersprechend gibt es aber in der breiten Öffentlichkeit ein zunehmendes Interesse an dem „Fremden in der Zeit", d.h. an weit zurückliegender Vergangenheit. Da Freizeit eine immer größere Rolle spielt, gibt es offensichtlich kaum ein größeres Vergnügen, als in eine Zeit einzutauchen, die sich deutlich von der unseren unterscheidet. Daher spielen heute die Erschließung archäologischer Denkmäler und ihre touristische Aufbereitung eine gewichtige Rolle. Erwartet wird dabei meist eine spannende und verständliche Präsentation von Vergangenheit, bei der authentische historische Objekte mit Nachbauten und Rekonstruktionen verbunden werden. Es bleibt die Frage, ob die römische Antike heute nur mehr eine touristische Attraktion ist oder ob das Interesse an der Antike in Wahrheit ungebrochen ist und die Menschen nur nach neuen Möglichkeiten suchen, Vergangenheit auch zu erleben und zu verstehen.

Fünf Gesichtspunkte sind es vor allem, die eine Berücksichtigung antiker Themen im Unterricht begründen, ohne dass man mit dem notwendigen Primat der Neueren und Neuesten Geschichte in sinnlose Konkurrenz treten muss:

1. Man darf die Vorgeschichte der Gegenwart nicht zu kurz greifen lassen. Wir erleben gerade auf dem Balkan und anderswo, wie weit historische Ursachen zurückreichen können. Die Antike ist über eine lange Tradition hin wirksam, daher bildet sie einen wesentlichen Bestandteil unseres Geschichtsbewusstseins.
2. Nur die Berücksichtigung weit zurückliegender Gegenstände erlaubt es, langfristig wirkende Veränderungen und Kontinuitäten bewusst wahrzunehmen.
3. Die Antike bietet ein einmaliges „methodisches Exerzier- und Studienfeld" (Christian Meier).
4. Wir begreifen uns zunehmend als europäische Kultur- und Handlungsgemeinschaft. Die Antike war es, die hierzu den Grundstein gelegt hat in der mittelmeerumspannenden Kultur des Hellenismus und der politischen Einheit des Römischen Reiches.
5. In der modernen multikulturellen Gesellschaft ist die Beschäftigung mit dem „Anderen" Selbstverständlichkeit und stete Herausforderung zugleich. Das „Fremde in der Zeit" ist hierbei eine besonders nützliche Facette – zumal wir merken, dass uns mit der Welt der Antike immer noch vieles verbindet.

Innerhalb des Umgangs mit der Antike gibt es wiederum eine Reihe von Argumenten, die für die Beschäftigung mit dem augusteischen Prinzipat sprechen:

1. Eine wissenschaftspropädeutische Problematisierung ist hier besonders fruchtbar, weil für diese Zeit die Überlieferungssituation hinsichtlich Dichte und Vielfalt der Quellen außergewöhnlich gut ist. Dadurch ist multiperspektivische und methodenorientierte Beschäftigung mit dem Stoff möglich.
2. Das politische Gewicht der Epoche besteht darin, dass hier die folgenden Jahrhunderte römischer Kaiserzeit vorgeprägt wurden, deren Fortsetzungsversuche das nächste Jahrtausend europäischer Geschichte bestimmten.
3. Die Epoche war hinsichtlich Kunst und Literatur so ertragreich, dass sie Nachwirkungen in die europäische Geistesgeschichte bis heute gehabt hat.
4. Epoche und Figur des Augustus haben zumeist als Vorbild gewirkt. Spätere Herrscher haben versucht, ihn nachzuahmen und seine Bildsymbolik aufzunehmen.
5. Nicht nur wegen der guten Quellenlage ist kaum eine Epoche in der Geschichtswissenschaft so häufig und ausführlich behandelt worden: In Bezug auf den Interpretationsspielraum der vergleichsweise

gering institutionalisierten, gleichwohl glanzvollen Regierungsform des Prinzipats war jeder Forscher mehr als in manch anderem Stoff gefordert, sein eigenes Weltbild preiszugeben. Daher eignet sich der Prinzipat so gut als Kristallisationspunkt für Rezeptionsgeschichte.

Der grundlegende Ansatz dieses Schulbuchs knüpft an eine alte Anregung von Karl Christ an, der vorschlug, vom „Tatenbericht" des Augustus auszugehen, diesem die Annalen des Tacitus gegenüberzustellen und beide unter Verwendung des Ideologiebegriffs zu analysieren. (GWU 19, 1968, S. 329). Erweitert wird dies hier um die Berücksichtigung des Bau- und Bildprogramms und der augusteischen Literatur, was große Kooperationsmöglichkeiten mit dem Latein- und Kunstunterricht eröffnet. Danach wird gezeigt und zur Diskussion gestellt, wie unterschiedlich im Lauf der Geschichte dieselbe Sache, nämlich der Prinzipat, dargestellt worden ist und wie sehr das einzelne Urteil zeitabhängig ist. Auf dieser Basis kann sich der Blick öffnen für unseren gegenwärtigen Umgang mit Macht und Machtrepräsentation.

Geschichte lebt nur, wenn man aktuelle Fragen an sie heranträgt. Ist der Prinzipat „aktueller" als viele andere Epochen? Dieses Buch versucht gar nicht erst, seine Zeitgebundenheit hinter einer falsch verstandenen Objektivität zu verbergen. Die junge Berliner Republik, in der sich politische Mechanismen verändern, ist stets die Folie, vor der Augustus hier befragt wird. Ist seine Zeit der unseren in mancher Hinsicht näher als uns lieb ist? Wie gehen wir heute mit der (Selbst-)Darstellung von Macht um? Wie verändert sich der öffentliche Raum, in dem Herrschaft kommuniziert wird? Hat das Folgen für die Grundstrukturen der Demokratie?

Die Autorentexte sind bewusst knapp gehalten, führen zum Thema hin, eröffnen den Problemhorizont des jeweiligen Kapitels, stellen zeitliche und sachliche Zusammenhänge her und liefern notwendige Informationen. Die Materialien dagegen enthalten Daten und Fakten, kontroverse Bewertungen und vor allem Quellen, die in diesem Buch grundsätzlich unterschieden sind von Texten der Sekundärliteratur. Die Primärquellen sind sehr vielgestaltig, sie umfassen Dichtung und antike „Sachliteratur", außerdem verschiedenste Bildformen wie Münzen, Skulpturen und Architektur. Bei der Auswahl und Zusammenstellung der Materialien wurde besonderer Wert darauf gelegt, dass durchgängig ein wissenschaftspropädeutisches Arbeiten auf dem Niveau der Sekundarstufe II in Grund- und Leistungskurs möglich ist.

Methodenbewusstes Arbeiten wird in diesem Schulbuch großgeschrieben. Alle Kapitel leiten zum Lernen fachspezifischer Techniken an. Das Buch enthält darüber hinaus vier besondere Methodenkapitel, in denen spezifische Arbeitsweisen oder Quellengruppen eigens im Mittelpunkt stehen. Zum methodenbewussten Arbeiten gehören auch Angebote zur weiteren eigenständigen Beschäftigung mit dem Thema. Deshalb bietet das Buch in einem Serviceanhang zu allen Kapiteln umfangreiche Zusatzinformationen in Form von Fachliteratur und Internetadressen an, die noch durch zahlreiche Vorschläge für Referate und Facharbeiten ergänzt werden. Glossar und Register erleichtern zusätzlich die selbständige Arbeit mit Buch und Thema.

1. Bühne für Politik – Die Regierungsviertel in Berlin und im augusteischen Rom

1.0 Politik und Öffentlichkeit: Repräsentative Regierungsbauten

Wie funktioniert Demokratie?

„Die Bundesrepublik Deutschland ist ein demokratischer und sozialer Bundesstaat. Alle Staatsgewalt geht vom Volke aus. Sie wird vom Volk in Wahlen und Abstimmungen und durch besondere Organe der Gesetzgebung, der vollziehenden Gewalt und der Rechtsprechung ausgeübt." So kennzeichnet das Grundgesetz die Strukturprinzipien der Bundesrepublik Deutschland. Der Bundespräsident repräsentiert diesen Staat als Staatsoberhaupt nach innen und nach außen. Aber auch weitere Amtsträger und Institutionen (z. B. der Bundeskanzler und der Bundestag) stellen die Bundesrepublik in der Öffentlichkeit dar. Aussagen und Auftreten von Spitzenpolitikern gehören ebenso dazu wie die Gebäude, in denen sie ihren Sitz haben. Wie wird eine Demokratie repräsentiert? Welches Gewicht kommt dabei der Darstellung und Selbstdarstellung im politischen Leben zu? Welchen Einfluss übt die wachsende Bedeutung der Öffentlichkeit aus?

Streit über Gebäude

Die 1991 wieder zur Hauptstadt gewordene Stadt Berlin gibt dem vereinigten Deutschland in besonderem Maße eine Gelegenheit, sich selbst zu präsentieren – und verspürt zugleich die Verpflichtung dazu. In der Öffentlichkeit wird wieder über Gebäude diskutiert, in Berlin und anderswo. Großprojekte wie der Reichstag, das Berliner Stadtschloss, das Holocaust-Mahnmal oder das neue jüdische Museum entfachen den Streit nicht nur ums Geld, sondern auch um das Selbstverständnis einer sich wandelnden Gesellschaft.

Das Regierungsviertel im Spreebogen

Ganz besonders im Blickpunkt steht dabei das Regierungsviertel, das nicht nur viele zentrale Funktionen von Staat und Regierung erfüllt, sondern wie kaum eine andere Gebäudegruppe auch bildlich im Mittelpunkt steht, wenn von deutscher Politik die Rede ist. Sein Neubau muss daher auch etwas von dem ausdrücken, was die Bauherren unter dieser Politik verstehen.

„Bühne der Republik"?

Auch im augusteischen Rom, im politischen Zentrum der zivilisierten europäischen Welt der Zeitenwende, kann man von einem „Regierungsviertel" sprechen. Gerade in einem Zeitraum, in dem sich ein tief greifender Wandel in der römischen Innenpolitik vollendete, nämlich der Übergang von der Republik zum Prinzipat, ließ der neue Herr Roms dort zahlreiche Gebäude errichten, die einen Wandel des politischen Selbstverständnisses anschaulich repräsentierten.

Bauen und politische Entwicklung

Welche Aussagen treffen zentrale politische Gebäude über das System, das sie repräsentieren? Sind es bewusste oder unbewusste Aussagen? Mehr noch: Sagen Bau- und Repräsentationsformen etwas über den inneren Zustand von Staat, Politik und Gesellschaft aus? Lassen sie gar Rückschlüsse auf den langfristigen Fortgang politischer Entwicklungen zu? Der historische Vergleich kann helfen, solche Fragestellungen zu präzisieren und zu beantworten.

1.1 Das Reichstagsgebäude, das Bundeskanzleramt und das Band des Bundes

Das Reichstagsgebäude nach dem Umbau, von Westen aus gesehen.

MATERIAL 1

Selbstdarstellung des Bundestages zur gläsernen Kuppel (1998)

Nach dem Entwurf von Sir Norman Foster und in Kooperation mit Fachingenieuren hat der moderne Dachaufbau des Parlamentssitzes nun seine endgültige Gestalt angenommen. Die rund 23 m hohe und 40 m breite Kuppel aus Stahl und Glas dient der natürlichen Belichtung und Belüftung und ist begehbar. Die Arbeitsgemeinschaft Reichstagskuppel, [...] hatte sich Ende letzten Jahres erfolgreich bei der europaweiten Ausschreibung durchgesetzt und hat die Kuppel bis auf wenige Restarbeiten fertiggestellt.

Unter den vielen Möglichkeiten, dem Reichstagsgebäude wieder einen signifikanten Dachaufbau zu geben, hatte der Ältestenrat des Deutschen Bundestags sich im Frühjahr 1995 für die moderne Version einer Kuppel entschieden. Sie wird von der Dachterrasse aus über eine Rampe öffentlich zugänglich sein und den Plenarsaal mit modernster Belichtungs- und Beleuchtungstechnik versorgen.

Besucher haben nach der Aufnahme der parlamentarischen Arbeit im Reichstagsgebäude 1999 Gelegenheit, den Parlamentssitz über das Westportal zu betreten. Von hier aus bringen sie zwei Aufzüge zur Dachterrasse, von der sie das 24 m hoch gelegene Restaurant erreichen. Wer einen noch attraktiveren Rundblick über Berlin auf 40 m Höhe genießen will, der gelangt zu Fuß über eine Rampe zur 200 qm großen Aussichtsplattform im oberen Teil der Kuppel.

1997 diente ein Montagegerüst zum innenseitigen Einbau der beiden gegenläufigen Rampen. Die in der Werkstatt vorgefertigten Rampenelemente wurden auf dem Dach des Reichstagsgebäudes zusammengeschweißt und eingebaut. Ende letzten Jahres folgten die Stahlrippen und die Aussteifung durch 17 Horizontalträger. Nachdem die Aussichtsplattform mit der Rampe und der Hauptkonstruktion verbunden war, konnte die Konstruktion freigesetzt und das Hilfsgerüst demontiert werden.

Im Kuppelinneren befindet sich ein trichterförmiges Lichtumlenkelement (Konus) mit Spiegeln, das diffuses Tageslicht in den zehn Meter tiefer gelegenen Plenarsaal führt. Die Lichtumlenkung erfolgt über 30 Spiegelreihen mit jeweils 12 Spiegeln, so dass insgesamt 360 Einzelspiegel (4,20 x 0,60 m) das Sonnenlicht reflektieren werden.

Zur Vermeidung direkter Sonneneinstrahlung sollen die jeweils der Sonne zugewandten Spiegel bei Bedarf durch ein mitfahrendes Sonnenschutzelement abgeschattet werden.

http://www.bundestag.de (1998).

MATERIAL

2 Das Reichstagsgebäude zwischen Einst und Jetzt (1999)

Das wohl prominenteste Beispiel für das architektonische Neuarrangement von Einst und Jetzt ist das Reichstagsgebäude, das nach den Plänen des Londoner Architekten Sir Norman Foster umgestaltet worden ist. Der Reichstag von Paul Wallot[1] ist ein sehr deutscher Gedächtnisort. Seine Fertigstellung kurz vor der Jahrhundertwende war ein Zeichen für die zögerliche Parlamentarisierung des Kaiserreiches, sein Brand 1933 das Fanal des nationalsozialistischen Terrors, die Verhüllung durch Christo 1995 die gewiss heiterste Feierstunde der Einheit. Dem komplizierten Befund entspricht Fosters architektonisches Konzept, alle Geschichtsspuren zu erhalten und den neo-barocken Wallot-Bau mit Ergänzungen unserer Tage zu collagieren. Neben der Pflege des Überkommenen verlangten die Bauherren im Auslobungstext für den Reichstagswettbewerb 1992 aber auch, die feste Burg des Parlamentarismus solle „transparenter" werden – so, als ließe sich aus einem Monumentalbau der Jahrhundertwende mit ein paar Federstrichen ein Glashaus zaubern. [...]

Fünfundvierzigtausend Tonnen Marmor, Stein und Eisen brachen die Bauarbeiter seit Beginn der Sanierung im Juli 1995 aus dem Innern des Wallot-Baus, ein Drittel des Bestandes musste der Zukunft weichen. Die Mittelachse hinter dem Säulenportikus mit der Inschrift „Dem Deutschen Volke" wurde von der Kellersohle bis zum Dach abgetragen. In das künstliche Ruinenfeld hat Foster den neuen, zwölfhundert Quadratmeter messenden Plenarsaal gestellt. Die Raumdisposition orientiert sich an Vorstellungen Wallots, dessen Plenum freilich nur halb so groß war wie das jetzt fertiggestellte. Das Präsidium und die Bundesregierung sitzen darin, ähnlich wie im historischen Gebäude, an der Ostseite, ihnen gegenüber im flachen Halbrund einer Ellipse die Abgeordneten. Die kreisrunde, weltweit vorbildlose Sitzordnung des Bonner Neubaus bleibt damit eine rheinische Episode. [...]

Dem sandgestrahlten und stilbereinigten Reichstagsgebäude eignet, allen gegenteiligen Beteuerungen des Bauherren zum Trotz, ein Pathos, das der bundesrepublikanischen Selbstdarstellung bislang fremd war. Es sind, wie schon einst im Wallot-Bau, vor allem die Dimensionen, die beeindrucken: der größte Plenarsaal der deutschen Geschichte, die haushohe Westhalle, die weiten Blicke hinauf in die Kuppel. So erfolgreich das Globaldesign aus Fosters international operierender Architekturfabrik sich auch müht, dem Bau jeden nationalen Charakter zu nehmen – es beschleicht den Besucher doch die Ahnung, dass die Räume geeigneter sein könnten als die Bonner Bauten, über Krieg und Frieden zu debattieren, Staatsbegräbnisse abzuhalten oder Orden zu verleihen. Hier ist der Inszenierung des Politischen eine Kulisse geschaffen worden, die große Worte zwar nicht erzwingt, sie aber auch nicht konterkariert.

Dem Souverän, dem Volk, dient das Westportal mit Säulenportikus und Freitreppe am Platz der Republik als Eingang: Hier dürfen Reichstagsbesucher nach obligatorischen Sicherheitskontrollen hereinschlendern und den Abgeordneten buchstäblich aufs Dach steigen. [...]

Ganz oben schließlich steht die Dachterrasse mit einem Restaurant den Besuchern offen, über deren Köpfen sich die neue Kuppel erhebt. Nun, da die transparente Haube tagsüber im Sonnenlicht glitzert und abends nobel erglüht, lässt sie den heftigen Streit vergessen, der ihre Entstehung begleitete. Auch sie ist, obwohl man ihr diese Abstammung nicht mehr ansieht, geboren aus dem Geist des Kompromisses, von Foster nur widerwillig in die Welt gesetzt. Der Brite hatte den Auftrag für die Umgestaltung des Reichstags gegen weltweite Konkurrenz noch mit einem kuppellosen Entwurf gewonnen. Erst auf Druck der CDU/CSU-Fraktion hin erklärte er sich bereit, den Umbau mit einem Konstrukt aus Glas und Stahl zu krönen. Den verbreiteten Wunsch aber, dem Reichstag wieder seine historische Kuppel aufzusetzen, die nach Kriegsbeschädigungen im November 1954 gesprengt worden war, mochte Sir Norman nicht erfüllen.

[1] Paul Wallot (1841–1912), leitender Architekt des Reichtags, 1884–1894.

Heinrich Wefing, Republikanische Lockerungsübungen. Der Umzug nach Berlin und das Ende der Angst vor der Baugeschichte, in: Aus Politik und Zeitgeschichte B 32–33/1999, S. 26 ff.

Das amerikanische Künstlerehepaar Christo und Jean-Claude konnte sich nach 24-jährigem Instanzenzug einen Traum erfüllen. Mit ca. 100 000 qm Stoff und 15,6 km Seil verhüllten sie im Sommer 1995 den Reichstag. Mehr als fünf Millionen Besucher aus aller Welt waren begeistert.

Luftaufnahme des Bundeskanzleramtes, im Vordergrund das „Haus der Kulturen", ein multikultureller Veranstaltungsort.

Front des Bundeskanzleramtes.

MATERIAL

3 Wie kann man der Macht Anmut verleihen? Das Bundeskanzleramt (2001)

Wo Decken schwingen, Säulen tanzen, Wände pulsieren, Treppen kreisen, Dächer fliegen und Bäume in den Himmel wachsen – da wird Deutschland von nun an regiert. In Berlin, zwischen Spree und Tiergarten, ist ein Wunder geschehen: Des Kanzlers neues Haus, in dem wie in jedem Amt vornehmlich Büroarbeit absolviert wird, sieht überhaupt nicht aus wie ein Verwaltungsgebäude. Die Architekten, Axel Schultes und Charlotte Frank, haben statt dessen hier ihren „Traum vom Raum" verwirklicht. Sie waren so mutig, dieser Schaltzentrale der Macht Form und Gesicht zu verleihen. Sie haben sich zudem getraut, Größe zu zeigen.

Aber groß sind nicht die Funktionsräume, sondern die Zwischen-Räume – die Foyers, die Loggien, die Freitreppen, die „Skylobby", die Wandelgänge, die Höfe und die Gärten. Man hat sich den Luxus überhöhter – und überhöhender – Dimensionen geleistet, ohne dabei der Gefahr von hohlem Pathos und leerer Monumentalität zu erliegen.

Schultes und Frank wollten dem Handeln des Kanzlers und seiner 450 Mitarbeiter eine attraktive und erhabene Bühne verschaffen, die hauptsächlich dann zur Geltung kommt, wenn Staatsempfänge, Politpartys, Bürgertage und internationale Konferenzen veranstaltet werden. Eine gute Bühne braucht räumliche Tiefe und Versatzstücke oder Kulissen, die den Raum definieren. Zu diesem Zweck erfanden die Architekten ihren beweglichen Stelen-Wald aus hellem Beton, der dreidimensional zwischen Außen und Innen vermittelt, „dumme, platte Fassaden" (Schultes) vermeidet und außerdem echte Bäume in vierzehn Meter Höhe sprießen lässt. Diese locker gruppierten Stelen – halb Säule, halb Paravent – vor der Eingangs- und der Rückfront und auf den oberen Loggien sind weich modelliert, haben einen asymmetrisch gewellten Grundriss. Sie bilden eine gestaffelte plastische Zwischenschicht, eine gleichsam poröse Zone des allmählichen Übergangs vom Hof ins Haus und vom Haus in den Garten. Sie lenken Einblicke und Ausblicke, demonstrieren Offenheit.

Wo immer es geht, wird die Hülle perforiert, wird Substanz weggenommen und durch gerahmte Leere ersetzt. Das ist kreativer Widerstand gegen die Schwerkraft. Die Dynamik macht der Statik Beine. Die Balance zwischen Lasten und Schweben wird körperlich spürbar. Das Volumen der Luft ist ein Teil der Architektur. Der Himmel wird mit

einbezogen. Ein Spiel mit Licht und Schatten. [...] Die fantasielose Vernunft, die nur in Quadratmetern Nutzfläche denkt, musste unterlaufen werden. Denn die noch ans bequeme Bonner Understatement gewöhnten Politiker wussten und wissen mit verschwenderisch zugeschnittenen Hallen und fürstlich ausgelegten Terrassen nicht viel anzufangen. Für eine derart komplex komponierte und emotional hochgestimmte Architektur mit weit ausholender Geste fehlt der Sinn. Nur Helmut Kohl, der vormalige Bauherr, hatte begriffen, dass sich die Republik in einem so zentralen Bau wichtig nehmen und dass sie großzügig mit sich sein solle.
Dementsprechend ausladend und repräsentativ wurde das ansteigende Foyer zwischen Ehrenhof und Kanzlergarten gestaltet. [...]
In den oberen Etagen des so genannten Leitungsbaus, wo letztlich die Entscheidungen fallen, wird die große Freiheit fließender Räume in höchster Vollendung zelebriert. Böden und Decken der Foyers sind, wie auch das Dach, kurvig ausgeschnitten. Es entstehen so durch Brückenstege verbundene Ränge, von denen aus der Blick durch die Lufträume in alle Richtungen dieser „ Skylobby" schweifen kann. Die Mitte der ineinander übergehenden Hallen wird auf besondere Weise fokussiert – durch das „Vakuum" einer mehrgeschossigen Treppenskulptur aus jeweils vier versetzten Kreissegmenten, die in ihrer Form und Steigung an ein griechisches Amphitheater erinnern. Die hinreißend schöne Treppe lädt geradezu ein, während eines Festes von den Gästen zwanglos in Besitz genommen zu werden.

Peter M. Bode, Bundeskanzleramt. Eine Bühne für die Republik, in: art Nr. 7, 2001, S. 44–47.

MATERIAL 4

Das Band des Bundes ohne Bürgerforum im Spreebogen?

a) Der Stadtplaner und Architekt Günter Schlusche sieht eine Diskrepanz zwischen Anspruch und Ausführung im „Band des Bundes" (2001).

Der Spreebogen-Wettbewerb wurde im Februar 1993 von den Berliner Architekten Axel Schultes und Charlotte Frank gewonnen, die schon in die Planungsverfahren zum „Zentralen Bereich" involviert waren. Ihr Entwurf überzeugte das Preisgericht mit der äußerst kraftvollen Idee einer linearen städtebaulichen Struktur, welche die Spree an zwei Stellen überspannt und Exekutive wie Legislative, also durchaus heterogene Elemente, in einer Konfiguration gegenüberstellte. Die große, auch international sehr positive Resonanz auf diesen Entwurf erklärt sich zu einem Gutteil aus seiner stadtgeschichtlichen Sensibilität. Dem Großmachtstreben des Nationalsozialismus, der eine gewaltige Nord-Süd-Achse durch die Berliner Innenstadt geplant hatte und hier in einer „Halle des Volkes" kulminieren lassen wollte, setzten Schultes und Frank das „Band des Bundes" entgegen. Die zweite Quelle der Akzeptanz dieses Entwurfs war sicherlich der Anspruch, den Ost- und den Westteil der gerade wiedervereinten Stadt mit dieser Formation wieder zu verklammern, eine idealistische, aber eingängige Metapher.
Den beiden Architekten gelang es 1995 schließlich auch, den architektonischen Wettbewerb für das im Westen des Bandes platzierte Bundeskanzleramt zu gewinnen – eine keineswegs selbstverständliche Entscheidung, die der damalige Bundeskanzler Helmut Kohl erst nach halbjähriger Bedenkzeit traf. [...] Der Wettbewerb für das östliche Glied des Bandes, den Bereich, in dem die Parlamentsgebäude entstehen sollten, wurde von dem Münchener Architekten Stephan Branfels gewonnen, der nach einer Entscheidung der Auftraggeber auch zum Architekten für die Fortsetzung des Bandes zwischen Spree und Luisenstraße wurde.
Während die „harten" Elemente des Bandes, also das Kanzleramt und die Parlamentsbauten, praktisch fertig gestellt sind, ist das Kernstück des Schultes-Frank-Entwurfs, das Forum des Bundes, bis heute eine Idee geblieben. Weder die alte noch die neue Bundesregierung oder der Bundestag haben der in keinem Programm vorgegebenen, aber gleichwohl sinnfälligen Idee von Schultes und Frank, hier ein Forum für den Austausch zwischen gesellschaftlicher Öffentlich-

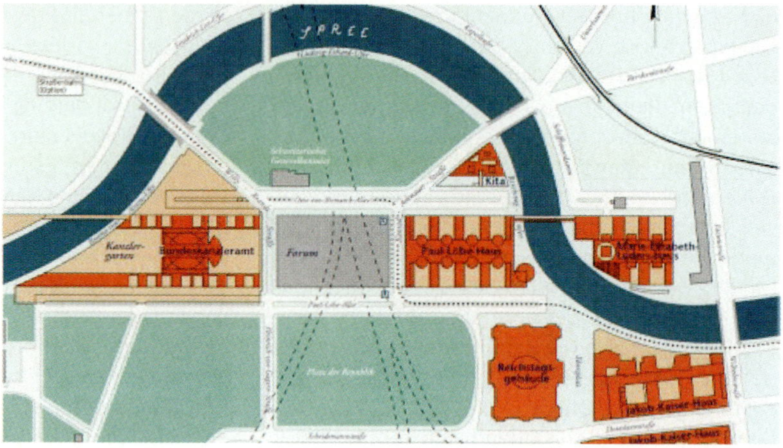

Gebäudekomplexe am Spreebogen.

keit und parlamentarisch-politischem Leben zu konzipieren, etwas abgewinnen können. Vielleicht sind die Entwicklungsaufgaben der Stadt an anderen Stellen – etwa auf der Spreeinsel – wirklich drängender, so dass es kein Unglück sein muss, wenn dieser Bereich erst in zehn oder fünfzehn Jahren weitergedacht wird. Das Gelände wird nun – wie es offiziell heißt – „provisorisch begrünt".

b) Der Redakteur der Frankfurter Allgemeinen Zeitung Heinrich Wefing kommentiert 1999 dasselbe Problem.

Es war eine grandiose Idee: Ein „Band des Bundes" vom Moabiter Werder bis zum Bahnhof Friedrichstrasse zu spannen, eine architektonische Spange zwischen Ost und West zu legen, die zweimal die Spree überwinden sollte [...]. Nun ist das Große, Kühne in den Mühlen der Überarbeitungen kleingeraspelt worden, die große Geste wurde in Häppchen zerlegt. [...] Dort, wo Axel Schultes zwischen den Blöcken von Kanzleramt und Abgeordnetenbüros ein „Bürgerforum" erträumte, klafft eine Lücke, dräut ein Nichts.
Die Idee für das „Bürgerforum", für eine demokratische Piazza, einen Treffpunkt des Souveräns im Zentrum der Macht, ist so recht nach dem Geschmack des Romantikers in Axel Schultes. Einen Ort zu schaffen, an dem sich das Volk ergehen und seinen Vertretern begegnen kann, eine berlinische Agora samt Cafes, Zeitungskiosk, Friseur und Ausstellungsräumen, verschmilzt den Gedanken des öffentlichen Platzes als Ort der demokratischen Verständigung mit der Tradition des Volkshauses. [...]
Weil dieser Ort frei ist von vordergründigen Zwecken und traditionellen Nutzungen, hat sich bislang niemand finden wollen, der ihn baut und bezahlt. Schultes kämpft darum, aber er muss an vielen Fronten kämpfen und seine Kräfte einteilen. Man hat dem Architekten diese Ökonomie als „Verrat an der republikanischen Idee" ausgelegt. Aber Schultes ist nicht der Verräter, er selbst darf sich von seinen Bauherren in Bund und Land verraten und verkauft fühlen.
Denn das „Bürgerforum" ist ja keine demokratische Zugabe, auf die sich so einfach verzichten ließe, kein luxuriöses Schmankerl, das entbehrlich wäre. Dort, wo jetzt der Wind pfeift und eine Lücke klafft, dort liegt der Kern von Schultes Ensembles. Erst die verbindende Mitte löst die Solitäre aus ihrer stadträumlichen Verlorenheit und schafft jene Dichte, die die Bundesspange eigentlich braucht. Ohne das Bürgerforum ist das Nebeneinander von Abgeordnetenbüros und Kanzleramt nichts weiter als ein urbanistischer Torso.

a) Günter Schlusche, Die Parlaments- und Regierungsbauten des Bundes im Kontext der Berliner Stadtentwicklung, in: Aus Politik und Zeitgeschichte B 34–35/2001, S. 17 f.
b) Heinrich Wefing, Das Band des Bundes ist zerrissen, das Bürgerforum kleingeraspelt, in: FAZ, 22. 10. 1999.

Standorte von Parlament und Regierung in Berlin.

1. Vergleichen Sie die Selbstdarstellung des Deutschen Bundestags zum umgebauten Reichstag mit der Position Wefings. Nehmen Sie Stellung (M 1 und M 3).
2. Informieren Sie sich über Höhen- und Tiefpunkte deutscher Geschichte der ersten Hälfte des 20. Jahrhunderts, in denen der Reichstag eine Rolle spielte.
3. Diskutieren Sie, ob Umbau und Neunutzung des Reichstags eine gelungene Verbindung von Geschichte und Gegenwart darstellen.
4. Erläutern sie die Fotos, mit denen das Bundeskanzleramt sich selbst darstellt. Erarbeiten Sie die Sicht auf das neue Bundeskanzleramt durch Bode, und nehmen Sie Stellung zu seiner Position (M 3).
5. Beschreiben Sie Idee und Realisierung des „Bandes des Bundes", und erörtern Sie: Welchen Wert hat die Konzeption des Bandes des Bundes ohne das Bürgerforum? (M 4 und Abb. S. 13).
6. Ermitteln Sie die Einbindung der Parlaments- und Regierungsgebäude in Berlin, und beurteilen Sie deren Wert für die Berliner Stadtentwicklung (Grafik S. 15).
7. Bewerten Sie anhand des Berliner Parlaments- und Regierungsviertels den Zusammenhang von Architektur und Politik. Erörtern Sie auch die Bedeutung von Bildern bei der Vermittlung von Politik.
8. Diskutieren Sie die Frage von Adolf Arndt: „Sollte es nicht einen Zusammenhang geben zwischen dem Öffentlichkeitsprinzip der Demokratie und einer äußeren wie inneren Durchsichtigkeit und Zugänglichkeit ihrer öffentlichen Bauwerke?" (Adolf Arndt, Demokratie als Bauherr, Berlin 1984, S. 20)

1.2 Forum Romanum:

Das „Regierungsviertel" im augusteischen Rom

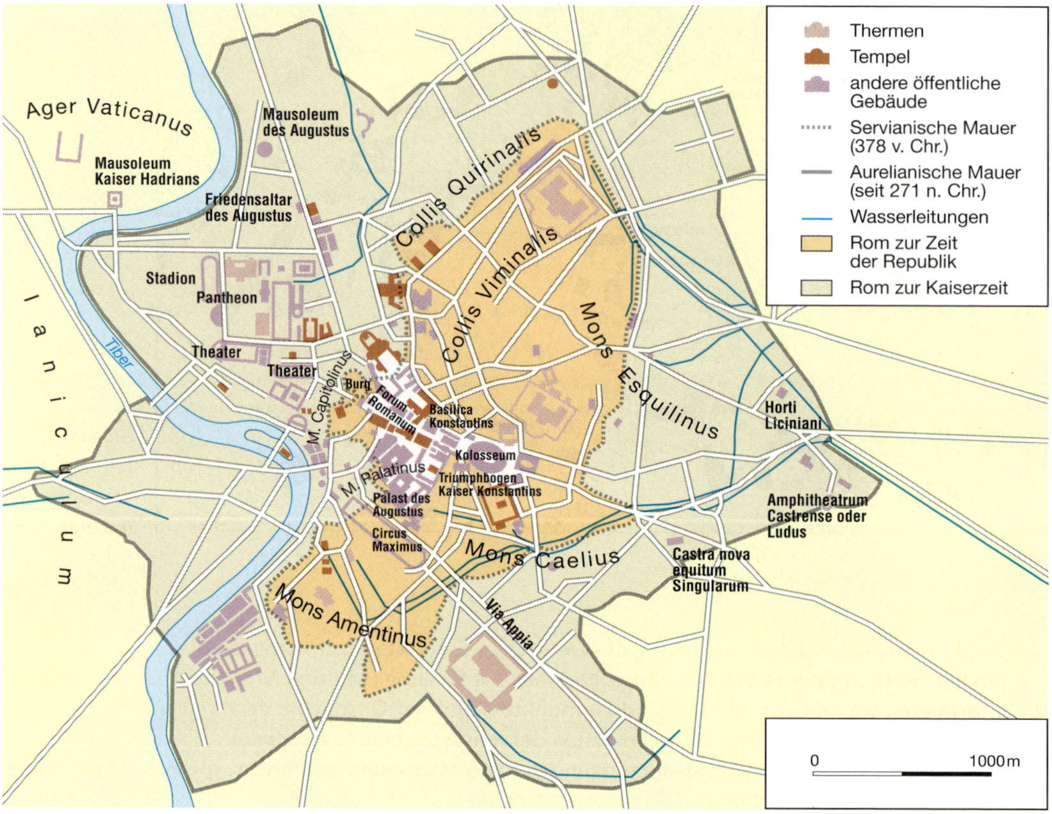

Stadtplan des kaiserzeitlichen Rom.

Die ewige Stadt Als der Feldherr Octavianus im Jahr 31 v. Chr. seinen Rivalen Antonius bei Actium schlug und damit seine vierzigjährige Herrschaft begründete, hatte die Stadt Rom bereits eine fast tausendjährige Geschichte hinter sich. Zwei Jahrhunderte lang war sie Großmacht im Mittelmeerraum, seit der Eroberung Galliens durch Cäsar (58–51 v. Chr.) nahezu Herrin Europas.

Die reiche Stadt Die Stadt Rom war unermesslich reich, auch wenn davon nur eine sehr kleine Bevölkerungsschicht profitierte. Cäsar soll während seiner Gallienkriege ca. eine Million Menschen in die Sklaverei verkauft und über den größten Teil des Erlöses frei verfügt haben. Die erfolgreichen Kriege brachten viel Geld in die Stadt, und die Herrschenden wollten es zeigen. Zumal in der langen Friedenszeit, die die Herrschaft Oktavians mit sich brachte, konnten sie sich um Repräsentation kümmern. Wie haben sie sich, ihre Herrschaft und ihre Stadt baulich dargestellt?

MATERIAL

Wie hat Augustus Rom zu mehr „Würde" verholfen? 1

Gaius Suetonius Tranquillus (ca. 75–150 n. Chr.) kam als junger Mann aus Nordafrika nach Rom. Er war Anwalt und zeitweilig Sekretär in der Kanzlei des Kaisers Hadrian, außerdem schrieb Sueton Biographien der römischen Herrscher von Cäsar bis Domitian. In seiner Augustus-Vita schreibt er:

Rom, das nicht entsprechend der Würde des Reichs baulich ausgestattet und Überschwemmungen und Feuersbrünsten ausgesetzt war, hat er in einem solchen Maß verschönern lassen, dass er sich mit Recht rühmen konnte, „eine Stadt aus Marmor zu hinterlassen, wo er eine aus Ziegeln übernommen hatte".

Er sicherte die Stadt, so weit nach menschlichem Ermessen Vorsichtsmaßregeln getroffen werden konnten, sogar für die Zukunft. Er errichtete sehr viele öffentliche Bauwerke, deren bedeutendste die folgenden sind: ein Forum mit dem Tempel des Mars Ultor, der Apollotempel auf dem Palatin, der Tempel des Jupiter Tonans auf dem Kapitol. Der Grund für die Errichtung eines Forums war die große Anzahl von Menschen und Prozessen, die noch ein drittes Forum zu benötigen schienen, da zwei nicht mehr ausreichten; daher wurde es recht eilig, während der Marstempel noch nicht vollendet war, für die Öffentlichkeit freigegeben, und es wurde Vorsorge getroffen, dass auf ihm öffentliche Prozesse und Auslosungen der Richter gesondert stattfinden sollten.

Den Marstempel hatte er gelobt, als er den Krieg von Philippi zur Rache für seinen Vater aufgenommen hatte; er beschloss daher, dass sich der Senat an dieser Stelle über Kriege und Triumphe berate, dass von dort diejenigen aufbrechen sollten, die, mit ihrem Kommando ausgestattet, die Amtsgeschäfte in den Provinzen aufnehmen wollten, und dass hierhin die als Sieger Zurückkehrenden die Abzeichen der Triumphe bringen sollten. Den Tempel des Apollo ließ er in dem Teil seines Hauses auf dem Palatin erstehen, in den der Blitz eingeschlagen hatte und den sich der Gott wünschte – wie die Eingeweideschauer verkündet hatten; daran anschließend ließ er Säulenhallen mit einer lateinischen und griechischen Bibliothek errichten, wo er, als er älter war, auch Senatssitzungen abzuhalten pflegte und verschiedene Klassen von Richtern überprüfte.

Dem Jupiter Tonans weihte er einen Tempel für seine Rettung aus Gefahr, da auf dem Feldzug in Cantabrien bei einem nächtlichen Marsch seine Sänfte vom Blitz gestreift und der Sklave, der ihm das Licht vorantrug, getötet worden war. Einige Bauwerke ließ er auch im Namen anderer errichten, zum Beispiel seiner Enkel, seiner Gattin und seiner Schwester, wie die Säulenhalle und die Basilika des Gaius und Lucius; desgleichen die Säulenhallen der Livia und Octavia und das Theater des Marcellus. Aber er forderte häufig auch die übrigen führenden Männer Roms auf, es solle ein jeder entsprechend seinen Möglichkeiten die Stadt schmücken, entweder durch neue oder durch die Wiederherstellung und Pflege alter Denkmäler.

Das Stadtgebiet teilte er in Bezirke und Stadtteile ein und traf folgende Anordnung: Über die Bezirke sollten jährlich durch das Los bestimmte Beamte Aufsicht führen, über die Stadtteile Vorsteher, die von der Bevölkerung eines jeden Stadtteils gewählt wurden. Gegen Feuersbrünste setzte er nächtliche Wachtposten und Feuerwehrleute ein; um die Überschwemmungen unter Kontrolle zu bringen, ließ er das Tiberbett verbreitern und reinigen, das schon lange mit Schutt gefüllt und durch Gebäudeerweiterungen eingeengt worden war. Damit aber die Stadt von allen Seiten leichter zu erreichen sei, übernahm er selbst den Ausbau der Flaminia Via bis nach Ariminum und verteilte auf die Triumphatoren die übrigen Straßen, die sie aus dem Geld ihres Beuteanteils pflastern lassen mussten.

Viele Sakralbauten, die durch ihr Alter verfallen oder von Feuersbrunst vernichtet waren, ließ er wiederherstellen und stattete diese und die übrigen mit besonders reichen Geschenken aus; so brachte er zum Beispiel für die Cella des Jupiter Capitolinus sechzehntausend Pfund in Gold, außerdem Edelsteine und Perlen im Wert von etwa fünfzig Millionen Sesterzen in einer einzigen Schenkung auf.

Sueton, Augustus 28ff., lat./dt., übers. u. hrsg. v. Dietmar Schmitz, Stuttgart 1988, S. 47–51.

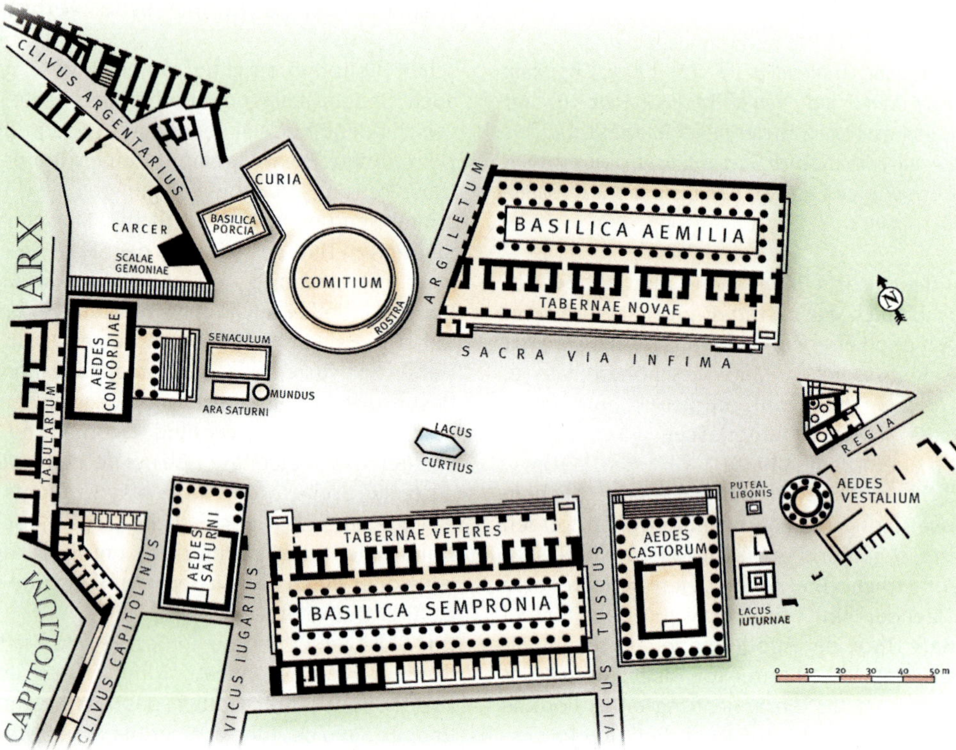

Das Forum Romanum zur Zeit der späten Republik (*Kaiser Augustus und die verlorene Republik. Ausstellungskatalog*, Berlin 1988, S. 112).

Aedes Castorum – Haus der Dioskuren (der Brüder Castor und Pollux)
Aedes Concordiae – Haus der Göttin Concordia (der personifizierten Eintracht der Römer)
Aedes Divi Iulii – Haus des vergöttlichten Julius (Caesar)
Aedes Saturni – Haus des Gottes Saturn
Aedes Vestae – Haus der Göttin Vesta
Ara Saturni – Altar des Saturn
Arcus Augusti – Bogen des Augustus
Argiletum – Straßenname
ARX – Burg (ältester religiöser Mittelpunkt und Zufluchtsort für die Bewohner Roms)
Atrium Minervae – Halle der Göttin Minerva
Atrium Vestae – Halle der Göttin Vesta
Basilica Aemilia – Aemilianische Gerichtshalle
Basilica Iulia – Julianische Gerichtshalle
Basilica Porcia – Porcianische Gerichtshalle
Basilica Sempronia – Sempronianische Gerichtshalle
Capitolium – eine der beiden Hügelkuppen, die wir heute Kapitol nennen (Rückzugsgebiet für die Bürger Roms; andere Kuppe ARX)
Carcer – Staatsgefängnis
Clivus Argentarius – Straße der Silberschmiede
Clivus Capitolinus – Straße zum Kapitol
Columna Maenia – Säule, an der über gemeine Verbrecher Gericht gehalten wurde
Comitium – Versammlungsplatz
Curia – Tagungsgebäude des Senats
Forum Augusti – Augustusforum
Forum Iulium – Caesarforum
Gradus Aurelii – Bühne der Aurelier (eines plebejischen Geschlechts)
Lacus Curtius – Trinkwasserbecken
Lacus Inturnae – Trinkwasserbecken
Niger Lapis – schwarzer Stein, galt als Ort der Trauer, darunter befand sich angeblich das Grab des sagenhaften Stadtgründers Romulus
Puteal Libonis – geweihte von Blitz getroffene Stelle
Regia – alte Königsburg
Rostra – Rednertribüne, geschmückt mit Schnäbeln erbeuteter Schiffe
Sacellum Cloacinae – kleines Heiligtum der Reinigenden (Beiname der Venus)
Sacra Via Infima – Straßenbezeichnung
Scalae Gemoniae – Treppe am Fuße des Kapitols, auf welche die Leichen der im Carcer Hingerichteten geworfen wurden
Senaculum – Sitzungssaal des Senats
T. Martis Ultoris – Tempel des Mars Ultor (des rächenden Mars)
T. Veneris Genitricis – Tempel der Venus Genetrix (der Stammutter Venus)
Tabernae Novae – neue Läden, Werkstätten
Tabernae Veteres – alte Läden, Werkstätten
Tabularium – Aufbewahrungsort für die auf Bronzetafeln festgehaltenen Staatsurkunden
Vicus Iugarius, Vicus Tuscus – Straßennamen

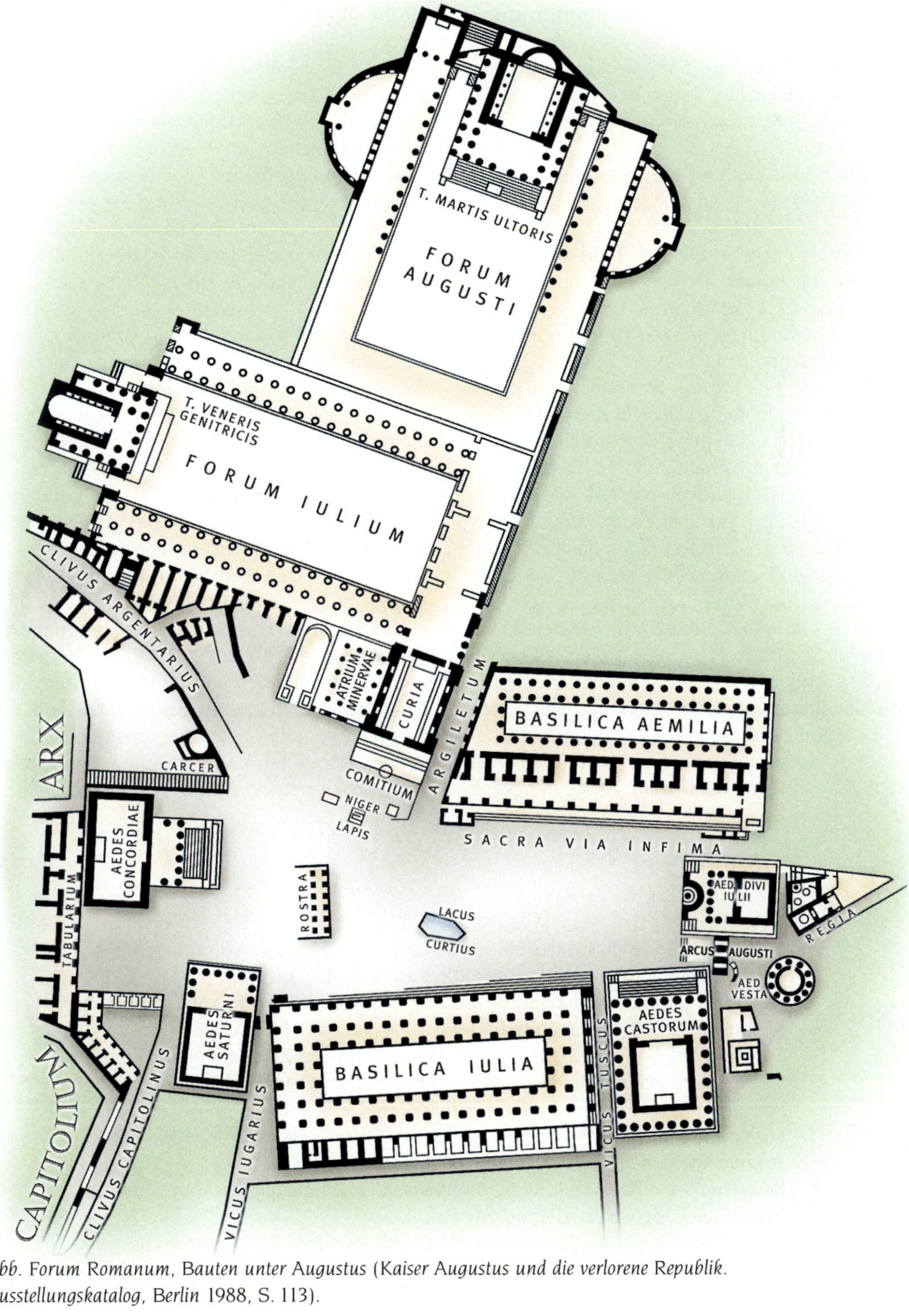

Abb. Forum Romanum, Bauten unter Augustus (*Kaiser Augustus und die verlorene Republik. Ausstellungskatalog*, Berlin 1988, S. 113).

MATERIAL

2 Wie ein griechischer Weltenbummler die Stadt Rom sieht

Strabon (63 v. Chr. – 19 n. Chr.), der selbst das ganze Mittelmeergebiet bereiste, schrieb eine Geographie und Naturkunde des Mittelmeerraumes.

Während es die Hellenen bei der Gründung von Städten besonders auf Schönheit, Festigkeit, Häfen und fruchtbares Land abgesehen hatten und damit ihr Ziel erreicht zu haben glaubten, achteten die Römer vor allem auf das, worum sich jene wenig kümmerten: Pflasterung der Straßen, Zuführung von Wasser, unterirdische Kanäle, geeignet, den Unrat der Stadt in den Tiber zu spülen. [...] Die Wassermengen, die durch die Aquädukte in die Stadt geführt werden, sind so groß, dass ganze Flüsse durch die Stadt und die unterirdischen Kanäle strömen, dass nahezu jedes Haus Wasserbehälter und Wasserleitungen hat und reichlich sprudelnde Brunnen besitzt [...]. Während die Alten sozusagen auf die Schönheit Roms geringeren Wert legten, da sie es ja mit anderen, größeren und notwendigeren Aufgaben zu tun hatten, standen die späteren, vor allem die heutigen, zu unserer Zeit lebenden Römer auch hierin nicht zurück, sondern sie haben die Stadt mit zahlreichen und herrlichen Weihgeschenken angefüllt. [...] Die meisten hat das Marsfeld aufzuweisen, zu dessen natürlichen Vorzügen noch die planvolle Ausschmückung durch Menschenhand hinzukam. Allein die Größe dieses Feldes fordert Bewunderung heraus: Ermöglicht sie doch die Abhaltung von Wagenrennen und sonstigem Pferdesport, während sich gleichzeitig ungehindert eine so gewaltige Menge von Menschen im Ball- und Reifenspiel und im Ringen üben kann; die Bauwerke sodann, die ringsum stehen, der das ganze Jahr hindurch grünende Rasen und die Hügel [...], geben einen solchen, an Bühnenbilder erinnernden, Anblick, dass man sich von ihm kaum losreißen kann. In der Nähe liegt ein weiteres Feld mit zahlreichen Säulenhallen im Umkreis, dazu Haine, drei Theater, ein Amphitheater, reiche, ineinander übergehende Tempel, die es überflüssig machen könnten, die anderen Teile der Stadt zu schildern. So schien den Römern dieser Platz so ehrwürdig, dass sie auch die Grabmäler der angesehensten Männer und Frauen dort errichteten. Das erwähnenswerteste davon ist das so genannte Mausoleum, eine gewaltige Erdaufschüttung auf einem hohen Unterbau aus weißem Marmor, nahe am Flusse gelegen, bis zum Gipfel mit immergrünenden Bäumen beschattet; auf der Höhe steht ein ehernes Bild des Augustus, unterhalb des Hügels liegen die Grabstätten des Augustus und seiner Verwandten und Vertrauten, dahinter ein großer Hain mit wunderbaren Spazierpfaden.

Strabon 5.3.8. (235), übers. A. Forbiger; aus: Wolfgang Lautemann/Manfred Schlenke (Hrsg.), Geschichte in Quellen, Bd. 1: Altertum, bearb. v. Walter Arend, 3. durchges. u. erw. Aufl., München 1975, S. 594 f.

1. Entwickeln Sie aufgrund des Stadtplans und des Berichts von Strabon einen Stadtrundgang für einen Besucher Roms zur Zeit des Augustus (M 4).
2. Stellen Sie tabellarisch die Bauten des Augustus – nach Sueton – zusammen (M 1).
3. Klären Sie die Wortbedeutung und die frühe römische Funktion des „Forums".
4. Erläutern Sie die Grundrisse des Forum Romanum zur Zeit der späten Republik. Vergleichen Sie mit den Planungen und Bauten von Cäsar und Augustus und interpretieren Sie die erkennbare Entwicklung (Abb. S. 18 f.).
5. Lokalisieren Sie im römischen Stadtzentrum Orte für das „Volk" gegenüber solchen, die den Eliten vorbehalten blieben (M 1 und 2).
6. Bewerten Sie anhand des „Regierungsviertels" im augusteischen Rom den Zusammenhang von Städtebau und Politik.
7. Vergleichen Sie das Regierungsviertel in Berlin mit dem Stadtzentrum des augusteischen Rom, und erörtern Sie Ihre Ergebnisse.

Und es fegten im Kreis die silberhe

Rings herum mit den Schwänzen

die Brandung. Mi

ehernen Flotten z

ms Schlacht und

rn, stehend auf ho

ihm sprühn um die lachenden Schl

Flammen, ihm glänzt das Vaterge

Scheitel.

2. Formen der Selbstdarstellung des Prinzipats

2.0 Alles Theater?

Die Welt eine Bühne

„Wenn euch also das Spiel gefallen hat, so klatscht und leitet alle uns mit Dank nach Haus." Angeblich soll Augustus seine Freunde kurz vor seinem Tod mit diesen Worten entlassen haben, die sonst Schauspieler am Ende einer Komödie dem Volk zuriefen.

Herrschaft der Bilder

Leben und Herrschaft des Augustus haben Bilder produziert wie keine römische Persönlichkeit vor ihm. Augustus hat sich in der Öffentlichkeit gezielt inszeniert und dafür gesorgt, dass er und sein Ruhm überall langfristig präsent waren – so sehr, dass wir heute fragen können, wie viel Substanz diese Herrschaft überhaupt hatte. Ist der bleibende Eindruck des augusteischen Prinzipats am Ende nur den Statuen und anderen Denkmälern zu verdanken?

Bildersprache

Um diese Frage zu beantworten, muss man sich auf mehreren Ebenen der Bildersprache des augusteischen Prinzipats nähern, ihre Funktionen untersuchen und ihre Auswirkungen hinterfragen. Welche Botschaften hat sie transportiert? Wie wurden diese Botschaften aufgenommen und welchen Eindruck haben sie bei den Zeitgenossen hinterlassen?

Die hier abgebildete Panzerstatue des Augustus wurde 1863 in der Villa der Livia, der Gattin des Augustus, bei Primaporta an der Via Flaminia gefunden und heißt deshalb auch „Augustus von Primaporta". Wahrscheinlich wurde sie aus Anlass des Triumphs über die Parther (20 v. Chr.) angefertigt. Die Statue trägt noch geringe Farbspuren. Im Münchner Museum für Ur- und Frühgeschichte haben Wissenschaftler versucht, anhand eines Modells die ursprüngliche Farbgebung zu rekonstruieren.

Das Gewicht des Bildes

Die Panzerstatue des Augustus (Abb. rechts) gehört in ein bestimmtes System von Darstellung und Selbstdarstellung von Politik. Im Vergleich zu heute war dieses bei den Römern auf vergleichsweise wenige Einzelbilder fixiert, weil die damalige Welt längst nicht so überflutet an optischen Reizen war wie heute.

System politischer Kommunikation?

Gibt es im Prinzipat ein Gesamtsystem visueller politischer Kommunikation? Und wenn ja, wie fügen sich Architektur und Skulptur, Dichtung und Literatur sowie Religion und Herrscherkult in dieses Kommunikationssystem ein?

2.1 Architektur, Bilder und Skulpturen

Die öffentliche Funktion von Kunst

Schon zu Zeiten der Republik hatten Kunstwerke sehr oft – auch – eine politische Funktion und dienten dazu, die Werte der Gesellschaft und ihrer Elite zu transportieren und die Konsumenten der Kunst moralisch zu festigen. Grabmäler gemahnen an die Bedeutung der Vorfahren und damit auch an die Überlegenheit von lebenden Vätern und Großvätern gegenüber der Jugend. Die Spender öffentlicher Bauwerke wie Tempel sind Vorbilder, weil auch sie dem Gemeinwesen genützt haben. Unter dem Prinzipat des Augustus indes scheinen sich neue politische und gesellschaftliche Zielsetzungen neuartige künstlerische Ausdrucksweisen zu verschaffen.

Großbauten

Besonders eindrucksvoll muss für die Zeitgenossen die Bautätigkeit des Augustus gewesen sein. Sie nahm umfangreiche Formen an mit dem Beginn des Baus des palatinischen Apollotempels 36 v. Chr., dem die Neuerrichtung des Tempels der Diana und des Heiligtums für die Pietas schnell folgten. 29 v. Chr. wurde die Curia Julia vollendet, ebenso der Tempel für Divus Julius. 28 v. Chr. wurde das Mausoleum des Augustus errichtet und schließlich 2 v. Chr. das Augustusforum fertiggestellt. Hinzu kamen weitere Bauten, vor allem auf dem Forum Romanum. Als zusätzliches Zentrum wurde in Rom das Marsfeld ausgebaut, wo nicht nur große Freizeitanlagen, sondern auch das Mausoleum, die Ara Pacis, eine riesige Sonnenuhr und anderes mehr ihren Platz fanden. Folgte diese Anlage einem „Regierungsprogramm", das hier gewissermaßen zu Stein geworden wäre?

Forum Augustum

Das Forum Augustum wurde neben dem alten Forum zu einem neuen Zentrum. Hier stand insbesondere der Marstempel im Mittelpunkt, wo die siegreichen Feldherren ihre Zeichen des Triumphs niederlegten, wo auswärtige Herrscher empfangen wurden und wo der Senat über Krieg und Frieden verhandeln sollte. Besondere Aussagekraft gewann das Forum Augustum durch die Vielzahl seiner Statuen.

Menschen-Bilder

Die Bildnisse von Personen im öffentlichen Leben hatten ein zentrales Gewicht, zumal das Volk die Bilder mit der Person nahezu identifizierte. Also war die Präsenz der Persönlichkeit auch dort gewährleistet, wo diese nicht wirklich anwesend war. Neben die realitätsnahen Darstellungen traten nun Bildnisse in altersloser Schönheit und Würde, die wie in der griechischen Klassik ein zeitloses Ideal nahezu vollkommen verkörperten. Auch Münzen hatten einen hohen Stellenwert, da sie nicht nur Zahlungsmittel, sondern auch Propagandamittel waren, das seine Adressaten über weite Entfernungen erreichte und das politische Botschaften schnell in alle Reichsteile tragen konnte.

Funktionen von Herrschaftsrepräsentation

Architektur, Bilder und Skulpturen haben im augusteischen Rom viele Funktionen. Sie können den inneren und äußeren Frieden repräsentieren bis hin zum römischen Anspruch auf Weltherrschaft. Dies wird ebenso als Leistung des Prinzeps öffentlich gemacht wie der Wohlstand der Stadt. Nur er – so sagen die Bilder – kann diese Errungenschaften dauerhaft garantieren. Die Herrscherrepräsentation kann außerdem die göttliche Herkunft des Prinzeps und sein Einvernehmen mit den Göttern ins Bild setzen. Dazu gehört die sakrale Weihe des Herrschers, gegenüber dessen Anspruch alle Bürger zu Untertanen werden. Und die Bilder können die Pietas, die Frömmigkeit als wichtigste Herrschertugend visualisieren.

MATERIAL

1 Augustusforum

Das Augustusforum in einer modernen Rekonstruktionszeichnung.

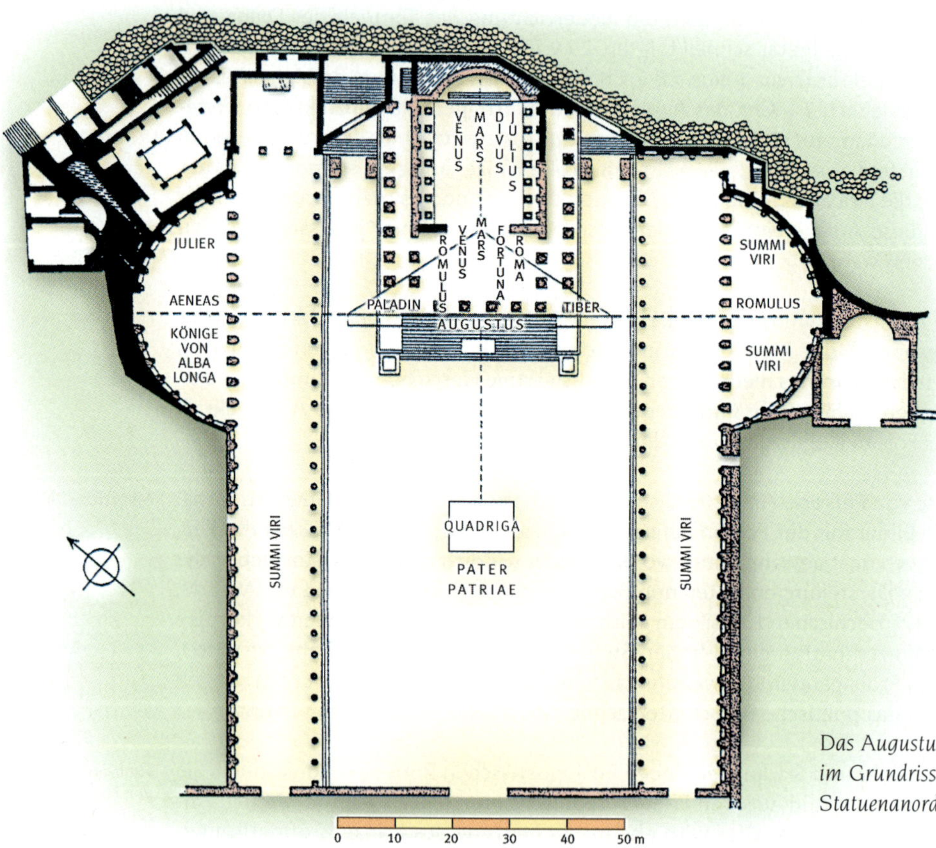

Das Augustusforum im Grundriss mit Statuenanordnung.

Alba Longa – *Nachbarstadt und Siedlungsvorläufer Roms, der Sage nach von Aeneas' Sohn Ascanius gegründet*
Divus Julius – *göttlicher Julius Caesar*
Fortuna – *Göttin des Glücks*
Roma – *Göttin „Rom"*
Quadriga – *Viergespann für Triumph*
Summi Viri – *Für eine berühmte Persönlichkeit der Stadtgeschichte*

MATERIAL

Das Marsfeld zur Zeit des Augustus 2

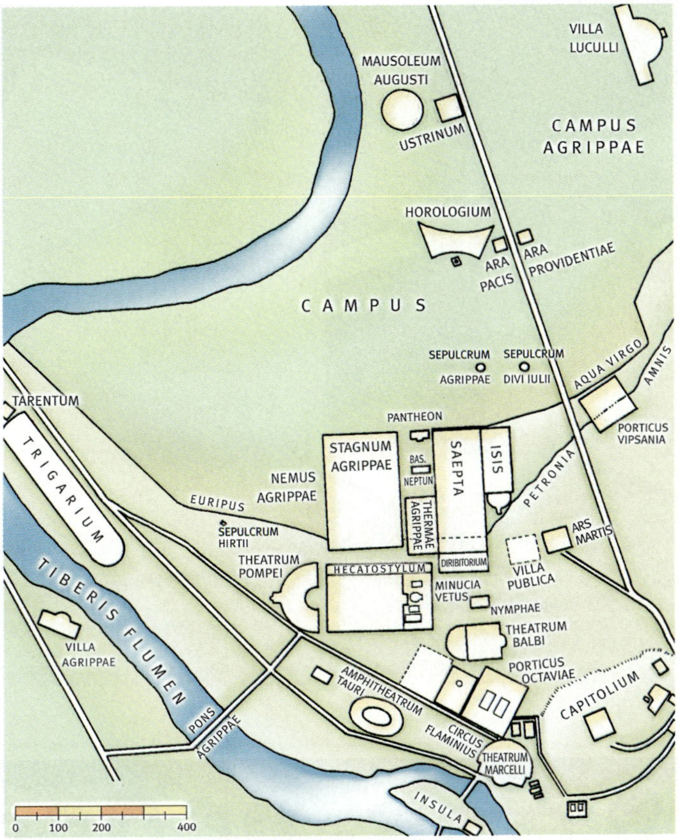

Amphitheatrum Tauri – *Amphitheater des Titus Statilius Taurus, 29 v. Chr. als erstes steinernes Amphitheater gebaut*
Aqua Virgo – *Name der Wasserleitung*
Ara Martis – *Altar des Gottes Mars*
Ara Pacis – *Altar des Friedens*
Ara Providentiae – *Altar der Vorsehung*
Basilika Neptuni – *Halle des Neptun*
Campus Agrippae – *Park des Agrippa*
Capitolium – *Kapitol*
Circus Flaminius – *erbaut von C. Flaminius Nepos*
Diribitorium – *diente für die Auszählung der Stimmen bei Wahlen*
Euripus – *steingefasster, von Fußwegen begleiteter Abflusskanal der Agrippathermen*
Hecatostylum – *„Hundertsäulenhalle"*
Horologium – *Sonnenuhr*
Insula – *Tiberinsel*
Isis – *Heiligtum der ägyptischen Göttin Isis*
Mausoleum Augusti – *Grabmal des Augustus*
Minucia Vetus – *Torbogen*
Nemus Agrippae – *Wald des Agrippa*
Nymphae – *halb unterirdischer Ort mit Springbrunnen, geweiht den Nymphen (Quell- und Flußgöttinnen)*
Pantheon – *Tempel aller Götter, 27 v. Chr. fertiggestellt, für den Kult des Herrscherhauses und dessen Schutzgötter bestimmt*
Petronia Amnis – *Bach, der auf dem Quirinal entspringt und in den Tiber fließt. Mit seinem Überschreiten war traditionell eine rituelle Reinigung verbunden.*
Pons Agrippae – *Brücke des Agrippa*
Porticus Octaviae – *Säulenhalle der Octavia, von Augustus zu Ehren seiner Schwester erbaut*
Porticus Vipsania – *Säulenhalle der Vipsania (Schwester von Agrippa)*
Saepta – *größter umbauter Raum in ganz Rom, von Caesar geplantes, von Agrippa ausgeführtes Wahllokal für die plebs, diente auch für Gladiatorenkämpfe und Seeschlachten*
Sepulcrum Agrippae – *Grabmal des Agrippa*
Sepulcrum Divi Julii – *Grabmal des vergöttlichten Julius (Caesar)*
Sepulcrum Hirtii – *Grabmal des Konsuls Hirtius*
Stagnum Agrippae – *Kunstsee des Agrippa, als öffentliches Schwimmbad dienend*
Tarentum – *Platz für Säkularspiele*
Theatrum Balbi – *Theater des Balbus, 13 v. Chr. eingeweiht*
Theatrum Marcelli – *Theater des Marcellus, 13 oder 11 v. Chr. eingeweiht, von Augustus nach seinem verstorbenen Neffen benannt*
Theatrum Pompei – *Theater des Pompeius*
Thermae Agrippae – *Thermen des Agrippa, erste öffentliche Thermen Roms*
Tiberis Flumen – *Tiber*
Trigarium – *Reiter-Übungsplatz*
Ustrinum – *Krematorium des Augustus*
Villa Agrippae – *Villa des Agrippa*
Villa Lucilli – *Villa des Lucillus*
Villa Publica – *altes Mehrzweckgebäude, Sitz des Zensors*

MATERIAL

3 Die Ara Pacis

Ara Pacis, der „Altar des Friedens"; oben Gesamtansicht von Osten aus, unten ein Ausschnitt aus dem Fries der Südseite: Augustus, Freunde und Angehörige.

Die Friedensgöttin mit Sinnbildern der Fruchtbarkeit: Erdgöttin Tellus mit den personifiziert dargestellten Elementen Wind und Wasser, Bestandteil des Ostfrieses.

Fortsetzung des Südfrieses (links): Die weitverzweigte Familie des Prinzeps wird bei einem öffentlichen Auftritt abgebildet. Von Zeitgenossen sofort zu erkennen, ist heute die Identifizierung schwierig. Der erste Teil ist zerstört, vermutlich führten 12 Liktoren den Zug an. Dann folgt Augustus, dessen Abbildung nur teilweise erhalten ist, danach Priester. Zweite zentrale Figur ist der Freund und Feldherr Agrippa, dem zahlreiche Mitglieder der Familie des Augustus folgen, darunter Frauen und Kinder (Livia, Tiberius u.a.).

MATERIAL

4 Das Mausoleum des Augustus

Das Augustusmausoleum im heutigen Zustand.

Rekonstruktionszeichnung des Mausoleums.

MATERIAL

Eine Sonnenuhr für Augustus **5**

Die Sonnenuhr (Horologium) des Augustus ist die größte ihrer Art, die jemals gebaut wurde. Der Obelisk, der als „Gnomos" (griech. Zeiger) diente, war der erste seiner Art in Rom, der aus Ägypten stammte, und war zugleich Siegeszeichen für die zuvor erfolgte Eroberung des Landes. Er löste eine regelrechte Mode aus, denn bald danach wurden – auch von Privatleuten – viele Obelisken in Rom aufgestellt.

Dieser überdimensionierte Gnomos warf seinen Schatten auf ein genau berechnetes weitläufiges, in Bronzelinien und -buchstaben ausgelegtes Liniensystem, das sowohl als Uhr als auch als Kalender diente. Am Geburtstag von Augustus (23.9., der herbstlichen Tagundnachtgleiche) lief der Schatten der Kugel genau auf der Äquinoktiallinie auf die Ara Pacis zu.

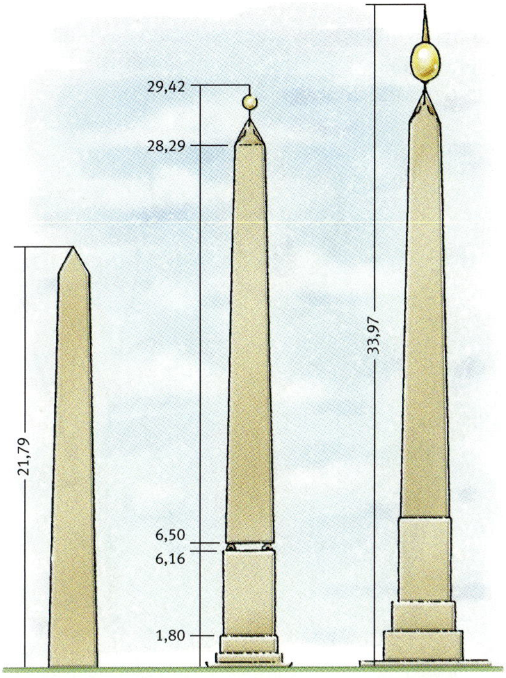

Skizzen des Obelisken, links der Monolith, in der Mitte seine antike Aufstellung, rechts seine Form seit 1792 mit erneuertem Fuß und ersetzter Kuppel.

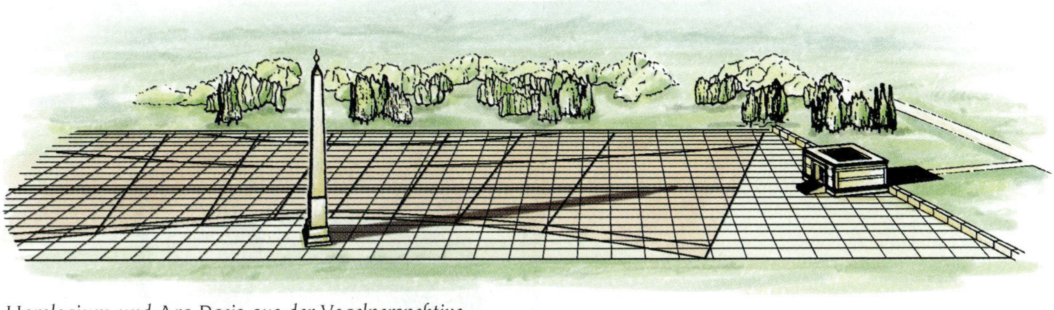

Horologium und Ara Pacis aus der Vogelperspektive.

Mausoleum, Horologium und Ara Pacis.

MATERIAL

6 Die Panzerstatue des Augustus

Die 2,04 m hohe Marmorstatue wurde wahrscheinlich 20 v. Chr. in offiziellem Auftrag von einem Bildhauer angefertigt (vgl. S. 22). Die Archäologin Erika Simon geht davon aus, dass die Figur damals eine Lanze und einen Lorbeerzweig trug. Heute steht die Panzerstatue in den Vatikanischen Museen in Rom.

Die Lanze in der rechten Hand ist ein Zeichen von Wachsamkeit und Befehlsgewalt.

Der Lorbeerzweig (im linken Arm) galt als höchste Auszeichnung in Rom.

Römische Feldherren trugen solche reich verzierten Brustpanzer.

Der Feldherrenmantel wird um die Hüfte geschlungen.

Die Tunika, das Unterkleid schaut unter dem Panzer hervor.

Der kleine nackte Junge, der auf einem Delphin reitet, ist (wahrscheinlich) eine Darstellung von Amor, einem Sohn der Göttin Venus. Augustus führte die Abstammung seiner Familie auf Venus zurück.

Nackte Füße sind ein Verweis auf Göttlichkeit, denn nur Götter wurden in Rom vollständig nackt dargestellt.

1. *Römischer Feldherr oder römischer Kriegsgott Mars.*
2. *König oder Kriegsgott der Parther, eines asiatischen Volks, mit dem die Römer häufig – und meist erfolglos – kämpften. Bei einem solchen Krieg hatten die Römer 53 v. Chr. Feldzeichen verloren, was als große Schande angesehen wurde. Im Jahre 20 v. Chr. wurden diese Feldzeichen ohne Kampf zurückgegeben. Augustus feierte dies als großen Erfolg.*
3. *Trauernde Frauengestalt mit ausgestrecktem Schwert: In Rom wurden Länder oder Völker in weiblicher Gestalt dargestellt. Hier handelt es sich wahrscheinlich um Hispania; Nordspanien war gerade von römischen Truppen endgültig erobert worden.*
4. *Trauernde Frauengestalt mit leerer Schwertscheide: Hier handelt es sich um Gallia, erobert von Cäsar, dem Adoptivvater des Augustus.*
5. *Apollo, dessen göttlichen Beistand Augustus bei seinem Sieg in der Schlacht von Actium 31 v. Chr. gegen den Rivalen Antonius erbeten hatte. Apollo galt als Gott eines neuen goldenen Zeitalters.*
6. *Diana, die Schwester des Apollo, deren Unterstützung Augustus bei seinem Sieg in der Schlacht bei Naulochos gegen Sextus Pompeius 36 v. Chr. erbeten hatte.*
7. *Die Erdgöttin Tellus galt als die oberste Göttin des alten goldenen Zeitalters, dessen Wiederkehr die Römer erhofften.*
8. *Der Sonnengott Sol im Viergespann, der den neuen Tag oder ein neues Zeitalter verkündete.*
9. *Göttinnen der Morgenröte (mit Fackel) und des Morgentaus (mit Krug), die der heraufsteigenden Sonne den Weg bereiteten und den neuen Tag oder das neue Zeitalter ankündigten.*
10. *Gott Saturnus (seinen Mantel als Himmel ausbreitend) war der oberste Gott des alten goldenen Zeitalters, das unter Augustus wiederkehren sollte.*
11. *Fabelwesen Sphinx, Bewacher des neuen Zeitalters oder Darstellung für Ägypten.*

MATERIAL

7 Serien von Münzen

Das Bildnis des Caesari Divi filius (Sohn des göttlichen Cäsar) wird dem des Divus Julius (dem göttlichen Julius Cäsar) gegenübergestellt. Zwei Sesterzen Oktavians um 40 v. Chr. und ein Denar Oktavians 38 v. Chr.[1]

Dreierserie von Denaren Oktavians, vor 31 v. Chr.: Auf der Vorderseite ist jeweils das Bildnis Oktavians zu sehen, auf den Rückseiten erscheinen die Gottheiten Pax, Venus und Victoria.

Denar und Aurei (Sg. Aureus) mit Darstellung des Ehrenschildes CL(ipeus) V(irtutis), 19/18 v. Chr.; bei der zweiten Münze wird der Schild von Victoria gehalten, und die Säule erinnert an die Aufstellung des Schildes in der Curia; bei der dritten Münze steht zwischen den von den Parthern wiedergewonnenen Feldzeichen „signis receptis“.

[1] Genauere Hinweise zum römischen Münzsystem siehe S. 35 ff.

MATERIAL

Die Gemma Augustea 8

Neben den monumentalen Steinreliefs war die Gattung der großen Kameen (Schmucksteine) besonders beliebt für die Darstellung politischer Themen. Die abgebildete Gemma Augustea hat eine Größe von 19 x 23 cm und ist wohl 10 n. Chr. entstanden.
Die Gemme zeigt Augustus sitzend, daneben die Göttin Roma; vor dem Kopf des Augustus sieht man den Sidus Julium, den Stern der Vergöttlichung Cäsars, und Capricornus, den Steinbock, das glückliche Sternzeichen des Augustus. Der Adler zu Füßen des Herrschers ist ein Hinweis darauf, dass Augustus auf Erden eine ähnliche Stellung einnimmt wie Jupiter im Himmel. Im Rücken des Augustus befindet sich Tellus, die Göttin der Erde mit Symbolen der Fruchtbarkeit, daneben zwei Knaben und wohl Kronos (= Saturnus), der Gott des vergangenen goldenen Zeitalters. Im Hintergrund sieht man Oikumene, die als Göttin die bewohnte Welt repräsentiert; sie verehrt Augustus als Retter aus den Wirren der Bürgerkriegszeit.
In der Hand des Augustus befindet sich der Krummstab der Auguren, der ihn als obersten Kriegsherrn auszeichnet, unter dessen Wahrzeichen alle Kriege geführt werden. Ganz links steigt der Stiefsohn und Nachfolger des Augustus, Tiberius von einem Zweigespann ab, das von Victoria gelenkt wird. Zwischen Tiberius und Augustus ist der Adoptivsohn des Tiberius, Germanicus als junger Prinz zu sehen. Im unteren Teil der Gemme finden sich gefangene Feinde mit römischen Soldaten oder Göttern.

Der Tempel des Apollo wurde auf einer Terrasse in der Mitte des Besitzes des Augustus auf dem Palatin errichtet, zwischen dem Haus des Augustus und dem Hof mit Gesellschaftsräumen und den Bibliotheken. Er wurde dort gebaut, nachdem ein Blitz den Besitz des Augustus an dieser Stelle getroffen hatte. Eine Rampe verbindet die tiefer gelegenen Wohnräume und das Peristyl direkt mit dem Tempelvorplatz.

Cella *– jener Teil des Tempels, in dem das Bild des Gottes steht;*
Cubiculum *– Schlafzimmer;*
Peristyl *– von Säulen umgebener Innenhof des Hauses;*
Pronaos *– Vorhalle des Tempels („Vorderschiff");*
Scalae Caci *– Straßenname*

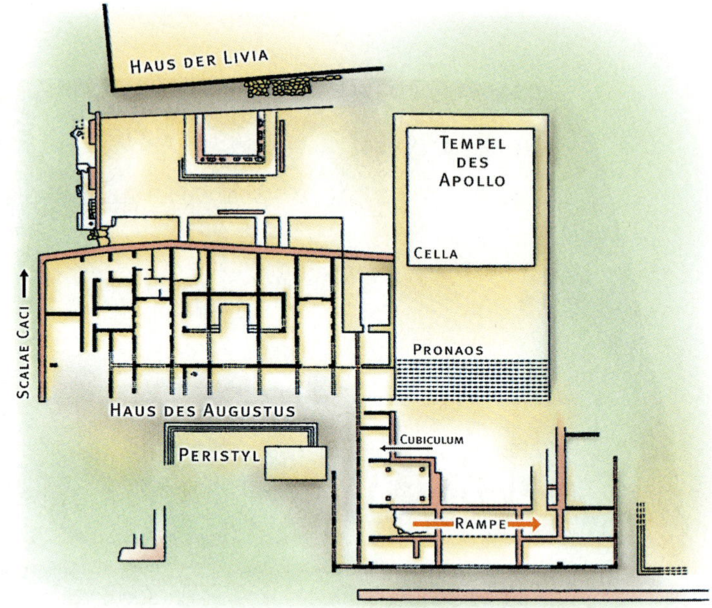

1. Liefern Sie eine genaue Beschreibung des Augustusforums, und erläutern Sie seine verschiedenen Funktionen. (M 1)
2. Analysieren Sie den Ausbau des Marsfeldes unter Augustus, und kennzeichnen Sie dabei die Entwicklungslinien. Vergleichen Sie seine Funktion mit der des Forums. (M 1 und M 2)
3. Untersuchen Sie die Abbildungen der Ara Pacis, und entwerfen Sie einen Vortrag zum Thema: Die Funktion der Ara Pacis im Rahmen der Selbstdarstellung des Augustus. (M 3)
4. Erklären Sie Aussehen und Funktion des Augustus-Mausoleums. Erörtern Sie den Umstand, dass Augustus zum Zeitpunkt seiner Fertigstellung 34 Jahre alt war. (M 4)
5. Untersuchen Sie Größe, Funktionsweise und Standort der Sonnenuhr. (M 5)
6. Vergleichen Sie die Zeichnung der Panzerstatue des Augustus mit der Abbildung der Augustus-Statue von Primaporta (S. 22 und M 6). Schreiben Sie die Geschichte, die der Panzer erzählt.
7. Analysieren Sie die Münzen in ihrer Aussagekraft, und ordnen Sie sie in das System politischer Kommunikation ein. (M 7)
8. Untersuchen Sie den Grundriss des Palatin mit Apollotempel und Augustushaus, und erörtern Sie die Frage: Wollte Augustus bei Gott wohnen? (S. 34)
9. Vergleichen Sie die einzelnen Elemente von Architektur, Bildern und Skulpturen, und diskutieren Sie, inwieweit ein zusammenhängendes Programm öffentlicher (Selbst-)Darstellung des Prinzeps sichtbar wird.
10. Diskutieren Sie den ästhetischen Wert von Kunst, die im Auftrag des Herrschers entsteht und dessen Vorgaben beachtet.

Münzen als historische Quellen

Was ist eine Münze?

Münzen haben eine mehrtausendjährige Geschichte, während Papiergeld eine neuzeitliche Erfindung ist. Münzen sind handliche Metallscheiben, die den Warentausch vereinfachen, weil sie einen bestimmten Warenwert objektivieren. Ursprünglich entspricht der Wert einer Münze dem Marktwert ihres Metallgehalts, aber da letzterer sich rasch ändert, ist es vor allem die prägende Instanz bzw. die staatliche Obrigkeit, die für den Nennwert bürgt. Münzen haben daher neben der wirtschaftlichen auch eine politische Bedeutung. Die Münzhoheit, d.h. das Recht, Münzen zu schlagen, stellt ein Herrschaftsmittel dar, und umgekehrt hat die souveräne Herrschaft ein Interesse daran, sich selbst auf dem Zahlungsmittel in ihrem Sinne darzustellen.

Die Münze als Quelle

Die Bedeutung von Münzen als Geschichtsquellen wird von den historischen Informationen bestimmt, die ihnen entnommen werden können. In der Antike, aber auch im Mittelalter zeigen die Vorderseiten in der Regel den Herrscher, der sie prägen ließ, im Porträt und nennen Namen, Titel und Ämter – meist in Abkürzungen, die aber den damaligen Menschen geläufig waren. Die Rückseite kann man geradezu als Propagandaseite kennzeichnen, da auf ihr Taten und politische Ziele des Herrschers meist bildhaft formuliert wurden. Natürlich muss man sauber den herrscherlichen Anspruch von der Wirklichkeit seiner Regierung trennen.

Münzen sind überall

Für unser Bild von der Antike sind Münzen ganz besonders wichtig, schon allein deshalb, weil ihr Verbreitungsradius als Quellengattung fast ohne Konkurrenz ist: Münzen sind sehr haltbar, und sie finden sich überall dort, wo Menschen Handel getrieben haben, oder aber dort, wo sie einfach nur ihre Habseligkeiten versteckt haben. Schriftquellen auf Papier, Holz oder Leder können da nicht mithalten. Römische Münzen kursierten durch das ganze Weltreich und manchmal auch darüber hinaus. Weil sie in hohen Stückzahlen geschlagen wurden, legten die Herrscher großen Wert auf die transportierten Bildinhalte, denn sie waren sich im Klaren darüber, dass sie hier über eine Art „Massenmedium" auf sehr viele Untertanen einwirken konnten. Marmorstandbilder des Kaisers wurden nur in größeren Städten des Reichs aufgestellt, aber auf dem Sesterz trug auch der baskische Bauer sein Konterfei in der Tasche.

	Aureus	*Denar*	*Sesterz*	*Dupondius*	*As*
Aureus (Gold)	1				
Denar (Silber)	25	1			
Sesterz (Messing)	100	4	1		
Dupondius (Messing)	200	8	2	1	
As (Kupfer)	400	16	4	2	1

Die Münzsysteme sind bei Griechen und Römern weitgehend uneinheitlich. Über den Kaufwert des Geldes gibt es erst für die Spätantike einigermaßen zuverlässige Daten, und man muss zudem davon ausgehen, dass Währungen und Preise weit größeren Schwankungen unterworfen waren als heute in Europa. Erst Cäsar und Augustus haben ein einheitliches und effektives Münzsystem geschaffen, das die Grundlage für die frühe Kaiserzeit bildete. Es blieben aber in weiten Teilen des Reiches regionale, ältere oder ausländische Münzen im Umlauf. (*Tabelle nach:* E. Boshof, K. Düwell, H. Kloft, *Grundlagen des Studiums der Geschichte.* Köln-Weimar-Wien 1997[5], S. 66)

Beispiel 1: Die Motive der Euro-Münzen

Die Vorderseiten aller Euro-Münzen sind gleich, auf jedem Wert erscheinen als gemeinsames Kennzeichen die zwölf Sterne der Europäischen Union. Die Rückseiten dagegen zeigen nicht nur nach Werten, sondern auch nach Herkunftsländern Varianten. Jedes Mitgliedsland konnte entscheiden, welche Motive es zeigen will. Hinzu kommt das Jahr der Ausgabe oder, in einzelnen Fällen, das Jahr der Herstellung.

Finnland: Die Münzen mit kleinerem und mittlerem Wert zeigen das finnische Wappen (ein Löwe mit einer Krone auf dem Haupt, der auf den Hinterbeinen steht und ein Schwert schwingt), die höherwertigen Münzen tragen Naturmotive.

Frankreich: Die Münzen mit niedrigem Nennwert zeigen das Gesicht einer „neuen Marianne". Marianne galt als Heldin der Französischen Revolution und ist ein Symbol der Republik. Die Münzen mit mittlerem Wert zeigen die Umrisse der Erntegöttin, die höherwertigen das stilisierte Bild eines Baumes innerhalb eines Sechsecks mit den Worten „Freiheit, Gleichheit, Brüderlichkeit", der Forderung der Französischen Revolution.

Griechenland: Die griechischen Kleinmünzen haben als einzige ihren alten Namen behalten: Sie heißen noch „Lephta". Die Münzen mit niedrigem Nennwert zeigen Schiffe aus verschiedenen Epochen der griechischen Geschichte. Die Münzen mittleren Werts zeigen bedeutende Persönlichkeiten des modernen Griechenland, während die Münzen mit höherem Nennwert sich dem alten Griechenland widmen, das als Ursprung Europas angesehen wird.

Italien: Die Münzen mit niedrigem Nennwert tragen wichtige italienische Gebäude, bis zurück zum alten römischen Reich. Die Münzen mit mittlerem Nennwert zeigen wesentliche italienische Kunstwerke, ebenfalls bis in die Antike zurück. Die höherwertigen Münzen verweisen auf Leonardo da Vinci und Dante Alighieri.

Österreich: Die Münzen mit niedrigem Nennwert haben als Motiv Alpenblumen. Die Münzen mit mittlerem Nennwert zeigen Wiener Gebäude. Die höherwertigen Münzen zeigen berühmte österreichische Persönlichkeiten (Mozart, Bertha von Suttner).

Spanien: Die Münzen mit niedrigem Nennwert zeigen die Türme der Kathedrale von Santiago de Compostela, diejenigen mittleren Werts das Gesicht von Cervantes, dem großen Dichter des 16. Jahrhunderts. Die höherwertigen Münzen zeigen ein Bild von König Juan Carlos I.

5 ΛΕΠΤΑ
50 ΛΕΠΤΑ
2 ΕΥΡΩ
LIBERTÉ ÉGALITÉ FRATERNITÉ
EURO

Beispiel 2: Der so genannte Sieg der Römer über die Parther 20 v. Chr.

Im Jahr 53 v. Chr. verlor der Feldherr Crassus einen Krieg und sein Leben gegen die Parther. Mehrere wertvolle Feldzeichen gingen an den Gegner – eine große Schmach für Rom. Im Jahr 20 gelang es römischen Unterhändlern auf friedlichem Wege, vom Partherkönig Phraates IV. die Feldzeichen und angeblich auch noch immer gefangen gehaltene Römer zurückzugewinnen. Seitdem kann man geradezu von einem Propaganda-Programm *„signis receptis"* sprechen. Die Feldzeichen wurden in eigens errichteten Tempeln aufgestellt (Mars Ultor, ab 2 v. Chr. auf dem Augustusforum).

Aureus, ab 20 v. Chr.
Vorderseite: Kopf des Augustus; unten AVGVSTVS
Rückseite: Tierkreiszeichen des Capricornus und SIGNIS RECEPTIS; *der Capricornus ist ein aus Ziege und Fisch zusammengesetztes Fabelwesen, das das Tierkreiszeichen des Augustus, den Steinbock, darstellt.*

Cistophoros, 19/18 v. Chr.
Der Cistophoros ist eine ältere Silbermünze, deren Wert drei römischen Denaren entsprach und die auch während der Zeit des Augustus noch geprägt wurde.
Vorderseite: Kopf des Augustus, unten IMP IX TR PO V *(zum 9. Mal zum Imperator ernannt; fünfte Erneuerung der tribunicia potestas).*
Rückseite: Rundtempel auf fünfstufigem Unterbau; in der Mitte Feldzeichen (signum); außerdem MART VLTO *(Mars Ultor).*

Denar, ab 20 v. Chr.
Vorderseite: Kopf des Augustus, Beschriftung CAESAR AVGVSTVS
Rückseite: Mars, unbekleidet bis auf den Helm; im linken Arm Kohortenfeldzeichen, rechter Arm auf Legionsfeldzeichen (Adler) gestützt; Beschriftung SIGNIS RECEPTIS.

Aureus, 18/17 v. Chr.
Vorderseite: Kopf des Augustus; Beschriftung SPQR IMP CAESARI AVG COS XI TRI POT VI *(siehe oben)*
Rückseite: dreitoriger Bogen; über dem mittleren Durchgang Quadriga mit Lenker; links und rechts je ein Parther, der Kohortenfeldzeichen bzw. Legionsadler hochhält; Beschriftung CIVIB ET SIGN MILIT A PART RECVP[1].

Nach: Kaiser Augustus und die verlorene Republik. Ausstellungskatalog, Berlin 1988, S. 514 f.

[1] Civibus et signi militari a Partibus recuperantur: „Neben den [gefangenen römischen] Bürgern sind auch die Feldzeichen von den Parthern zurückgewonnen worden."

Möglichkeiten der Interpretation römischer Münzen
In einem Grundsystem visueller politischer Kommunikation wie demjenigen in Rom gewinnen Münzen einen wichtigeren Stellenwert als in der Gegenwart. Ihre ideologischen Botschaften mussten allerdings gut durchdacht sein, boten doch Münzen wenig Raum und waren auch nicht rückholbar. Sie erlaubten aber auch einen häufigen Wechsel und ermöglichten ganze Serien – wie in der jüngeren Vergangenheit Briefmarkensätze. Unter diesen Umständen haben Münzen einen hohen Quellenwert für die jeweilige Herrscherideologie. Ein Vergleich mit anderen Quellen ist wegen dieses ideologischen Gehalts besonders reizvoll und notwendig.
Für die Zeit des Oktavian/Augustus lassen sich bei einer Sichtung des Gesamtbestandes der Münzen ganze Themenbereiche mit ihrer Hilfe untersuchen:

- die ideologische Auseinandersetzung zwischen Oktavian und Antonius,
- Oktavian als Sohn des vergöttlichten Cäsar,
- die Nähe des Oktavian/Augustus zu den Göttern (Apollo, Venus, Mars),
- Oktavian/Augustus als Erlöser der republikanischen Freiheit,
- das Reich des Augustus als Verkörperung des Friedens nach Innen und Außen,
- schließlich der „Vater des Vaterlandes“ (*pater patriae*).

Allgemeine Fragen an Münzen
Münzen sind Bild- und Textquellen gleichzeitig, so dass die traditionellen Interpretationsmethoden zur Erschließung beider Quellengattungen kombiniert zur Anwendung kommen können. Generell kann man folgende Fragen an sie herantragen:

- Wann und wo sind sie entstanden?
- Was wird auf den Vorder- und Rückseiten dargestellt?
- Welche Symbole, Kompositionen usw. werden in der Darstellung genutzt?
- Welche Instanz hat die Prägung zu verantworten?
- Welche Absichten und Interessen verbinden sich mit der Darstellung?
- In welchem Zusammenhang steht die Münzprägung, und welche Bedeutung hat der historisch-situative Kontext?
- Wie konnten die „Botschaften“ der Münzen wahrgenommen werden?
- Welche Ergebnisse zeigen Vergleiche mit anderen Quellen?
- Welche historische Bedeutung hat die jeweilige Münze als Quelle?

1. Untersuchen Sie die nationalen Rückseitendarstellungen des Euro, und vergleichen Sie diese. Bewerten Sie die Selbstdarstellung der einzelnen Staaten.
2. Benutzen Sie den Fragenkatalog zur Untersuchung der Münzen zum „Sieg“ der Römer über die Parther.
3. Untersuchen Sie mit Hilfe des Fragenkatalogs die Münzabbildungen auf S. 32.
4. Vergleichen Sie die Darstellungen der Münzen aus dem augusteischen Rom und der Euro-Münzen. Diskutieren Sie Unterschiede im System politischer Kommunikation.

2.2 Dichtung und Literatur

Schrift als Medium

Dichtung und Literatur, Wort und Schrift – im modernen Sinne: Medien – spielten in Rom seit der ausgehenden Republik eine zunehmend wichtige Rolle. Die Oberschicht konnte nicht nur lesen und schreiben, viele ihrer Vertreter waren auch ausgesprochen bildungsbeflissen. Augustus machte sich das literarische Interesse seiner Zeitgenossen zunutze, denn ihm war an einer geeigneten Verbreitung seiner Anschauungen, Absichten und Pläne stets gelegen. Es gab eigene Publikationen von ihm und seinen Mitarbeitern (Agrippa, Mäzenas und andere), und viele Schriftsteller mussten erleben, dass nicht genehme Äußerungen unterdrückt oder korrigiert wurden. Es fand also das statt, was wir noch heute, aus der lateinischen Sprache abgeleitet, Zensur nennen.

Auftragskunst?

Dichten war in der oberen Gesellschaftsschicht Roms geradezu Mode geworden. Die herausragenden Schriftsteller entfalteten durch Theater und Schulunterricht in der römischen Bevölkerung eine große Wirkung und wurden zu bekannten Persönlichkeiten. Sind die Werke dieser Dichter Schöpfungen höchster Kunst, oder finden wir hier vor allem den Ausdruck politischer Propaganda, bei der die Dichter bloß das neue politische System und dessen obersten Repräsentanten preisen? Handelt es sich um Kunst, um höfische Kunst oder gar um Auftragsdichtung?

Mäzenas

Man kann in Rom von einer Hofhaltung und Hofgesellschaft ausgehen, die sich in den Häusern des Augustus, seiner Frau Livia und anderer abspielte. Eine zentrale Rolle nahm dabei Mäzenas ein, der – um 70 v. Chr. geboren – seit 40 v. Chr. von Oktavian mit einer Reihe von bedeutenden diplomatischen Missionen betraut wurde und der seit 36 v. Chr. den Prinzeps, wenn nötig, in Rom mit unbeschränkten Vollmachten vertrat. Mäzenas' Name ist vor allem durch seine großzügige Förderung der Literatur in das Gedächtnis und den Sprachschatz der Nachwelt eingegangen. Er sah seine Aufgabe darin, junge Dichter zu ermutigen und auch materiell zu unterstützen.

Vergil

Publius Vergilius Maro wurde 70 v. Chr. geboren und gehörte zum Mäzenaskreis. Bedeutende Werke Vergils sind unter anderem die Bucolica und die Georgica, Gedichtzyklen, in denen er das Landleben verherrlicht. Sein größtes Werk, die Aeneis, erlangte sofort den Status eines römischen „Nationalepos". Dabei hatte Vergil das Werk nicht veröffentlichen wollen, da er es kurz vor seinem Tode noch für unvollendet hielt. Aber Augustus setzte sich über die testamentarische Verfügung Vergils hinweg und ließ die Aeneis rasch vervielfältigen.

Horaz und Ovid

Der neben Vergil bekannteste Dichter war Horaz. Er wurde 65 v. Chr. geboren, kam 38 v. Chr. in den Mäzenaskreis und wurde auch bald ein Freund des Augustus. 32 v. Chr. erhielt er von Mäzenas ein Landgut im Sabinergebiet als Geschenk, das ihn materiell sicherstellte. Seine Werke sind umfangreich überliefert und umfassen Satiren und Epoden, Oden und Briefe. Als besondere Ehre muss Horaz es empfunden haben, dass Augustus ihn beauftragte, das Lied für die Säkularfeiern 17 v. Chr. zu schreiben. Ebenso bedeutend war Ovid (43 v. Chr.–17 n. Chr.), zeitweise der am meisten gefeierte Dichter Roms, der aber 8 n. Chr. von Augustus ans Schwarze Meer verbannt wurde. Alle seine Bemühungen, eine Revision der Verbannung zu erreichen, blieben erfolglos.

MATERIAL 1

Aus den Oden des Horaz: Licht schenke wieder der Heimat! (13 v. Chr. veröffentlicht)

Durch der Götter Gunst kamst du in die Welt, bester du als des Romulus-
volks Hüter – ferne weilst du schon allzulang:[1]
rasche Heimkehr hattest versprochen du der Väter
heiligem Kreis: Kehre heim!

Licht schenke wieder, gütiger Herrscher, der Heimat!
Ist nämlich erst frühlingsgleich dein Antlitz
erstrahlt dem Volk, froher geht dann dahin der Tag,
heller strahlt dann die Sonne.

Gleich wie die Mutter den Jüngling, den der Südsturm mit widrigem
Wehen jenseits von Karpathos' Meerflut[2]
weilend, länger als Jahresfrist
Fernhält vom lieben Heim,

mit Gelübden, Zeichen, Gebeten ruft
und vom geschweiften Gestade ihren Blick nimmer wendet,
so auch, angetrieben von Sehnsucht und Treue,
verlangt die Heimat nach Caesar.

Sicher das Rind ja die Fluren durchzieht,
es nährt die Fluren Ceres[3] und in Fülle Fruchtbarkeit,
übers befriedete Meer fliegen die Schiffer,
vor Schuld scheut sich Treue,

nicht wird befleckt das reine Haus durch Unzucht,
Sitte und Satzung haben bezähmt schuldvolle Laster,
zum Lobe gereichen Kinder gleicher Gestalt den Müttern,
der Schuld folgt auf dem Fuße die Strafe als Schatten.

Wer wollte noch den Parther fürchten? Wer im Eise den Skythen[4]?
Wer, was Germanien schrecklich hervorbringt
als seine Brut? Heil ist uns ja Caesar! Wer wollte sich um des wilden
Iberiens Krieg noch kümmern?

Es verbringt ein jeder den Tag in seinen Hügeln,
die Weinrebe führet er hin zu einsam wachsenden Bäumen,
von dort kehrt zum Weine dann heiter er heim, und beim Nach-
tisch ruft er dich herbei als Gottheit,[5]

„Wollest du lang nun, o gütiger Herrscher, Friedenstage
gewähren Hesperien[6]!" So flehen, ist angebrochen
frühe der Tag, nüchtern wir, so flehen wir trunken,
taucht die Sonne zum Ozean nieder.

Horaz, Oden und Epoden IV.5, lat./deutsch, übers. u. hrsg. v. Bernhard Kytzler, 4. Aufl., Stuttgart 1988, S. 201 ff.

[1] Augustus befand sich in den Jahren 16–13 v. Chr. in Gallien und Spanien, um teils militärische, teils organisatorische Aufgaben zu erfüllen.

[2] Gemeint ist das Meer um die Insel Karpathos bei Rhodos; junge Männer aus reichen Familien wurden oftmals zu Studien nach Griechenland geschickt.

[3] Ceres: Göttin der Feldfrüchte

[4] Skythen: altes Nomadenvolk der Schwarzmeerregion

[5] Beim Nachtisch wurde den Hausgöttern (Laren) geopfert, denen Augustus hier beigesellt wird.

[6] Hesperien: dort, wo die Sonne untergeht; „Abendland"

MATERIAL

2 Horaz: Caesar Wächter der Welt (13 v. Chr. veröffentlicht)

Phoibos[1] hat, da ich wollte Kämpfe besingen
und besiegte Städte, warnend gerührt die Leier:
Ich sollte, da sie so klein, nicht hinaus aufs tyrrhenische Meer
die Segel setzen. Dein Zeitalter, Cäsar,

hat Früchte den Feldern wiedergebracht in Fülle
und die Feldzeichen zurückgegeben unserem Jupiter,[2]
entrissen der Parther stolzen
Zinnen, es hat, da frei wir von Kriegen,

den Janustempel des Quirinus geschlossen[3], hat, da sie Ordnung
und Recht überschritt, Zügel der Freizügigkeit
angelegt, hat getilgt Vergehen
und neu erweckt die alten Fähigkeiten,

durch die lateinischer Name, Italiens
Kräfte und Ruhm gewachsen und des Reiches
Majestät sich ausgebreitet bis zum Aufgang
der Sonne von ihrem hesperischen Abendlager.

Ist Cäsar Wächter der Welt, dann wird nicht Wüten
der Bürger oder Gewalttat vertreiben die Ruhe,
nicht Zorn, der da schmiedet die Schwerter
und stürzt in Feindschaft unselige Städte;

nicht werden, die da aus der tiefen Donau trinken,
die julischen Gebote brechen, nicht die Geten,
nicht die Serer[4] und die treulosen Perser,
nicht jene, die am Tanaisstrome[5] geboren.

Wir aber werden an Werktagen wie an Festen
bei den Gaben des fröhlichen Bakchos
mit unseren Kindern und Frauen
nach rechter Art erst anrufen die Götter,

werden dann sie, die Tapferkeit bewiesen nach der Weise der
Väter, die Führer
im Lied von lydischen Flöten begleitet,
werden Troja, Anchises und der huldreichen
Venus Spross besingen.

[1] Phoibos: anderer Name für Apollo

[2] Augustus erreichte im Jahr 20 auf diplomatischem Weg die Rückgabe der von den Parthern im Jahr 53 erbeuteten römischen Feldzeichen (siehe S. 38).

[3] Der Tempel des Gottes Janus war in Kriegszeiten geöffnet, in Friedenszeiten geschlossen. Quirinus ist ein Name des vergöttlichten Romulus.

[4] Geten, Serer: asiatische Völkerschaften

[5] Tanaisstrom: Don

Horaz, Oden und Epoden IV.15, lat./deutsch, übers. u. hrsg. v. Bernhard Kytzler, 7. Aufl., Stuttgart 2000, S. 227ff.

Giovanni Battista Tiepolo: Mäzenas stellt Augustus die Künste vor (1745).

MATERIAL 3

Horaz schreibt einen offenen Brief an Kaiser Augustus

Von Horaz ist eine große Zahl von Schreiben an Augustus überliefert. Diese „Herrscherbriefe" waren wohl von Anfang an zur Veröffentlichung vorgesehen und folgten den Gesetzen ihrer literarischen Gattung.

Allein nimmst du so viele, so große Aufgaben auf dich: Italiens Reich schirmst du mit Waffen, zierst es mit Gesittung, besserst es mit Gesetzen: gewiss verletzte ich der Gemeinde Wohl, nähme ich mit langer Rede deine Zeit in Anspruch, Caesar. Romulus und Vater Bakchos [...] wurden nach ihren gewaltigen Taten in der Götter Tempel aufgenommen; doch solange sie auf Erden und bei der Menschen Geschlecht wohltätig verweilten, schreckliche Fehden führten zum Ende, Äcker einteilten, Siedlungen gründeten, so lange haben sie geklagt, ihren Verdiensten werde nicht die erhoffte Anerkennung zuteil. Er, der die furchtbare Hydra vernichtet, der berüchtigte Ungeheuer bezwungen in schicksalsbestimmter Mühe, auch er hat erfahren, wie Neid erst am letzten Lebenstage sein Ende findet.[1] Denn mit seinem Glanze versengt, wer Fähigkeiten verdunkelt, welche geringer sind als die eigenen; schied er freilich dahin, dann erst wird er auch geliebt sein. Du aber weilst hier bei uns, und wir weihen dir rechtzeitig Ehren, errichten Altäre und schwören an ihnen bei deiner Gottheit. Ja wir sprechen es aus: Nichts wird jemals entstehen, nichts ist je entstanden, das ihr gleichkommt.
Dieses dein Volk aber, so weise doch und so gerecht, dass es allein dich unsern Führern, dich auch den Griechen voranstellt – weit ist es davon entfernt, auch alles andere auf gleiche Weise und Art zu bewerten; was es nicht, schon entrückt dem Irdischen und seiner eigenen Zeit, bereits vollendet sieht, das lehnt es ganz und gar ab.

[1] Gemeint ist Sagenheld Herakles, dessen Vergöttlichung die Frau des Zeus, Hera, bis zum Schluss verhindern wollte.

Horaz, Epistulae II.1. Briefe, lat./deutsch, übers. u. hrsg. v. Bernhard Kytzler, Stuttgart 1986, S. 83

MATERIAL

4 Vergil: Du wirst verheißene Mauern sehen dereinst

[1] Lavinium: Stadt in Latium, der Sage nach von Aeneas gegründet und nach seiner Gattin Lavinia benannt

[2] Latium: Landschaft Mittelitaliens, in Nachbarschaft des späteren Roms

[3] Rutuler: Völkerschaft in Latium

[4] Askanius: Sohn des Aeneas

[5] Ilion ist der griechische Name für Troja; mit dieser „Etymologie" stellt der Dichter die Verwandtschaft der Julier mit Troja her.

[6] Albalonga – Mutterstadt Roms, angeblich von Askanius gegründet

[7] Hektor: größter Kriegsheld der Trojaner, Bruder des Aeneas

[8] Die Vestalin Ilia: Vestalinnen waren Priesterinnen der Vesta. Sie waren zur Jungfräulichkeit verpflichtet – konnten also „legal" nur von einem Gott ein Kind empfangen; Ilia ist hier ein anderer Name für Rhea Silvia; damit wird auch die Mutter des Romulus zu trojanischer Abstammung gebracht.

[9] Juno: Götterkönigin und Ehefrau des Jupiter, in der Aeneis Feindin des Aeneas und der Trojaner

[10] Octavianus (Augustus) war als Adoptivsohn Cäsars auch ein Julier

[11] Vesta: Göttin des heiligen Herdfeuers, Beschützerin des Hauses und des Staates; Fides: Göttin der Treue; Quirinus: Name des vergöttlichten Romulus; Remus: Bruder des Romulus

Vergil hat die „Aeneis" zwischen 29 und 19 v. Chr. in 12 Büchern geschrieben. Der Königssohn Aeneas flieht darin aus dem von den Griechen vernichteten Troja, kommt nach langen Irrfahrten nach Italien und wird zum Stammvater der Römer. Mit dieser Sage – die nicht erst Vergil erfunden hat – verkoppelten die Römer ihre eigene mythische Vorgeschichte mit der kulturell dominanten griechischen Sagenwelt. Aeneas wird durch einen Seesturm nach Karthago (Libyen) verschlagen. Venus beklagt sich bei Jupiter über das harte Schicksal ihres Schützlings Aeneas. Ihr Vater antwortet:

Lass, meine Tochter, die Furcht, nie wird sich der Deinigen Schicksal
Wandeln; du wirst die Stadt und Laviniums[1] verheißene Mauern
Sehen dereinst und erheben den hochgemuten Aeneas
Hoch zu den Sternen des Himmels, den Sinn hat nichts mir geändert.
Er (ich will es dir sagen, weil solche Sorge dich peinigt,
Und enthüllen dir weiter verborgene Tiefen des Schicksals)
Führt einst schweren Krieg in Italien, trotzige Völker
Zwingend, er ordnet Gesetz und errichtet Mauern den Männern,
Bis drei Sommer ihn sahn in Latium herrschen und dreimal[2]
Nach dem Rutulersturz[3] die Winter vorübergegangen.
Doch Askanius[4] wird, von nun an Julus geheißen,
(Ilus hieß er, solange geblüht noch Ilion[5] hatte)
Dreißig Sonnenkreise der mondumrollenden Jahre
Dort als Herrscher erfüllen, das Reich von Laviniums Sitze
Nach Albalonga[6] verlegen und dieses mit Mauern beschützen.
Drei Jahrhunderte lang wird dort verbleiben die Herrschaft
Unter Hektors[7] Geschlecht, bis die königliche Vestalin,
Ilia[8], schwanger vom Mars, einst Zwillingsknaben geboren.
Stolz wird prangen im dunklen Felle der säugenden Wölfin
Romulus, erben das Reich und Mauern des Mars dort errichten
Und wird das Volk nach dem eigenen Namen „Römer" benennen.
Diesem setze ich weder ein Ziel noch Frist für die Herrschaft.
Reich ohne Grenzen sei ihm beschieden. Die grollende Juno[9],
Die mit Schrecken quält die Erde, das Meer und den Himmel,
Wird zum Besseren wenden den Sinn und mit mir dann gemeinsam
Schützen die Römer, die Herren der Welt, das Volk in der Toga.
So ist's bestimmt! …
Aus dem erlauchten Geschlecht entspringt der trojanische Caesar,
Der bis zum Ozean führt das Reich, den Ruhm zu den Sternen,
Julius[10] heißt er, ein Name, vom großen Julus erhalten.
Ihn, mit der Beute aus Osten beladen, empfängst du
Sicher im Himmel dereinst, zu ihm auch flehen Gebete.
Dann wird sanfter die rauere Zeit nach beendeten Kriegen,
Vesta und Fides, die greisen, Quirinus mit Remus, dem Bruder,
Geben Gesetz[11]. Durch Eisen versperrt und verschließende Riegel
Sind die grausigen Pforten des Krieges. Auf schrecklichen Waffen
Hockt des Krieges Furie, am Rücken gebunden mit hundert
Ehernen Fesseln, grausig knirschend mit blutendem Maule.

Vergil, Aeneis I.254–296, übers. u. hrsg. v. W. Plankl unter Mitwirkung von K. Vretska, Stuttgart 1989.

MATERIAL

Vergil: Die Prophezeiung des Anchises 5

Aeneas landet an der Küste von Italien und steigt mit der Apollo-Priesterin Sibylle von Kumae in die Unterwelt. Dort trifft er seinen Vater Anchises, der ihm die Zukunft Roms verkündet.

Dann zieht er [Anchises] den Sohn und mit ihm die Sibylle
Mitten hinein in die rauschende Schar, in den Kreis der Versammlung,
Steigt auf den Hügel sodann, wo in langer Reih' er sie alle
Schauen konnte von vorn und erkennen der Kommenden Antlitz.
„Nunmehr vernimm, welch Glanz einst folge dem Dardanerstamme,[1]
Welche Enkel erwarten du darfst von italischer Abkunft,
Seelen, umleuchtet vom Ruhm, die unseren Namen beerben.
All dies künde ich dir und zugleich dein eigenes Schicksal.
Den du dort siehst, der Jüngling, gestützt auf die Lanze des Sieges,
Steht durchs Los als nächster dem Licht; er wird in des Äthers
Lüfte zuerst sich erheben, vermischt mit italischem Blute,
Silvius[2], Albas Geschlecht, dein nachgeborener Sprössling,
Welchen im Alter dir spät Lavinia, deine Gemahlin
Dort in Wäldern erzieht, den König und Ahnen von Fürsten.
Er wird unser Geschlecht zum Herren machen in Alba. [...]
Diese baun dir Nomentum und Gabii einst und Fidena,[3]
Namhafte Städte dereinst, heut' namenlose Gebiete.
Selbst noch dem Ahn zum Gefährten erhebt sich der Sprössling des Kriegsgotts,
Romulus, den aus Assarakus' Blut die Mutter einst aufzieht,
Ilia. Schau, wie der Doppelbusch auf dem Scheitel ihm wehet [...]!
Sohn, von diesem gegründet, erhebt sich die glänzende Roma,
Welche die Macht mit der Erde begrenzt, den Mut mit dem Himmel,
Sieben Hügel umschließt sie mit einer Mauer, gesegnet
Durch das Geschlecht ihrer Helden. So fährt durch Asiens Städte
Turmgekrönt auf dem Wagen die berekyntische Mutter[4]
Selig der Göttersöhne und hundert Enkel umarmend,
Himmelsbürger sie all' und olympischer Höhen Bewohner.
Dorthin wende die Blicke nunmehr und sieh deine Römer,
Dies erlauchte Geschlecht, den Caesar dort und des Julus
Ganzen Stamm, der einst zu den Sternen des Himmels emporsteigt!
Dies ist der Mann, er ist's, der so oft vom Schicksal verheißne
Caesar Augustus, des Göttlichen Sohn, der das goldene Alter
Wieder nach Latium bringt, dort, wo vor Zeiten Saturnus[5]
König gewesen. Bis zu Garamanten[6] und Indern und weiter
Dehnt er die Grenze des Reichs, dess' Land liegt außer den Sternen,
Außer den Bahnen von Sonne und Jahr, wo der Träger des Himmels,
Atlas[7], wendet die Achse, geheftet an brennende Sterne. ...
Du aber, Römer, gedenke mit Macht der Völker zu walten,
Dies sei deine Berufung – des Friedens Gesetze zu ordnen,
Schon den, der sich gefügt, doch brich den Trotz der Rebellen!

[1] Dardanerstamm: Nachkommen des Dardanus, gleichbedeutend mit den Trojanern

[2] Silvius: Sohn des Aeneas und der Lavinia; Alba: gleich Alba Longa, Mutterstadt Roms

[3] Nomentum, Gabii und Fidena: Städte in Latium

[4] Berekyntische Mutter: die Göttin Kybele, eine auch in Rom beliebte Gottheit aus Kleinasien

[5] Saturnus: altitalischer Gott des Ackerbaus, den die Römer mit dem griechischen Göttervater Kronos gleichsetzten; Saturn wurde von seinem Sohn Jupiter vertrieben, kam nach Italien und beherrschte Latium (goldenes Zeitalter).

[6] Garamanten: Volk im inneren Afrika

[7] Atlas: Träger des Himmelsgewölbes

Vergil, Aeneis VI. 752–853. Epos in zwölf Gesängen, unter Verw. d. Übertragung Ludwig Neuffers übers. u. hrsg. v. Wilhelm Plankl unter Mitwirkung von Karl Vretska, Stuttgart 1989.

MATERIAL

6 Vergil: Die Schildbeschreibung

Nachdem Aeneas im „gelobten Land" Latium gelandet ist, haben die Trojaner schwere Kämpfe zu bestehen. Venus hat bei Vulkan, dem Gott der Schmiedekunst, Waffen für Aeneas bestellt. Nun übergibt sie ihrem Schützling Helm, Schwert, Panzer, Schienen, Speer und Schild. Den letzteren beschreibt der Dichter:

Dort auf dem Schild hat der Italermacht und der Römer Triumphe –
Kannte er doch das Geschick, nicht fremd der kommenden Zeiten –
Abgebildet der Feuergott und den ganzen von Julus
Sprossenden Stamm und die Reihen durchfochtener Kriege. [...]
Und es fegten im Kreis die silberhellen Delphine
Rings herum mit den Schwänzen das Meer und durchschnitten die Brandung.
Mitten darin aber waren die ehernen Flotten zu schauen,
Dort auch Actiums[1] Schlacht und ganz Leukate umwimmelt
Von der Rüstung des Kampfs und in Gold die Fluten erglänzend.
Hier war Caesar Augustus, zur Schlacht die Italer führend,
Samt den Vätern, dem Volk, den Penaten[2] und waltenden Göttern,
Stehend auf hohem Verdeck; ihm sprühn um die lachenden Schläfen
Doppelte Flammen, ihm glänzt das Vatergestirn auf dem Scheitel.
Seitwärts führt Agrippa, von Wind und Göttern begünstigt,
Ihm ein Geschwader, der Held, dem – als stolzes Zeichen des Sieges –
Hell eine Schifferkrone die Schläfen umglänzt mit den Schnäbeln.
Dort mit der Hilfe barbarischer Macht und verschiedener Rüstung
Führt von der Eos[3] leuchtendem Strand Antonius siegreich
Kräfte des Morgenlands und Ägyptens mit sich, aus dem fernsten
Baktra[4] sogar, und ihm folgt, o Schmach, die ägyptische Gattin.
Alle nun stürmen zugleich; vom Stoß dreizahniger Schnäbel
Und vom Ruderschlage zerwühlt, schäumt ringsum die See auf. [...]
Mitten befiehlt die Fürstin auf heimischem Horne den Völkern,
Und doch bemerkt sie nicht die beiden Schlangen im Rücken.
Mancherlei Götter von seltsamer Art und der Beller Anubis[5]
Halten gegen Neptun und gegen Minerva[6] und Venus
Waffen gezückt. Der Kriegsgott tobt inmitten der Kämpfer,
Ausgemeißelt in Stahl, und traurige Diren[7] am Äther. [...]
Und es wandten die Inder in Angst und das ganze Ägypten,
Alle Araber auch und alle Sabäer[8] den Rücken.
Selbst die Königin schien den erflehten Winden die Segel
Anzuvertraun und Taue um Taue nunmehr zu lösen.
Sie nun hatte gestaltet der Gott, wie sie unter dem Morden,
Blass vom nahenden Tod, von Wind und Wellen entführt wird;
Ihr gegenüber die Riesengestalt des trauernden Niles,
Wie er, den Busen eröffnend, mit ausgebreitetem Kleide
Ruft in den bläulichen Schoß, in die schirmende Flut die Besiegten.
Dreimal aber durchzog im Triumphe Augustus die Mauern
Roms und weihte Italiens Göttern ein ewiges Denkmal:
In den Räumen der Stadt dreihundert gewaltige Tempel.
Alle Straßen ertönten von Spiel und Jubel und Freude.
Jedem Tempel sind Chöre der Fraun und Altäre geheiligt,

[1] Actium: Vorgebirge in Arkanien; Leukate: Vorgebirge der an der Küste von Arkanien gelegenen Insel Leukas; in der Folge entwickelt Vergil die Seeschlacht von Actium, in der Oktavian 31 v. Chr. seinen letzten Widersacher Antonius besiegte.

[2] Penaten: Hausgötter

[3] Eos: die Morgenröte

[4] Baktra: Hauptort der Landschaft Baktrien in Mittelasien

[5] Anubis: ägyptische Gottheit, mit dem Kopf eines Hundes dargestellt

[6] Minerva: Göttin der Weisheit, Parallelfigur der griechischen Athene

[7] Diren: Furien

[8] Sabäer: Volk in Arabien, in dessen Gebiet der Weihrauchbaum gedieh

Seeschlacht bei Actium, Holzstich nach Zeichnung von Heinrich Leutemann, 1864.

Vor den Altären bedecken geschlachtete Stiere den Boden.
Er, sich setzend am Tor des strahlenden Phoebus,
Überschaut der Länder Geschenke und hängt an den stolzen
Pfosten sie auf; es schreiten in langem Zuge besiegte
Völker einher, an Sprache wie Kleidung und Waffen verschieden. [...]
Dieses Muttergeschenk auf dem Wunderbild des Vulkanus
Staunt er nun an, unkundig des Sinns, doch der Bilder sich freuend,
Und er hebt auf die Schulter den Ruhm und das Schicksal der Enkel.

Vergil, Aeneis VIII, 626–731. Epos in zwölf Gesängen, unter Verw. d. Übertragung L. Neuffers übers. u. hrsg. v. W. Plankl unter Mitwirkung von K. Vretska, Stuttgart 1989, S. 11 f., 166–169, 222–226.

1. Untersuchen Sie die Oden des Horaz und seinen Brief an Augustus daraufhin, wie in ihnen Augustus und der Prinzipat dargestellt werden. (M 1– M 3)
2. Ermitteln Sie, welches Bild Vergil entwirft von dem Ursprung des römischen Volkes, von der Sendung Roms und von Augustus. (M 4–M 6)
3. Erläutern und begründen Sie den Ehrgeiz, mit dem Vergil den Augustus zum Nachfahren des trojanischen Herrscherhauses macht. (M 4)
4. Erörtern Sie das Bild, das Horaz und Vergil von Augustus entwerfen. Inwiefern ist der Herrscher Mensch, inwieweit ist er Gott?
5. Diskutieren Sie die Erwartungen, die die Dichter an den Prinzeps herantrugen. Was soll er leisten?
6. Versuchen Sie eine Bewertung des Zusammenhangs von Literatur und Politik im augusteischen Rom.
7. Diskutieren Sie: Kann eine Dichtung, die sich so eng mit dem herrschenden politischen System verbindet, Kunst sein?

2.3 Religion und Herrscherkult

Die Tugenden der Republik

In der römischen Republik war Bescheidenheit eine der wichtigsten Tugenden von Amtsinhabern. Als vorbildlich galt die Haltung des Cincinnatus im fünften Jahrhundert v. Chr., von dem erzählt wurde, dass er als Diktator mit unumschränkter Macht den Staat aus höchster Gefahr rettete – und nach Ablauf des ihm zugemessenen halben Jahres sofort wieder dahin zurückkehrte, wo er abberufen worden war: an seinen Pflug. Nachdem die Römer das Königtum überwunden hatten, galt ihnen alles, was damit zu tun hatte, schlichtweg als unanständig. Könige, die sich vielleicht auch noch anmaßten, mit den Göttern zu konkurrieren, das waren nachklassische Griechen oder Barbaren, vor allem im Osten.

Erlösungssehnsucht und Personenkult

Diese recht eigentlich republikanische Mentalität veränderte sich im Laufe des ersten vorchristlichen Jahrhunderts gründlich, auch wenn Erinnerungen und Traditionen noch lange lebendig blieben und berücksichtigt werden mussten. Augustus selbst begriff sich als denjenigen, der die Freiheit der Republik wiederhergestellt und den Frieden gebracht hatte. Er kam damit den Bedürfnissen einer Bevölkerung entgegen, die sich am Ende von hundert Jahren Bürgerkrieg nach Frieden, Rettung und „Erlösung" sehnte. Auch in den religiösen Strömungen der Zeit haben Heilsbringer und Endzeiterwartungen Konjunktur. Augustus nutzte den Zeitgeist und untermauerte seine rechtlich und traditionell noch kaum legitimierte Herrschaft durch verschiedenste Maßnahmen zur sakralen Überhöhung seiner Person – oder ließ es zu, dass diese Maßnahmen an ihn herangetragen und durchgeführt wurden.

Augustus als Oberpriester

Augustus bekleidete schon unter Cäsar das Amt eines Pontifex. In der Folge wurde er Mitglied in allen wichtigen Priesterkollegien und ließ sich 29 v. Chr. das Recht übertragen, selbst Priester für alle Kollegien über die ursprünglich festgelegte Anzahl hinaus zu benennen. Im selben Jahr wurde die Schließung des Janustempels als Friedenssymbol feierlich begangen. Auch die Säkularfeiern des Jahres 17. v. Chr., die ein turbulentes, aber letztlich ruhmreiches Jahrhundert beschließen sollten, wurden öffentlichkeitswirksam drei Tage lang zelebriert. Unter vielem anderen trugen 27 Jungen und 27 Mädchen das eigens für diesen Anlass angefertigte *Carmen saeculare* des Horaz vor. Augustus war Ausrichter und zugleich Thema aller Lobgesänge. Im Jahr 27 erhielt er den Beinamen „Der Erhabene" (= Augustus), seit 8 v. Chr. wurde offiziell ein Monat nach ihm benannt. 12 v. Chr. wurde Augustus Pontifex Maximus, höchster Priester Roms.

Religionspolitik

Augustus entwickelte einigen Ehrgeiz darin, den Dienst an den Göttern nach seinen Vorstellungen zu verändern. Einerseits erneuerte er alte sakrale Einrichtungen, weil zu seiner Zeit viele Menschen der Ansicht waren, dass vernachlässigter Gottesdienst ein Grund für die Übel der jüngeren Vergangenheit war. Anderseits sorgte er für die Verehrung neuer Gottheiten. Sein Favorit wurde Apollo, der gleichzeitig als Gott des neuen Zeitalters verehrt wurde. Apollo galt – wie Oktavian – als „jugendlich", und man hielt ihn für verantwortlich für den entscheidenden Sieg bei Actium. Dementsprechend wurde in Rom ein neuer Apollotempel gebaut, der durch einen unterirdischen Gang unmittelbar mit dem Haus des Augustus verbunden war. Dem schlossen sich viele weitere Tempelbauten an, die vor allem auf dem Forum Augustum und dem Marsfeld realisiert wurden (siehe dazu S. 23–34).

Es ist kein Zufall, dass der allgemeine Trend zur Divinisierung (Vergöttlichung) einer Herrscherfigur in einer Zeit besonders ausgeprägt ist, in der zugleich der Siegeszug einer neuen Religion ansetzt. Warum war dieser Trend nicht zu stoppen, obwohl er neu ist in der römischen Geschichte und im Widerspruch steht zu ehrwürdigen Traditionen? Welche Erwartungen hatten Publikum und Untertanen? Welche Interessen verfolgten die Regisseure dieses neuartigen Herrschaftsverständnisses? Welche Rückwirkungen schließlich hat die sakrale Tendenz für die Stabilität des Prinzipats?

Divinisierung

MATERIAL 1

Keuschheit und Frömmigkeit: Grabrede für eine Ehefrau

Ein nicht sicher identifizierter Römer, offenbar Opfer der Proskriptionen 43 v. Chr. und später von Augustus amnestiert, verfasste den folgenden Text für seine verstorbene Ehefrau Turia.

Ehen von so langer Dauer, die durch den Tod beendet, nicht durch Scheidung getrennt werden, sind selten. Ward es uns doch beschieden, dass unsere Ehe ohne eine Trübung bis zum 41. Jahr fortdauerte. [...] Was soll ich deine häuslichen Tugenden preisen, deine Keuschheit, deine Folgsamkeit, dein freundliches und umgängliches Wesen, deine Beständigkeit in häuslichen Arbeiten, deine Frömmigkeit, frei von allem Aberglauben, deine Bescheidenheit im Schmuck, die Einfachheit im Auftreten? Wozu soll ich reden von der Zuneigung zu den Deinen, deiner liebevollen Gesinnung gegenüber der ganzen Familie, da du mit gleicher Sorge meine Mutter und deine Eltern umhegtest [...] und unzählige andere Tugenden gemeinsam hattest mit all den Ehefrauen, die auf Frauenehre halten? [...] Dein ganzes Vermögen, das du von deinen Eltern erbtest, haben wir mit gemeinsamer Sorgfalt erhalten; du brauchtest dich nicht um seine Vermehrung zu sorgen, da du es mir ganz anvertraut hast. Wir haben uns so in die Pflichten geteilt, dass ich die Betreuung deines Vermögens übernahm und du über dem meinen wachtest [...]. Als ich fliehen musste, warst du es, die mir mit Hilfe deines Schmuckes die meisten Mittel dazu verschaffte; du hast dir alles Gold und alle Edelsteine vom Leibe gezogen und mir ausgehändigt, dass ich sie mit mir nehmen sollte, hast mich, als ich von zu Hause fort war, mit Dienern, Geld und Vorräten reichlich versorgt, wobei du die von meinen Feinden gestellten Wächter geschickt zu täuschen verstandest. [...] So verdanke ich es nicht weniger dir als dem Kaiser selbst, dass ich durch ihn dem Vaterlande wiedergegeben worden bin. Denn wenn du nicht die Mittel zu meiner Rettung bereitgestellt hättest, hätte auch Cäsar seine Hilfe vergeblich versprochen. Daher verdanke ich mein Leben nicht weniger deiner Liebe als seiner Milde. [...] Als dem Erdkreis der Friede geschenkt und der Staat wieder zu Ordnung gebracht war, da waren auch uns friedliche und glückliche Zeiten beschieden. Wir sehnten uns nach Kindern, die ein neidisches Geschick uns für lange Zeit verweigert hatte. [...] Die Zeit ging einen anderen Weg und machte unsern Hoffnungen ein Ende. [...] Verzweifelnd an deiner Fruchtbarkeit und untröstlich darüber, dass ich ohne Kinder bleiben sollte [...], sprachst du von Scheidung und dass du das kinderlose Heim einer anderen, fruchtbareren Gattin abtreten wolltest [...] und versichertest, du wollest ihre Kinder wie deine eigenen halten. [...] Wie stark auch mein Verlangen und mein Bedürfnis nach Kindern war [...], hätte ich darum die Treue abtun sollen, Sicheres gegen Ungewisses vertauschen sollen? Doch wozu braucht es langer Worte? Du bist bei mir geblieben; hätte ich doch dir nicht nachgeben können, ohne mir selbst Unehre und uns beide unglücklich zu machen. [...] Hätte unsere Ehe doch [...] so lange dauern können, bis ich, der Ältere – und das hätte sich eher gehört! – zu Grabe getragen war und du mir die letzten Ehren erweisen konntest! [...] Möchten die Totengeister dir die Ruhe schenken und beschützen, das ist mein Wunsch!

zitiert nach: Wolfgang Lautemann/Manfred Schlenke (Hrsg.), Geschichte in Quellen, Bd. 1: Altertum, bearb. v. Walter Arend, 2. durchges. u. erw. Aufl., München 1975, S. 593f.

MATERIAL
2 Maßnahmen zur Erneuerung der Dienste an den Göttern

Der römische Historiker Sueton schreibt um ca. 110 n. Chr. über die Religionspolitik des Augustus:

Die Zahl und die Würde der Priesterstellen, aber auch die finanziellen Vergünstigungen erhöhte er, insbesondere die der Vestalischen Jungfrauen. Und als es notwendig wurde, für eine verstorbene Priesterin eine Nachfolgerin zu bestimmen, und viele Eltern darum nachsuchten, dass ihre Töchter von der Auslosung verschont blieben, gab Augustus die eidliche Versicherung, dass er, wenn eine seiner Enkelinnen das vorgeschriebene Alter erreicht hätte, diese von sich aus vorschlagen werde. Er setzte sogar einige alte Zeremonien, die nach und nach abgeschafft worden waren, wieder neu ein, wie zum Beispiel das Augurium[1] für das Wohl des Staates, das Amt des Jupiterpriesters, das Luperkalienfest[2], die Jahrhundertspiele und das Kompitalienfest[3]. [...]
Von den nichtrömischen Feierlichkeiten beging er die alten und seit langer Zeit veranstalteten besonders ehrerbietig, wie er die übrigen verachtete. In Athen nämlich hatte er sich in die Mysterien[4] einweihen lassen [...]. Hingegen ersparte er es sich, bei seiner Reise durch Ägypten einen Umweg zu machen, um das Apisheiligtum zu besuchen; ja er lobte seinen Enkel Gaius ausdrücklich dafür, dass dieser, als er an Judaea vorbeifuhr, in Jerusalem kein Opfer dargebracht habe.

[1] Augurium: Weissagung aus den Eingeweiden von Tieropfern
[2] Luperkalienfest: Alljährliche Feier zu Ehren der Wölfin, Roms „Wappentier" und Symbol der Fruchtbarkeit
[3] Feier zu Ehren der Lares compitales, Gottheiten, in deren Obhut Wege, Kreuzungen und Marktplätze lagen
[4] Mysterien: aus dem kleinasiatischen Raum kommende Geheimkulte, die auch in Rom neben den alten Gottheiten recht beliebt waren

Sueton, Augustus, lat./dt., übers. u. hrsg. v. Dietmar Schmitz, Stuttgart 1988, S. 51 ff., 141 ff.

MATERIAL
3 Aus den Akten der Säkularfeiern (1.–3. Juni 17 v. Chr.)

In der folgenden Nacht opferte der Imperator Cäsar Augustus auf dem Feld am Tiber den Schicksalsgöttinnen neun weibliche Lämmer, die ganz verbrannt wurden, nach griechischem Ritus, und nach dem gleichen Ritus neun Ziegen, und betete folgendermaßen: „Moiren![1] Wie es für euch in jenen Büchern geschrieben steht und um welcher Dinge willen – was dem römischen Volke und den Quiriten[2] zum Heil sein möge! – soll euch ein Opfer von neun Schafen und neun Ziegen gebracht werden; so bitte und flehe ich euch an, dass ihr die Herrschaft und die Hoheit des römischen Volkes und der Quiriten in Krieg und Frieden mehrt, und dass ihr immer den Latinernamen schützt und dauernde Unversehrtheit, Sieg und Wohlbefinden dem römischen Volke und den Quriten gewährt, und dass ihr gnädig seid dem römischen Volke und den Quiriten und den Legionen des römischen Volkes und der Quiriten und den Staat des römischen Volkes und der Quiriten heil erhaltet, dass ihr freundlich und gewogen seid dem römischen Volke und den Quiriten, dem Kollegium der Fünfzehnmänner, mir, meinem Hause und meinem Gesinde. [...] In der Nacht, nach Beendigung des Opfers, wurden Spiele veranstaltet auf einer Bühne, der kein Zuschauerraum mit aufgestellten Sitzen beigegeben war, und die 110 Frauen, an die durch die Fünfzehnmänner diese Weisung ergangen war, hielten eine Göttermahlzeit für Juno und Diana [...]. Am 1. Juni opferte der Imperator Cäsar Augustus auf dem Kapitol einen fehlerfreien Stier dem Jupiter Optimus Maximus, ebenda einen zweiten M. Agrippa, [...]
Nach Beendigung des Opfers sangen die 27 Knaben mit noch lebenden Eltern, denen dies befohlen war, und ebenso viele Mädchen ein Lied [...]. Das Lied dichtete Q. Horatius Flaccus.

[1] Moiren: Schicksalsgöttinnen
[2] Quiriten: Bezeichnung für die Bürger Roms

Zitiert nach: Wolfgang Lautemann/Manfred Schlenke (Hrsg.), Geschichte in Quellen, Bd. 1: Altertum, bearb. v. Walter Arend, 2. durchges. u. erw. Aufl., München 1975, S. 592f.

MATERIAL 4

Aus dem Festkalender eines italischen Augustustempels (um 10 n. Chr.)

19. August	An diesem Tag trat Cäsar sein erstes Konsulat an. Gebet ...
3. September	An diesem Tag ergab sich das Heer des Lepidus dem Cäsar. Gebet ...
23. September	Geburtstag Cäsars. Cäsar wird ein Opfertier dargebracht. Gebet ...
7. Oktober	Geburtstag des Drusus Cäsar. Gebet an Vesta.
18. Oktober	An diesem Tage legte Cäsar die Männertoga an. Gebet an Hoffnung und Jugend ...
15. Januar	An diesem Tage wurde Cäsar Augustus genannt. Gebet an Augustus.
30. Januar	An diesem Tage wurde der Altar des Friedens geweiht. Gebet an die Herrschaft des Cäsar Augustus, des Schirmers der römischen Bürger und des Erdkreises.
6. März	An diesem Tage wurde Cäsar zum Pontifex Maximus gewählt. Gebet an Vesta und die Staatsgötter des römischen Volkes.
14. April	An diesem Tage siegte Cäsar zum erstenmal. Gebet an Victoria Augusta ...
12. Juli	Geburtstag des Gottes Julius (Julius Cäsar). Gebet an Jupiter, Mars den Rächer (Mars Ultor) und Venus die Ahnfrau ...

Nach: Wolfgang Lautemann/Manfred Schlenke (Hrsg.), Geschichte in Quellen Bd. 1: Altertum, bearb. v. Walter Arend, 2. durchges. u. erw. Aufl., München 1975, S. 578.

MATERIAL 5

Göttliche Verehrung des Augustus? – Sueton

Der Historiker Sueton schreibt in seiner Augustus-Vita:

Obgleich er wusste, dass der Bau von Tempeln sogar zu Ehren von Prokonsuln beschlossen wurde, ließ er diese jedoch in keiner Provinz für sich errichten, außer wenn sie auch für die Göttin Roma bestimmt waren. Denn in Rom lehnte er eine solche Ehre ganz energisch ab; und er ließ sogar die silbernen Statuen, die für ihn einst aufgestellt worden waren, sämtlich einschmelzen und weihte dem Palatinischen Apollo aus dem Gewinn daraus goldene Dreifüße.

Sueton, Augustus, lat./dt., übers. u. hrsg. v. Dietmar Schmitz, Stuttgart 1988, S. 87.

MATERIAL 6

Göttliche Verehrung des Augustus? – Cassius Dio

Der griechische Historiker Cassius Dio lebte ungefähr von 155 bis 235 n. Chr. und schrieb eine Römische Geschichte in 80 Büchern (siehe auch S. 70 f.).

Neben der Erledigung der sonstigen Aufgaben her gab Cäsar damals (29 v. Chr.) die Erlaubnis zur Weihung heiliger Bezirke für die Roma und seinen Vater Cäsar, den er selbst Heros Julius nannte, und zwar in Ephesos und Nikaia; die genannten Städte hatten nämlich damals in Asia bzw. Bithynien die erste Stelle inne. Er befahl den dort wohnenden Römern, die beiden Gottheiten zu verehren, während er den Nichtrömern, von ihm Hellenen genannt, gestattete, ihm selbst heilige Bezirke zu widmen, den Bewohnern von Asia in Pergamon, den Bithyniern in Nikomedeia. Und diese Sitte, die unter seiner Herrschaft ihren Anfang nahm, setzte sich unter anderen Kaisern nicht nur bei den hellenischen, sondern auch bei all den anderen Völkerschaften fort, soweit sie den Römern untertan sind. Denn weder in der Hauptstadt selbst noch im übrigen Italien hat je ein Kaiser, mochte er auch noch so hohe Anerkennung verdienen, einen derartigen Schritt gewagt; nach ihrem Heimgang freilich werden auch dortzulande Kaisern, die gerecht regiert haben, neben anderen göttlichen Ehrungen her tatsächlich auch Tempel erbaut.

Cassius Dio, Römische Geschichte, Band IV, 51–60, übers. v. Otto Veh, Zürich-München 1986, S. 34.

MATERIAL

7 Hat der Geburtstag des Augustus mehr Freude oder mehr Vorteil gebracht?

Der Prokonsul von Asia, Paulus Fabius Maximus, schreibt an den Landtag seiner Provinz im Jahr 9 n. Chr. den folgenden Brief. Der Landtag wird die Vorschläge des Prokonsuls annehmen und die Ehrungen beschließen.

(Schwer ist zu sagen), ob der Geburtstag des göttlichen Kaisers mehr Freude oder Vorteil gebracht hat; wir täten Recht, achteten wir ihn gleich dem Anfang des Alls, wenn auch nicht dem Ursprung, so doch dem Nutzen nach; denn alles verfiel und wandte sich zum Unheil, da hat er es wieder aufgerichtet und gab der ganzen Welt ein anderes Aussehen, die sich den Untergang wünschte, wäre nicht, ein Glück für alle, der Kaiser geboren. [...] Da nun mit keinem Tage man zu öffentlichem und privatem Vorteil glücklicher beginnen könnte als mit diesem, der allen Glück gebracht hat, und da ohnehin in dieser Zeit der Amtsantritt in den Städten Kleinasiens liegt, eine Ordnung, die offenbar nach göttlichem Willen so gefügt ist, um Anlass zu einer Ehrung des Augustus zu werden, und da es ferner schwer ist, seinen außerordentlichen Wohltaten Gleiches zu vergelten, wenn wir nicht eine neue Form des Dankes ersinnen, da ferner die Menschen lieber noch den Geburtstag ihrer aller feiern, wenn auch ein besonderer Anlass für sie durch den Amtsantritt vorliegt, bin ich der Meinung, für alle Städte sollte als neuer Jahresanfang der Geburtstag des göttlichen Kaisers gelten.

W. Lautemann/M. Schlenke (Hrsg.), Geschichte in Quellen, Bd. 1: Altertum, 2. Aufl., München 1975, S. 579.

MATERIAL

8 Göttliche Ehrung des verstorbenen Augustus

Damals (14 n. Chr.) erklärten sie Augustus für unsterblich, erkannten ihm eigene Priester und Riten zu und bestellten Livia, die schon die Bezeichnung Julia und Augusta trug, zu seiner Priesterin [...]. Ihrerseits schenkte sie eine Million Sesterzen einem gewissen Numerius Atticus, einem Senator und ehemaligen Praetor, der unter Eid aussagte, er habe den Augustus, so wie man es sich auch von Proculus und Romulus erzählte, in den Himmel auffahren sehen. Ein Tempel, vom Senat gelobt und von Livia und Tiberius erbaut, wurde ihm zu Ehren in Rom errichtet, und so geschah es auch an vielen anderen Orten, wobei die einen Gemeinden freiwillig, die anderen nur mit Widerstreben dieser Verpflichtung nachkamen.

Cassius Dio, Römische Geschichte, Band IV, Bücher 51–60, übers. v. Otto Veh, Zürich-München 1986, S. 295f.

1. Suchen Sie die Elemente zur Erneuerung der Religion, die Sueton nennt. (M 2)
2. Erörtern Sie anhand der Säkularfeiern den Zusammenhang zwischen öffentlichem und sakralem Bereich. (M 3)
3. Erörtern Sie anhand der Grabinschrift den Zusammenhang von Religion, Herrscher-, und Personenkult. (M 1) Kann von einer göttlichen Verehrung des Augustus gesprochen werden? (M 4–M 8)
4. Prüfen Sie, inwiefern konkrete materielle oder politische Interessen hinter der Vergöttlichung des Augustus standen. (M 7 und M 8)
5. Untersuchen Sie, inwieweit Ihr Ergebnis zur „göttlichen Verehrung" durch Indizien aus den Kapiteln 2.1 und 2.2.
6. Überprüfen Sie auf Grund Ihrer Ergebnisse aus den Aufgaben 6 und 7 Ihre bisherige Bewertung des Prinzipats.

3. Beruhte der Prinzipat auf einer Ideologie?

Römische Sichtweisen

3.0 Augustus in der Toga

Augustus mit verhülltem Haupt

Die Togastatue des Augustus ist 2,17 m hoch und vielleicht in den Zwanzigerjahren v. Chr. entstanden. Sie zeigt Augustus als Opfernden in der traditionellen Frömmigkeitsgeste mit verhülltem Haupt. Die Frömmigkeit gegenüber den Göttern entsprach einer der vier Tugenden, die Augustus für sich selbst vorrangig in Anspruch nahm; die weiteren waren Mannhaftigkeit, Milde und Gerechtigkeit.

Wiederbelebung alter Werte

Auffallend ist der schlichte Habitus der Statue, die Augustus bei der Verrichtung seiner religiösen Pflichten zeigt. Die Form der weitgeschnittenen Toga unterstreicht die Würde des „Volkes in der Toga". Die Toga war das Kleidungsstück des Senators, insofern ein altes republikanisches Symbol. Es stand damit für den Dienst am Gemeinwesen, für die Autorität von Amtsinhabern, auch für das Ansehen von Alten und Vorfahren. Und genau die Wiederbelebung solcher alten Werte war ein zentraler Programmbestandteil des Augustus, der dafür Sorge trug, dass bei feierlichen Anlässen und an ausgezeichneten Orten nur die Toga getragen werden durfte.

Die Toga als Symbol

Die Toga ist ein Symbol der Bescheidenheit und wird von einem Herrscher getragen, der sich vom Anschein der „Königsherrschaft" distanzieren und nur als „Erster unter Gleichen" (*primus inter pares*) gelten will. Aber entsprach dieser Anschein noch den realen Machtverhältnissen? Wenn nein, wusste Augustus dies? Trug er in der Öffentlichkeit ganz bewusst eine Fassade zur Schau? Gaukelte er seinen Zeitgenossen eine politische Freiheit vor, die er ihnen längst nicht mehr zugestehen wollte?

Der Prinzipat als Ideologie

Wenn dies den Tatsachen entspräche, dann wäre der „Prinzipat" eine Ideologie gewesen, ein Mittel zum Zweck, den Römern den Übergang zur Alleinherrschaft schmackhaft zu machen. In der Tat haben Historiker die These aufgestellt, dass es sich bei der

Etablierung des Prinzipats aus der Republik heraus um die Metamorphose einer Staatsform mit Hilfe einer Ideologie gehandelt habe. Deshalb ist es wichtig, sich über einen Ideologiebegriff zu verständigen, den man bei der Untersuchung der Quellen zum Prinzipat benutzen kann.

3.1 Der Tatenbericht des Augustus

Ein Testament

Eine wichtige Quelle für den Prinzipat geht auf dessen Schöpfer selbst, auf Augustus zurück. Es handelt sich um den so genannten Tatenbericht, den er seinem Testament hinzugefügt hatte. Nach seinem Willen sollte der Text als Inschrift auf zwei Bronzetafeln vor seinem Mausoleum aufgestellt werden. Davon ist jedoch bis heute nichts gefunden worden.

Überlieferungsgeschichte

Es sind allerdings verschiedene Abschriften erhalten geblieben, die an anderen Stellen gefunden wurden. An der Wand eines Tempels des Augustus und der Göttin Roma in Ancyra (heute Ankara) hat sich eine Abschrift in lateinischer Sprache mit griechischer Übersetzung erhalten. In griechischer Übersetzung an diesem Ort auch deshalb, weil man im Osten des Reichs überwiegend griechisch sprach. In Ankara wurde die Inschrift 1555 von Mitgliedern einer Gesandtschaft des späteren Kaisers Ferdinand I. entdeckt. Zu diesem Zeitpunkt gab es in Europa bereits viele humanistisch gebildete Männer, die den Wert der Inschrift erkennen konnten. Zwischen 1821 und 1930 fand man an verschiedenen Orten in Kleinasien weitere Teile griechischer Abschriften. Aus all diesen Funden konnte man einen weitgehend abgesicherten Text des Tatenberichts erstellen. Nach dem Hauptfundort wird er häufig auch „Monumentum Ancyranum“ genannt.

Außenwirkung

Der Tatenbericht ist ein literarisches Werk eigener Art. Das zeigt sich vor allem an der Ich-Form, in der der Verfasser sich selbst und sein Leben darstellt. Im Mittelpunkt steht die Darstellung des eigenen Ruhms. Gleichzeitig handelt es sich aber auch um eine Art Rechenschaftsablegung, in der systematisch Leistungen und Erfolge aufgelistet werden. Außerdem ist der Bericht für die Öffentlichkeit bestimmt, soll also Wirkung nach außen entfalten.

Gliederung

Der Tatenbericht des Augustus umfasst insgesamt 35 kurze Kapitel. Man kann ihn gliedern in vier Hauptabschnitte: Im ersten Teil beschreibt Augustus den Beginn seiner politischen Laufbahn und listet alle Ehrungen und Ämter auf, die er während seiner Regierungszeit erhalten bzw. wahrgenommen hat. In einem zweiten Teil werden seine privaten Aufwendungen für öffentliche Bauten, Spiele und Spenden an die Bevölkerung akribisch tabelliert. In einem dritten Teil werden die erfolgreichen Kriege und die gesamte Außenpolitik in den Blick genommen. Und in einem knappen vierten und letzten Teil bestimmt Augustus präzise seine Stellung innerhalb des Staates, wie er sie gesehen wissen will.

Subjektive Inhalte

In dem Tatenbericht beschreibt Augustus sein gesamtes politisches Handeln von seinem 19. bis zu seinem 76. Lebensjahr. Dabei bietet er eine bewusste Auswahl, die ohne chronologische Ordnung die Ereignisse und Handlungen darstellt. Seine Sicht ist natürlich subjektiv, eine Selbstdarstellung nach selbstbestimmten Prinzipien. Seiner Darstellung liegt z. B. zugrunde, dass er den gleichen Leitgedanken in allen Jahren seines erwachsenen Lebens verfolgt habe. Er will das geschlossene Bild eines Mannes und seiner Herrschaft liefern. Von daher bleiben natürlich auch manche Ereignisse, Taten, Befugnisse und Ämter unerwähnt, die nicht in dieses Bild passen.

Ein Programm für die Nachfolger?

Welche Zwecke verfolgte Augustus damit, dass er diesen Tatenbericht der Öffentlichkeit präsentierte? Sicherlich will er ein Beispiel geben, ein Vorbild für andere. Gleichzeitig hinterläßt er eine Art politisches Testament für seine Nachfolger und bietet damit Maßstäbe, an denen seine Nachfolger von den Bürgern Roms gemessen werden sollen. Kann man darin gleichsam das Programm für die Fortsetzung des Prinzipats sehen?

MATERIAL

1 Ehrungen und Ämter – Beginn der politischen Laufbahn

1. Mit neunzehn Jahren habe ich aus privater Initiative und aus eigenen Mitteln ein Heer aufgestellt, mit dem ich dem Staatswesen, das durch die Gewaltherrschaft einer politischen Machtgruppe unterdrückt wurde, die Freiheit wiedergab. Um dessentwillen hat mich der Senat 43 v. Chr.[1] mit ehrenden Beschlüssen in seine Körperschaft aufgenommen, mir den Rang eines Konsuls bei den Abstimmungen zuerkannt sowie die militärische Befehlsgewalt übertragen. [...]

Das Volk aber wählte mich im gleichen Jahr zum Konsul, als beide Konsuln im Krieg gefallen waren[2], und zum Triumvirn[3] zur Neuordnung des Staatswesens.

2. Diejenigen, die meinen Vater ermordet haben, trieb ich in die Verbannung und rächte durch gesetzmäßige gerichtliche Verfolgung so ihr Verbrechen. Und als sie darauf Krieg gegen den Staat anfingen, besiegte ich sie in doppelter Feldschlacht.

3. Kriege zu Wasser und zu Lande gegen innere und äußere Feinde habe ich auf dem ganzen Erdkreis oftmals geführt, und als Sieger habe ich allen Mitbürgern, die um Gnade baten, Schonung gewährt. Auswärtige Völker, denen man ohne Bedenken Verzeihung gewähren konnte, habe ich lieber erhalten als ausrotten wollen. Etwa 500 000 Bürger haben den Fahneneid auf mich geleistet. Von diesen habe ich ein gut Teil mehr als 300 000 in Neugründungen angesiedelt oder nach Ableistung ihrer Militärdienstzeit in ihre Heimatorte entlassen. Und diesen allen habe ich Ackerland zuweisen oder Geld als Lohn für ihren Kriegsdienst auszahlen lassen. Schiffe habe ich 600 gekapert, abgesehen von denen, die etwa unter der Größe eines Dreiruderers waren.

4. [...] Wegen der von mir oder von meinen Feldherrn unter meinem Oberbefehl zu Wasser und zu Lande erfolgreich geführten Feldzüge beschloss der Senat fünfundfünfzigmal ein Dankfest für die unsterblichen Götter. Die Tage aber, an denen auf Beschluss des Senats Dankfeste gefeiert wurden, waren 890 an der Zahl. Bei meinen Triumphzügen wurden vor meinem Wagen neun Könige oder Kinder von Königen mitgeführt.

Konsul war ich dreizehnmal bis zu dem Zeitpunkt, an dem ich dies schreibe, und ich habe im 37. Jahr die tribunizische Gewalt inne.

5. Die Diktatur, die mir in meiner Abwesenheit und in meinem Beisein sowohl vom Volk als auch vom Senat 22 v. Chr. angetragen wurde, habe ich zurückgewiesen. Nicht abgelehnt habe ich aber, als größter Mangel an Getreide herrschte, die Aufsicht über die Getreidebeschaffung, die ich so betrieb, dass ich innerhalb von wenigen Tagen die gesamte Bürgerschaft von Furcht und lastender Gefahr dank meiner Aufwendungen und meiner Fürsorge befreien konnte. Das mir damals angetragene jährliche Konsulat auf Lebenszeit habe ich ebenfalls nicht angenommen.

6. Als 19 v. Chr. und später 18 v. Chr. und zum dritten Mal 11 v. Chr. der Senat und das römische Volk einmütig beantragten, dass ich als einzelner mit höchster Machtbefugnis zum Wahrer von Gesetz und Sitte [Zensor] ernannt würde, habe ich dies ebenso wenig angenommen wie irgendein anderes mir angetragenes Amt, das gegen Sitte und Herkommen der Vorfahren verstieß. [...]

Janus-Tempel in Rom, Radierung von Francesco Piranesi (1758–1810).

7. Triumvir zur Neuordnung des Staates war ich ohne Unterbrechung 10 Jahre lang. Erster Mann des Senats war ich bis zu dem Tage, an dem ich dies schreibe, 40 Jahre lang. Pontifex Maximus, Augur war ich, gehörte den Priesterkollegien der Quindecemviri und der Septemviri an, war Mitglied der Arvalbruderschaft, der Titiusgenossenschaft und der Fetialen.

8. Die Zahl der Patrizier vermehrte ich in meinem fünften Konsulat (29 v. Chr.) auf Geheiß von Volk und Senat. Eine Neuordnung des Senats habe ich dreimal vorgenommen. In meinem sechsten Konsulat (28 v. Chr.) habe ich mit meinem Amtskollegen Marcus Agrippa eine Vermögensschätzung des Volkes durchgeführt. Eine solche Schätzung habe ich nach 42 Jahren erstmals wieder veranstaltet; dabei wurden 4 063 000 römische Bürger gezählt. [...] Durch neue, auf meinen Antrag hin erlassene Gesetze habe ich viele vorbildliche Einrichtungen der Vorfahren, die schon aus dem Gedächtnis unseres Zeitalters schwanden, wieder erneuert und selbst für viele Dinge nachahmenswerte Vorbilder der Nachwelt überliefert.

9. Gelübde für meine Gesundheit beschloss der Senat durch die Konsuln und die Priester alle fünf Jahre darbringen zu lassen. Aufgrund dieser Gelübde haben öfters bereits zu meinen Lebzeiten das eine Mal die vier obersten Priesterkollegien, das andere Mal die Konsuln Spiele veranstaltet. Auch privat und in Stadtgemeinden hat die gesamte Bürgerschaft einmütig und unablässig bei allen Heiligtümern für meine Gesundheit Bittfeiern abgehalten. [...]

13. Der Tempel des Janus Quirinus, der nach dem Wunsch meiner Vorväter geschlossen sein sollte, wenn im gesamten römischen Reichsgebiet zu Wasser und zu Lande durch Siege errungener Friede herrschte – dies soll, so wird überliefert, vor meiner Geburt seit Gründung der Stadt überhaupt erst zweimal geschehen sein –, dieser Tempel wurde, während ich der erste Mann des Staates war, auf Anordnung des Senats dreimal geschlossen.

14. Meine Söhne, die mir das Schicksal in jugendlichem Alter entrissen hat, Gaius und Lucius Cäsar, wurden mir zu Ehren auf Veranlassung des Senats und des Volkes in ihrem 15. Lebensjahr zu Konsuln designiert mit der Maßgabe, dass sie dieses Amt nach fünf Jahren antreten sollten. Und von dem Tag an, an dem sie auf das Forum geleitet worden waren, sollten sie, so beschloss der Senat, an den Staatsversammlungen teilnehmen dürfen.

[1] Die Jahresangaben, die im Text eigentlich nach den Amtsjahren der Konsuln erscheinen, sind hier unserer Zeitrechnung angeglichen.

[2] Die Konsuln Hirtius und Pansa fallen 44 v. Chr. im Kampf gegen Marcus Antonius.

[3] Am 11. 11. 43 gab der Senat den drei Männern (tres vires) Oktavian, Antonius und Lepidus außerordentliche Befugnisse auf fünf Jahre, damit sie „die Republik neu ordneten".

Augustus. Res gestae. Tatenbericht (Monumentum Ancyranum). Lateinisch, griechisch, deutsch, übers., kommentiert u. hrsg. v. Marion Giebel, Stuttgart 1975, S. 4–17.

MATERIAL

2 Private Aufwendungen für öffentliche Bauten, Spiele und Spenden

15. Dem Volk in Rom habe ich pro Kopf 300 Sesterzen auszahlen lassen gemäß dem Testament meines Vaters. In meinem eigenen Namen habe ich 29 v. Chr. jedem einzelnen 400 Sesterzen aus der Kriegsbeute zugewiesen, ein weiteres Mal habe ich 24 v. Chr. aus meinem ererbten Vermögen pro Kopf 400 Sesterzen als Spende auszahlen lassen.

23 v. Chr. habe ich zwölf Getreidespenden austeilen lassen, zu denen das Getreide aus meinem Privatvermögen aufgekauft worden war. Den Ansiedlern unter meinen bewährten Soldaten habe ich 29 v. Chr. pro Mann 1000 Sesterzen aus der Kriegsbeute gegeben. Diese zur Feier des Triumphs ausgezahlte Spende haben in den Neuansiedlungen ungefähr 120 000 Menschen in Empfang genommen. [...]

17. Viermal habe ich mit meinem eigenen Vermögen die Staatskasse saniert, indem ich 150 Millionen Sesterzen den Kassenverwaltern übergab. Und 6 n. Chr. habe ich zur Militärkasse, die auf meinen Vorschlag hin eingerichtet wurde, um aus ihr den Soldaten eine Abfindung zu zahlen, die zwanzig oder mehr Dienstjahre abgeleistet hatten, aus meiner Privatschatulle 170 Millionen Sesterzen beigesteuert.

19. Die Kurie und das daran angrenzende Chalcidicum[1], den Apollotempel auf dem Palatin mit seinen Säulenhallen, den Tempel für den vergöttlichten Julius, das Lupercal[2], die Säulenhalle am Circus Flaminius, die mit meiner Erlaubnis die Octavische hieß nach demjenigen, der schon früher an der gleichen Stelle eine solche erbaut hatte, die Weihestätte am Circus Maximus, Tempel auf dem Kapitol für Juppiter Feretrius und Juppiter Tonans, den Tempel des Quirinus, Tempel der Minerva, der Juno Regina, des Jupiter Libertas auf dem Aventin, ein Heiligtum der Laren am höchsten Punkt der Via sacra, das Heiligtum der Penaten im Bezirk der Velia, den Tempel der Juventas, das Heiligtum der Fortuna und den Tempel der Magna Mater auf dem Palatin; all dieses habe ich erbaut.

20. Den Tempel auf dem Kapitol und das Pompeiustheater, diese beiden Bauten ließ ich mit gewaltigem Aufwand wiederherstellen, ohne irgendeine Inschrift mit meinem Namen. Die Wasserleitungen, die an zahlreichen Stellen bereits wegen ihres Alters schadhaft geworden waren, ließ ich wiederherstellen [...] 82 Göttertempel habe ich 28 v. Chr. in Rom auf Senatsbeschluss wiederherstellen lassen, und keinen dabei ausgelassen, der zu diesem Zeitpunkt erneuerungsbedürftig war. 27 v. Chr. ließ ich die Via Flaminia von Rom bis Ariminum ausbessern sowie alle Brücken, ausgenommen die Mulvische und die Minucische. [...]

21. [...] An Kranzgold habe ich 29 v. Chr. 35 000 Pfund Gold, das von den Städten und Neuansiedlungen Italiens zu meinen Triumphen zusammengebracht worden war, zurückgewiesen. Auch später nahm ich, sooft auch immer ich zum Imperator ausgerufen wurde, kein Kranzgold an, das mir von den Stadt- und Landgemeinden ebenso freigebig wie früher schon zugestanden wurde.

22. Dreimal habe ich in meinem Namen Gladiatorenspiele veranstaltet und fünfmal im Namen meiner Söhne und Enkel. Bei diesen Spielen kämpften etwa 10 000 Mann. [...] Tierhetzen mit afrikanischen Tieren habe ich in meinem Namen oder in dem meiner Söhne und Enkel im Circus oder auf dem Forum oder im Amphitheater sechsundzwanzigmal für das Volk abgehalten, wobei etwa 3 500 Tiere getötet wurden.

23. Das Schauspiel einer Seeschlacht gab ich dem Volk jenseits des Tiber, dort, wo sich nun der Hain der Cäsaren befindet. Dazu wurde das Erdreich 1 800 Fuß in der Länge und 1 200 Fuß in der Breite ausgehoben. Dabei trafen 30 rammspornbewehrte Drei- und Zweiruderer und eine noch größere Zahl kleinerer Schiffe im Kampf aufeinander. Auf diesen Schiffen befanden sich als Kämpfer außer den Ruderknechten etwa 3 000 Mann.

[1] Chalcidicum: große Vorhalle des Apollo-Tempels zum Forum hin, Funktion ungeklärt

[2] Lupercal: Heiligtum am Fuße des Palatin, wo der Sage nach die Wölfin Romulus und Remus säugte

Augustus. Res gestae. Tatenbericht (Monumentum Ancyranum). Lateinisch, griechisch, deutsch, übers., kommentiert u. hrsg. v. Marion Giebel, Stuttgart 1975, S. 17–28.

MATERIAL

Kriege und Außenpolitik 3

25. Dem Meer habe ich die Ruhe vor den Seeräubern verschafft. In diesem Krieg habe ich von den Sklaven, die ihren Herren entlaufen waren und Waffen gegen den Staat ergriffen hatten, fast 30 000 gefangengenommen und ihren Herren zur Bestrafung übergeben.
Den Gefolgschaftseid hat mir ganz Italien aus freien Stücken geleistet und mich in dem Krieg, in dem ich Sieger bei Actium war, nachdrücklich als Führer gefordert.
Den gleichen Eid geleistet haben die Provinzen Galliens und Spaniens, Afrika, Sizilien und Sardinien. Von denen, die damals unter meinen Feldzeichen kämpften, waren mehr als 700 Senatoren, und darunter waren 83, die entweder vorher oder nachher bis zu dem Tag, an dem ich dies schreibe, Konsuln geworden sind, und etwa 170 Angehörige von Priesterkollegien.
26. Das Gebiet aller Provinzen des römischen Volkes, die Volksstämme zu Nachbarn hatten, die nicht unserem Befehl gehorchten, habe ich vergrößert. Die Provinzen Galliens und Spaniens, ebenso Germanien habe ich befriedet, ein Gebiet, das der Ozean von Gades bis zur Mündung der Elbe umschließt. Die Alpen ließ ich von der Gegend, die der Adria zunächst liegt, bis zum Tyrrhenischen Meer befrieden, wobei mit keinem Volk widerrechtlich Krieg geführt wurde. Meine Flotte fuhr von der Mündung des Rheins über den Ozean in östliche Richtung bis zum Land der Kimbern. Dorthin war zu Wasser und zu Lande bis zu diesem Zeitpunkt noch kein Römer gekommen. Die Kimbern und die Charyden und Semnonen und andere germanische Volksstämme aus diesem Landstrich erbaten durch Gesandte meine und des römischen Volkes Freundschaft. Auf meinen Befehl und unter meinem Oberkommando wurden etwa zur selben Zeit zwei Heere gegen Äthiopien und dasjenige Arabien geführt, das das glückliche genannt wird. Große Truppenkontingente beider Völker wurden in offener Feldschlacht niedergehauen und mehrere Städte eingenommen. In Äthiopien gelangte man bis zur Stadt Nabata, die in nächster Nähe von Meroe liegt. In Arabien drang das Heer in das Gebiet der Sabäer vor bis zur Stadt Mariba. [...]
28. Veteranenkolonien habe ich in Afrika, Sizilien, Makedonien, den beiden Provinzen Spaniens, Griechenland, Kleinasien, Syrien, der Gallia Narbonensis und in Pisidien gegründet. Italien besitzt 28 auf meine Veranlassung hin gegründete Kolonien, die zu meinen Lebzeiten bereits sehr dicht besiedelt waren und großen Zuzug hatten.
29. Zahlreiche Feldzeichen, die durch andere Feldherrn verlorengegangen waren, habe ich nach dem Sieg über die Feinde zurückerhalten, und zwar in Spanien und Gallien und von den Dalmatiern. Die Parther habe ich dazu gezwungen, mir die Beutestücke und die Feldzeichen dreier römischer Heere zurückzugeben und bittflehend um die Freundschaft des römischen Volkes nachzusuchen. Diese Feldzeichen ließ ich im innersten Raum des Mars-Ultor-Tempels aufstellen. [...]
31. Zu mir wurden oftmals Gesandtschaften der Könige Indiens geschickt, die man noch niemals zuvor bei einem anderen römischen Feldherrn erblickt hatte. Unsere Freundschaft suchten durch Gesandtschaften die Bastarner und Skythen sowie die Könige der Sarmaten, die an beiden Ufern des Flusses Tanais leben, zu erhalten, desgleichen die Könige der Albaner, der Hiberer und Meder.
32. Zu mir nahmen bittflehend ihre Zuflucht die Partherkönige Tiridates und später Phraates, der Sohn des Königs Phraates, die Fürsten der Meder, Artavasdes und Artaxares von Adiabene, die der Britannier Dumnobellaunus und Tincommius, von den Sugambrern Maelo, und ***rus[1] von den suebischen Markomannen. Zu mir nach Italien sandte der Partherkönig Phraates, der Sohn des Orodes, alle seine Söhne und Enkel, nicht weil er im Krieg bezwungen war, sondern weil er mit seinen Kindern als Unterpfand unsere Freundschaft zu erlangen suchte. Auch sehr viele andere Völker haben, während ich der erste Mann des Staates war, die Bündnistreue des römischen Volkes erproben können, während sie vorher mit dem römischen Volk keinerlei Verbindung durch Gesandtschaften oder Freundschaftsverhältnisse gehabt hatten.

[1] ***rus: der Name des Markomannenkönigs lässt sich nicht mehr rekonstruieren, weil der Originaltext beschädigt ist.

Augustus. Res gestae. Tatenbericht, übers., kommentiert u. hrsg. v. Marion Giebel, Stuttgart 1975, S. 29–37.

MATERIAL

4 Stellung innerhalb des Staates

34. In meinem sechsten und siebten Konsulat habe ich, nachdem ich die Flammen der Bürgerkriege gelöscht hatte und mit der einmütigen Zustimmung der gesamten Bevölkerung in den Besitz der staatlichen Allgewalt gelangt war, das Gemeinwesen aus meiner Machtbefugnis wieder der Ermessensfreiheit des Senats und des römischen Volkes überantwortet. Für dieses mein Verdienst wurde mir auf Beschluss des Senats der Name Augustus gegeben. Die Türpfosten meines Hauses wurden auf staatlichen Beschluss mit Lorbeer geschmückt, und ein Bürgerkranz wurde über meinem Tor angebracht. [...]
Seit dieser Zeit überragte ich alle übrigen an Autorität; an Amtsgewalt aber besaß ich nicht mehr als die anderen, die auch ich im Amt zu Kollegen hatte.
35. Als ich mein dreizehntes Konsulat verwaltete, gaben mir der Senat, der Ritterstand und das römische Volk einmütig den Titel „Vater des Vaterlandes". Sie beschlossen, dies solle inschriftlich verzeichnet werden in der Vorhalle meines Hauses sowie in der Curia Julia und auf dem Augustusforum auf der Basis des Viergespanns, das mir dort auf Senatsbeschluss hin errichtet worden war. Während ich dies schreibe, bin ich in meinem 76. Lebensjahr.

Augustus. Res gestae. Tatenbericht (Monumentum Ancyranum). Lateinisch, griechisch, deutsch, übers., kommentiert u. hrsg. v. Marion Giebel, Stuttgart 1975, S. 37 ff.

1. Arbeiten Sie heraus, wie Augustus seine Leistungen in den Jahren 44–27 v. Chr. beschreibt. (M 1)
2. Stellen Sie zusammen, welche Ämter und Ehrungen (einschließlich der genauen Datierung) Augustus nach seiner Aussage erhalten hat. (M 1)
3. Ermitteln Sie die Ämter und Ehrungen, die Augustus nach eigener Aussage zurückgewiesen hat, und stellen Sie die Gründe dafür fest. (M 1)
4. Geben Sie eine Übersicht über die privaten Aufwendungen des Augustus für öffentliche Bauten, Spiele und Spenden. (M 2)
5. Vergleichen Sie das zuvor analysierte Bauprogramm mit dem, was Augustus in seinem Tatenbericht zu seinen Bauten übermittelt. (M 2)
6. Erstellen Sie eine Tabelle zu den Kriegen und der Außenpolitik des Augustus. (M 3)
7. Bestimmen Sie genau, wie Augustus seine Stellung innerhalb des Staates beschreibt. Entwickeln Sie eine Definition des Regierungssystems, die dem Selbstverständnis des Augustus entspricht. (M 4)
8. Überprüfen Sie, inwieweit die Selbstdarstellung des Augustus im Bereich von Architektur, Bildern und Skulpturen mit seinem Selbstverständnis und der Interpretation seines Regierungssystems im Tatenbericht übereinstimmt.
9. Überprüfen Sie, inwieweit die Selbstdarstellung der Togastatue (S. 54) dem Selbstverständnis des Augustus entspricht.
10. Vergleichen Sie Ihre Ergebnisse aus den Teilkapiteln „Dichtung und Literatur" und „Religion und Herrscherkult" mit der Selbstdarstellung des Augustus im Tatenbericht, und überprüfen Sie Ihre bisherige Bewertung des Prinzipats.
11. Untersuchen Sie den Tatenbericht daraufhin, inwieweit die Aussagen durch die Interessen des Augustus getrübt sein könnten.
12. Diskutieren Sie das Verhältnis von Anspruch und Wirklichkeit, in dem der Tatenbericht steht.
13. Diskutieren Sie, welchen Zweck Augustus mit der öffentlichen Aufstellung des Tatenberichts nach seinem Tod verfolgt haben könnte.

3.2 *Die Annalen des Tacitus*

Cornelius Tacitus, Kupferstich von Heinrich von Fritzsche, 1764.

Die zweite wichtige Quelle für den Prinzipat des Augustus sind die „Annalen" des Tacitus, die um 110 entstanden sind, also rund hundert Jahre nach dem Tod des ersten Prinzeps. Über das Leben des Autors ist wenig bekannt. Publius (oder Gaius) Cornelius Tacitus lebte von ca. 55 bis 120 n. Chr. Er kam wahrscheinlich aus der Provinz, aus Norditalien oder Gallien. Sein Vater war zeitweilig Statthalter der Provinz Belgica.

Tacitus absolvierte die in einer solchen Familie übliche rednerische und philosophische Ausbildung und durchlief eine Karriere als hoher Staatsbeamter. In die Ämterlaufbahn und in den Senat ist er unter dem Kaiser Vespasian gelangt. Im Jahre 88 wurde er Prätor unter dem Kaiser Domitian, 97 sogar Konsul unter dem Kaiser Nerva. Nach seiner Prätur hat er längere Zeit eine kaiserliche Statthalterschaft oder eine Kommandostelle innegehabt, aber es bleibt unklar, in welcher Provinz. Im Alter von nahezu 60 Jahren hat er als Prokonsul mehrere Jahre die Provinz Asia verwaltet und damit die höchste Würde bekleidet, die ein römischer Senator unter der Monarchie erreichen konnte.

Tyrannis und republikanische Freiheit

Als Angehöriger der Senatsaristokratie fühlte Tacitus sich als Partner des Kaisers. Der Maßstab für seine Beurteilung eines Herrschers ist dessen Verhalten gegenüber den Senatoren. Sein politisches Denken wurzelt noch in der Republik der Vorfahren, aber nach hundert Jahren Prinzipat haben sich auch die kritischen Köpfe mit der Vorrangstellung eines Einzelnen abgefunden. Tacitus jedenfalls hält sie für unverzichtbar. Aber der Mann an der Spitze sollte kooperativ sein und die aristokratisch-republikanischen Grundstrukturen beachten. Tacitus hat die unterschiedlichsten Herrscher kennen gelernt. Vespasian und Trajan waren tüchtig und einigermaßen liberal, Nero dagegen wurde zum grausamen Despoten. 15 seiner besten Jahre, so sagt er selbst, hat Tacitus unter dem Kaiser Domitian verbracht, dessen Herrschaft nicht nur er als Tyrannei empfand. Er machte zwar auch unter diesem Herrscher weiter Karriere, getraute sich aber aus guten Gründen nicht, literarische Arbeiten zu veröffentlichen.

Die Werke des Tacitus

Das änderte sich erst mit der Ermordung Domitians (96 n. Chr.). Danach erschienen die ersten Schriften des Tacitus. Zunächst veröffentlichte er kurz hintereinander drei kleinere Schriften: eine Biographie seines Schwiegervaters Agricola, eine ethnographisch-geographische Übersicht über Germanien (*Germania*) und wenig später einen Dialog über den Verfall der Beredsamkeit. Später folgen seine großen Werke, zunächst die „Historien" und dann die „Annalen", die beide nur teilweise erhalten sind. In den

Historien stellt Tacitus sich die politische Geschichte Roms der Jahre 69 bis 96 n. Chr. als Thema, betreibt also Zeitgeschichte, indem er die selbsterlebte Zeit in den Mittelpunkt seiner Betrachtung rückt. Mit den Annalen, die eine politische Geschichte Roms von 14 bis 68 n. Chr. darstellen, begab sich Tacitus dagegen vollends auf historisches Gebiet.

Tacitus und der Tatenbericht

Der Schwerpunkt der Annalen liegt eigentlich auf der Zeit nach Augustus, d.h. auf den Kaisern Tiberius, Caligula, Claudius und Nero. Aber zu Beginn gibt Tacitus einen knappen Rückblick über die Regierung des Augustus, in dem jedes Wort genauso sorgfältig gesetzt ist wie in dem Tatenbericht des Prinzeps selbst. Vergleichbar konzentriert wie die Inschrift gibt hier der rhetorisch geschulte Politiker und Historiker Tacitus seine Bewertung und Einordnung des ersten Prinzipats wieder, wobei vor allem Inhalt und Verbindlichkeit augusteischer Begriffe und Formulierungen kritisch überprüft werden.

Sine ira et studio

„*Sine ira et studio*" zu berichten – das heißt ungefähr: „ohne Zorn und Parteilichkeit" –, ist der berühmt gewordene und oft zitierte Leitsatz des Tacitus. Ist er dem nach heutigen Maßstäben gerecht geworden? Wie sieht ein Historiker aus der Distanz die Leistungen des Augustus? Mit welchen Kategorien bewertet er die Persönlichkeit? Kann er Augustus überhaupt gerecht werden?

MATERIAL

1 Der Historiker über seine Zielsetzungen

Doch von den glanzvollen und ebenso von den schweren Zeiten des alten Römervolkes haben schon berühmte Schriftsteller erzählt; auch für die Schilderung des augusteischen Zeitalters hat es an hervorragenden Köpfen nicht gefehlt, bis sie durch die überhandnehmende würdelose Schmeichelei abgeschreckt wurden. Die Regierungszeiten des Tiberius und Gaius Caligula, des Claudius und Nero dagegen wurden, solange diese selbst am Ruder waren, aus Furcht verfälscht, nach ihrem Tode bei der noch frischen Erbitterung gehässig dargestellt.

Daher will ich über Augustus nur weniges – und zwar aus seiner letzten Zeit – berichten und danach den Prinzipat des Tiberius sowie die übrigen Ereignisse darstellen: ohne Hass und ohne persönliche Vorliebe (*sine ira et studio*); denn hierzu habe ich auch keinerlei Veranlassung.

Publius Cornelius Tacitus, Germania. Die Annalen, ins Deutsche übertr. u. ausgew. v. Wilhelm Harendza, München 1964, S. 63 f. (Ann. I.1).

MATERIAL

2 Von der Stadtgründung bis zu Augustus

Die Stadt Rom wurde ursprünglich von Königen beherrscht.

Die republikanische Staatsform und das Konsulat führte Lucius Brutus ein. Diktatoren nahm man sich immer nur vorübergehend bei großer Gefahr. Die Amtsgewalt der Dezemvirn währte nicht länger als zwei Jahre, und auch das „Militärtribunat mit der Amtsgewalt eines Konsuls" hatte nur kurzen Bestand. Nicht Cinnas, nicht Sullas Gewaltherrschaft war von Dauer. Die Machtfülle des Pompeius und Crassus ging schnell auf Cäsar allein über. Die Heeresmacht des Lepidus und Antonius fiel bald ganz dem Oktavian zu. Dieser brachte das ganze durch die Bürgerkriege geschwächte Reich unter dem Titel „Prinzeps" in seine Gewalt.

Publius Cornelius Tacitus, Germania. Die Annalen, ins Deutsche übertr. u. ausgew. v. Wilhelm Harendza, München 1964, S. 63 (Ann. I.1).

MATERIAL

Wie sichert Augustus seine Herrschaft? 3

Als es nach dem gewaltsamen Ende des Brutus und Cassius Heere der Republik nicht mehr gab, als Sextus Pompeius bei Sizilien überwältigt und Lepidus seiner Machtstellung entkleidet worden war, als Antonius sich entleibt hatte und sogar für die Partei der Julier nur Cäsar (Octavianus) als Führer übrig blieb: Da legte dieser die „Triumviralgewalt" nieder und tat so, als ob er nur noch Konsul wäre und sich zum Schutz des Volkes gegen den Adel mit der „tribunizischen Amtsgewalt" zufriedengäbe.

Nachdem er aber die Soldaten durch Geschenke, das Volk durch Getreidespenden, alle durch die Annehmlichkeit des Friedens für sich gewonnen hatte, da erhöhte er allmählich seine Stellung und zog die Befugnisse des Senats und der Beamten sowie das Gesetzwesen an sich. Niemand widersetzte sich. Denn die Unerschrockensten waren in den Schlachten der Bürgerkriege gefallen oder geächtet worden. Die übrigen Adligen wurden, je geneigter einer zur Unterwürfigkeit war, um so mehr mit Reichtümern und Ehrenämtern bedacht und zogen, durch die neuen Verhältnisse gehoben, die sichere Gegenwart der gefahrvollen Vergangenheit vor.

Auch die Provinzen standen der neuen Lage nicht unfreundlich gegenüber. Denn die Herrschaft des Senats und des Volkes war wegen der Kämpfe der Machthaber untereinander und wegen der Habsucht der Beamten in Misskredit gekommen; nur unzulänglichen Schutz boten ja die Gesetze, die durch Gewalt, Intrigen und schließlich auch durch Bestechungen unwirksam gemacht wurden.

Um nun Stützen seiner Herrschaft zu gewinnen, erhob Augustus den kaum erwachsenen Claudius Marcellus, seiner Schwester Octavia Sohn, zum Pontifex und kurulischen Ädil, den Marcus Agrippa, der zwar nicht dem Adel entstammte, aber ein tüchtiger Feldherr war [...], zwei Jahre hintereinander zum Mitkonsul [...].

Seine Stiefsöhne Tiberius und Drusus zeichnete er durch den Imperatortitel aus, noch ehe er in seinem eigenen Hause einen Verlust erlitten hatte. Er hatte nämlich Agrippas Söhne Gaius und Lucius in die Familie der Cäsaren aufgenommen und unter dem Schein der Weigerung den brennenden Wunsch gehabt, dass sie, wiewohl sie noch im Knabenalter standen, „Führer der Ritterschaft" genannt und fürs Konsulat schon im voraus bestimmt würden.

Nachdem Agrippa gestorben war, raffte den Lucius Cäsar auf dem Wege zu den spanischen Heeren, den Gaius, während er, krank infolge einer Verwundung, aus Armenien zurückkehrte, ein frühzeitiger Tod hinweg; vielleicht aber waren es auch geheime Mordanschläge ihrer Stiefgroßmutter Livia. Und da Drusus schon lange vorher den Tod gefunden hatte, blieb Tiberius als einziger Stiefsohn übrig.

Dem fiel nun alles zu: Er wurde von Augustus adoptiert, wurde sein Mitregent, Mitinhaber der „tribunizischen Amtsgewalt" und bei allen Heeren vorgestellt – nicht mehr, wie bisher, durch geheime Machenschaften seiner Mutter, sondern auf ihre offene Aufforderung hin.

Denn sie hatte den greisen Augustus dermaßen umstrickt, dass er seinen einzigen Enkel Agrippa Postumus auf die Insel Planasia verbannte, obwohl dieser, wenn auch ungebildet und dummstolz mit seinen Körperkräften prahlend, keiner ehrenrührigen Handlung überführt war.

Dagegen gab er dem Germanicus, dem Sohn des Drusus, das Kommando über die acht Legionen am Rhein und veranlasste seine Adoption durch Tiberius, wiewohl dieser doch selbst einen erwachsenen Sohn hatte: Augustus wollte eben den Fortbestand seiner Herrschaft durch mehr Stützen gesichert wissen.

Krieg gab es nur noch gegen die Germanen. Aber auch dieser sollte mehr die schmachvolle Vernichtung des römischen Heeres samt ihrem Führer Varus rächen als dazu dienen, das Reich zu erweitern oder einen lohnenden Gewinn einzubringen. Im Innern herrschte Ruhe; die Bezeichnungen der Ämter waren dieselben geblieben. Die Jüngeren hatten erst nach dem Siege bei Actium das Licht der Welt erblickt; ja, auch die Alten waren meist schon während der Bürgerkriege geboren. Wie wenige blieben da übrig, die noch die wahre Republik erlebt hatten!

Publius Cornelius Tacitus, Germania. Die Annalen, ins Deutsche übertr. u. ausgew. v. W. Harendza, München 1964, S. 64ff. (Ann. I.2–3).

MATERIAL

4 Wie funktioniert der erste Machtwechsel innerhalb des Prinzpats?

Nachdem sich so die Staatsform geändert hatte, blieb auch nichts mehr von der althergebrachten guten Sitte. Das Bewusstsein der Gleichberechtigung gegenüber dem Prinzeps war geschwunden, und jeder achtete nur darauf, was dieser gebot. Das war ungefährlich für die Gegenwart, nämlich solange Augustus, noch rüstig an Jahren, sich und sein Haus und den Frieden aufrechterhielt. Später aber, als schon Alter und Krankheit ihn plagten, als sein Ende nahe war und neue Hoffnungen sich regten: Da sprachen einige wenige erfolglos von dem Segen einer freiheitlichen Staatsform. Die Mehrzahl fürchtete den Krieg, andere wieder wünschten sich ihn; die allermeisten ergingen sich in mannigfaltigen Gerüchten über die zu erwartenden Herrscher:

[...] Tiberius sei zwar reif an Jahren und im Kriege bewährt, aber voll des alten, dem claudischen Geschlecht angeborenen Hochmuts; und viele Anzeichen seiner grausamen Gemütsart brächen bei ihm hervor, wiewohl er sie unterdrücke. Dazu sei er schon von frühester Kindheit an im Herrscherhause erzogen worden, schon als Jüngling sei er mit Konsulaten und Triumphen überhäuft worden. Selbst in den Jahren, die er unter dem Schein der Zurückgezogenheit als Verbannter in Rhodus verbrachte, habe er nur auf Groll, Verstellung und geheime Lust gesonnen. Dazu komme noch seine Mutter mit der dem Weibe eigenen Herrschsucht: einer Frau müsse man dienen und obendrein noch zwei Jünglingen, die den Staat einstweilen belasteten, über kurz oder lang aber zerrütten würden.

Während dies und ähnliches die Herzen bewegte, verschlimmerte sich die Krankheit des Augustus; und manche argwöhnten ein Verbrechen seiner Gattin.

Denn es hatte sich das Gerücht verbreitet, wenige Monate vorher sei Augustus unter Mitwissen Auserwählter mit Fabius Maximus als einzigem Begleiter nach Planasia gefahren, um Agrippa Postumus zu besuchen. Dort habe es beiderseits viele Tränen gegeben; und daraus habe man die Hoffnung geschöpft, der Jüngling werde dem Hause des Großvaters wiedergegeben werden.

Büste des Kaisers Tiberius, um 30 n. Chr.

Das habe Maximus seiner Gattin Marcia, diese der Livia weitererzählt. Hiervon habe Augustus Kenntnis bekommen; und als kurz danach Maximus, vielleicht durch Freitod, starb, da habe man beim Leichenbegängnis Marcia seufzen hören, wie sie sich anklagte, selbst den Tod ihres Gatten verschuldet zu haben.

Wie dem auch sein mag – kaum hatte Tiberius Illyricum betreten, da wurde er durch einen Eilbrief seiner Mutter herbeigerufen. Es ist aber nicht völlig erwiesen, ob er Augustus in der Stadt Nola noch lebend oder schon tot angetroffen hat. Denn Livia hatte das Haus und die Straßen durch strenge Wachen absperren lassen; und von Zeit zu Zeit wurden hoffnungsvolle Nachrichten verbreitet, bis schließlich, nachdem man für alles Vorsorge getroffen hatte, was die Umstände erforderten, gleichzeitig das Hinscheiden des Augustus und der Regierungsantritt des Tiberius bekanntgegeben wurde.

Publius Cornelius Tacitus, Germania. Die Annalen, ins Deutsche übertr. u. ausgew. v. Wilhelm Harendza, München 1964, S. 66 ff. (Ann. I.4–5).

MATERIAL

Wachen zum Begräbnis – Das Erbe des ersten Prinzeps 5

Das erste Verbrechen des neuen Prinzipats war die Ermordung des Agrippa Postumus: Mit dem Ahnungslosen und Unbewaffneten konnte ein Zenturio bei aller Beherztheit nur mit Mühe fertig werden.

Hierzu äußerte sich Tiberius im Senat überhaupt nicht: Er schützte einen Befehl seines Vaters vor, demzufolge der Militärtribun, der die zur Bewachung Agrippas bestimmte Abteilung befehligte, dessen Ermordung unverzüglich bewerkstelligen sollte, sobald er einst den letzten Tag seines Lebens vollendet haben würde.

Zweifellos hatte es Augustus durch viele bittere Klagen über den Charakter des Jünglings durchgesetzt, dass seine Verbannung durch Senatsbeschluss bestätigt wurde; aber niemals hatte sich sein Herz so verhärtet, dass er einen der Seinigen hätte ermorden lassen. Auch ist es nicht glaublich, dass er den Tod über den Enkel verhängt habe, um des Stiefsohnes Herrschaft sicherzustellen. [...]

In Rom aber eilten Konsuln, Senatoren und Ritter der Knechtschaft entgegen. Gerade die Angesehensten heuchelten am meisten, setzten eilfertig wohleinstudierte Mienen auf und wechselten, um nicht beim Hinscheiden des Prinzeps erfreut, jedoch auch nicht zu betrübt beim Regierungsantritt zu scheinen, Tränen mit Bekundungen der Freude, Klagen mit Schmeicheleien ab. [...]

In der ersten Senatssitzung ließ Tiberius nur über die letzten Ehren für Augustus und seine letzten Verfügungen verhandeln.

Sein Testament, durch Jungfrauen der Vesta hereingebracht, bezeichnete Tiberius und Livia als Haupterben. Julia wurde als Augusta in die julische Familie aufgenommen. Als Erben zweiten Grades hatte er seine Enkel und Urenkel eingesetzt, als Erben dritten Grades die Vornehmsten des Staates; von diesen waren ihm zwar die meisten verhasst, doch hatte er das aus eitler Ruhmsucht gegenüber der Nachwelt getan. Die Legate gingen nicht über das übliche Maß dessen hinaus, was ein vornehmer Bürger zu vermachen pflegte, nur dass er dem Gesamtvolk und der Plebs 43 500 000 Sesterzen, den Soldaten der Prätorianerkohorten je 1 000, denen der städtischen Kohorten je 500, den Legionssoldaten und den Kohorten römischer Bürger außerhalb der Legionsverbände 300 Sesterzen pro Kopf schenkte.

Darauf wurde über die Ehrungen für Augustus beraten. Unter diesen sah man als die größten an, dass der Leichenzug durch den Triumphbogen geleitet werden solle (ein Antrag des Gallus Asinius) und dass der Titel der von Augustus erlassenen Gesetze sowie die Namen der von ihm besiegten Völker dem Leichenzug vorangetragen werden sollten. [...] Auf die Frage des Tiberius, ob er diesen Vorschlag auf seine Veranlassung gemacht habe, antwortete er, er habe ihn aus eigener Initiative eingebracht und werde sich in dem, was den Staat angehe, überhaupt nur nach seiner eigenen Überzeugung richten, selbst wenn das mit Gefahr für ihn verbunden wäre. Diese höchste Stufe der Kriecherei hatte noch gefehlt! Einstimmig riefen die Senatoren, der Leichnam müsse auf den Schultern von Senatoren zum Scheiterhaufen getragen werden; Tiberius verzichtete darauf mit anmaßender Bescheidenheit. Das Volk ermahnte er in einem Erlass, es möge Augustus lieber auf dem Marsfeld, dem dafür bestimmten Ort, verbrannt wissen wollen als auf dem Forum, wie man es dereinst bei dem Leichenbegängnis des verewigten Julius Cäsar in allzu großer Leidenschaftlichkeit getan und dadurch die ganze Trauerfeier gestört habe.

Am Tage des Leichenbegängnisses waren Soldaten wie zur Bedeckung aufgestellt, zum vielfachen Gespött derer, die jenen Tag der erst im Entstehen begriffenen Versklavung und des Versuchs, die Freiheit zurückzuerlangen, selbst erlebt oder von ihm durch ihre Eltern gehört hatten: Damals sei die Ermordung des Diktators Cäsar den einen als die schändlichste, den anderen als die herrlichste Tat erschienen. Jetzt müsse der greise Prinzeps nach langer Herrschaft und, obwohl er auch noch den Machteinfluss seiner Erben schon im voraus gegen den Freistaat eingesetzt habe, durch militärische Hilfe geschützt werden, damit seine Bestattung ruhig verlaufe.

Publius Cornelius Tacitus, Germania. Die Annalen, ins Deutsche übertr. u. ausgew. v. Wilhelm Harendza, München 1964, S. 67–71f. (Ann. 1.6–8).

MATERIAL

6 Augustus nach seinem Tod im Pro und Contra der Zeitgenossen

Darauf erhob sich viel Gerede um Augustus selbst, wobei die meisten über Unwesentliches staunten […]. Bei den Verständigen dagegen fand seine Leben in mannigfacher Weise teils Lob, teils Tadel. Die einen sagten: Nur durch die kindliche Liebe zu seinem Vater und durch die Notlage des Staates, in dem es damals keinen Platz für Recht und Gesetz gegeben habe, sei er zum Bürgerkrieg getrieben worden, und ein solcher freilich könne mit lauteren Mitteln weder vorbereitet noch geführt werden. Nur um an den Mördern seines Vaters Rache nehmen zu können, habe er vieles dem Antonius, vieles auch dem Lepidus nachgesehen. Nachdem aber dieser im Nichtstun gealtert, jener infolge seiner Ausschweifungen zu Grunde gegangen sei, habe es für das uneinige Vaterland nur eine Rettung gegeben: die Übernahme der Regierung durch einen einzigen Mann! Dennoch habe er die Ordnung im Staate nicht als König oder Diktator wiederhergestellt, sondern nur unter dem Titel eines Prinzeps. Dem Reich habe er durch den Ozean und durch Ströme mit langem Lauf eine feste Grenze gegeben. Landheere, Provinzen und Flotten – alles habe er durch straffe Verwaltung miteinander verbunden. Unter den Bürgern herrsche Recht und Gerechtigkeit, gegenüber den Bundesgenossen sei man maßvoll; die Stadt selbst stehe da in prächtigem Schmuck. Gewalt sei in seltenen Fällen angewendet worden, und auch dann nur deshalb, damit im übrigen um so mehr Ruhe herrsche.

Dem wurde entgegengehalten: Die kindliche Liebe zu seinem Vater und die Verhältnisse des Staates habe Augustus nur zum Vorwand genommen. In Wahrheit habe er aus Herrschsucht die Veteranen durch Geschenke aufgewiegelt. Als ganz junger Mensch und als Privatmann habe er ein Heer ausgerüstet, die Legionen des Konsuls bestochen und Sympathie für die pompeianische Partei vorgetäuscht.

Als er dann auf Grund eines Senatsbeschlusses die Fasces und die prätorische Amtsgewalt erlangt hatte, habe er sich nach dem Tode des Hirtius und Pansa der Truppen beider bemächtigt, wobei dahingestellt sei, ob beide dem Feinde erlegen sind, oder ob den Pansa das in seine Wunde geträufelte Gift hingerafft hat, den Hirtius ein Anschlag seiner Soldaten, die durch Caesar angestiftet wurden. Das Konsulat habe er dem Senat wider dessen Willen erpresst; und die Waffen, die ihm zum Kampf gegen Antonius in die Hand gegeben worden waren, habe er gegen den Staat gewendet. Die Ächtung der Bürger und die Verteilungen der Äcker seien nicht einmal von denen gutgeheißen worden, die sie durchführten.

Mögen immerhin Cassius und die beiden Brutus ihrer Gegnerschaft gegenüber seinem Vater zum Opfer gefallen sein, wiewohl es doch heiligste Verpflichtung sei, auf Privathass zugunsten des Gemeinwohls zu verzichten; aber Pompeius sei durch Vorspiegelung des Friedens, Lepidus durch den Schein der Freundschaft getäuscht worden; später habe auch Antonius, durch die Verträge von Tarent und Brundisium sowie durch die Vermählung mit seiner Schwester Octavia in Sicherheit gewiegt, die trugvolle Verschwägerung mit dem Tode gebüßt. Friede sei daraufhin ohne Zweifel eingetreten, aber ein blutiger Friede: Man vergegenwärtige sich die Niederlagen eines Lollius[1] und Varus, […].

Auch sein häusliches Leben wurde der Kritik unterzogen: Dem Nero sei seine Gattin entführt und zum Hohne noch das Priesterkollegium der Pontifices befragt worden, ob sich Augustus mit der Schwangeren noch vor ihrer Entbindung rechtmäßig vermählen könne. […] Livia sei schließlich als Mutter hart gegen den Staat, als Stiefmutter hart gegen das Haus der Cäsaren. Nichts mehr bleibe für die Verehrung der Götter, da er in Tempeln und im Götterbilde durch Flamines und Priester sich verehrt wissen wollte. Nicht einmal den Tiberius habe er aus Sympathie für ihn oder aus Fürsorge für den Staat zum Nachfolger bestimmt, sondern weil er dessen Hochmut und Grausamkeit durchschaut und durch die Gegenüberstellung mit einem ganz Unwürdigen Ruhm für sich erwartet habe.

[1] Marcus Lollius, Statthalter von Gallien, musste 16 v.Chr. von einigen Germanenstämmen, die den Rhein überquert hatten, eine Niederlage hinnehmen. Tacitus oder sein Gewährsmann übertreibt die Bedeutung des Vorfalls aber an der Stelle.

Publius Cornelius Tacitus, Germania. Die Annalen, ins Deutsche übertr. u. ausgew. v. Wilhelm Harendza, München 1964, S. 71 ff. (Ann. I.9–10).

1. Tacitus sagt, seine Darstellung sei „ohne Hass und ohne persönliche Vorliebe". Erörtern Sie diese Aussage anhand seiner Biographie und seines Textes. (M 1)
2. Arbeiten Sie heraus, wie Tacitus die Jahre 44–27 v. Chr. und das Verhalten des Augustus und seine Stellung im Staat in diesen Jahren beschreibt. (M 2 u. M 3)
3. Erklären Sie, wie Tacitus die Außenpolitik des Augustus bewertet. (M 3 u. M 6)
4. Wie bewertet Tacitus die Herrschaft anderer römischer Machthaber? (M 2 u. M 5)
5. Wie schätzt Tacitus die „privaten Aufwendungen" des Augustus ein? (M 3 u. M 5)
6. Wie würdigtTacitus die Persönlichkeit des Augustus? (insb. M 2 u. M 6)
7. Entwickeln Sie eine Definition des Regierungssystems des Augustus, die der Sichtweise des Tacitus entspricht.
8. Überprüfen Sie, inwieweit Tacitus aus „Architektur, Bildern und Skulpturen", „Dichtung und Literatur" und „Religion und Herrscherkult" Argumente für seine Interpretation des Prinzipats gewinnen könnte.
9. Überprüfen Sie anhand der biographischen Angaben zu Tacitus und dessen Text, welche Maßstäbe er bei der Bewertung des Regierungssystems des Augustus anlegt.
10. Vergleichen Sie die Aussagen des Tacitus mit denen des Tatenberichts des Augustus, und diskutieren Sie die unterschiedlichen Sichtweisen.
11. Erörtern Sie den Quellenwert der Annalen des Tacitus für die Regierung des Augustus.

3.3 *Zum Begriff der Ideologie*

Jeder Text verfolgt einen bestimmten Zweck und verwendet zu seiner Erreichung bestimmte Mittel. Hierin machen die antiken Texte keine Ausnahme. In augusteischer Zeit wurzeln viele schriftliche – und bildliche – Zeugnisse in einem zusammenhängenden Weltbild, das eindeutige politische Stellungnahme beinhaltet und beim Leser oder Betrachter in diese Richtung wirken will. Hier ist die Verwendung des neuzeitlichen Begriffs der „Ideologie" angebracht. Wenn man aber mit einem so schwierigen Begriff arbeiten will, sollte man sich zunächst auf eine Definition einigen, mit welcher er überhaupt erst zum geeigneten Werkzeug wird. Welche Komponenten des Ideologiebegriffs eignen sich zur Befragung antiker Quellen und welche nicht? Am Ende der Diskussion sollte eine schlanke und handliche Arbeitshypothese stehen.

MATERIAL 1

Interessenbedingte Befangenheit? Der Ideologiebegriff Kurt Salamuns

Unter Ideologien werden Gedankengebilde verstanden, die gesellschaftlichen Gruppen als allgemeine Orientierungsraster bei der Interpretation der sozialen Wirklichkeit dienen, Machtansprüche dieser Gruppen im politischen Leben legitimieren und neben echten wissenschaftlichen Einsichten, offenen Wertungen, Normen und Handlungsappellen auch krypto-normative und falsche Vorstellungen enthalten und deren ungerechtfertigte Wahrheitsansprüche auf eine interessenbedingte Befangenheit ihrer Produzenten und Verfechter zurückzuführen sind.

Kurt Salamun, Ideologie und Aufklärung. Weltanschauungstheorie und Politik, Wien 1988, S. 53.

Außenpolitisch hat Rom spätestens seit der Zeit des Augustus die Ansicht vertreten, Ordnung und Kultur zu den unterworfenen Völkern zu bringen – nur eine Ideologie? Eine britische Karikatur von 1912 setzt sich mit dem Thema auseinander.

MATERIAL

2 Rechtfertigungslehre des überlegenen Teils der Gesellschaft? Werner Hoffmann 1969:

Ideologie soll verstanden werden als gesellschaftliche Rechtfertigungslehre. Ideologische Urteile wollen soziale Gegebenheiten absichern, legitimieren, aufwerten. Sie sind von konservierender Natur. – Unsere Definition besagt:

1. Ideologie-Charakter können nur unzutreffende Aussagen haben. Die Wahrheit ist niemals Ideologie, auch wenn sich an sie im allgemeinen Sinne „gesellschaftliche Interessen" heften mögen.

2. Ideologien sind unzutreffende Auffassungen und Aussagen, an deren Entstehen, Verbreitung und Bewahrung sich gesellschaftliche Interessen – also nicht das bloß persönliches „Interesse" etwa des lügenden Kindes – knüpfen. Von untergeordneter Bedeutung ist dabei, ob ein solches Interesse sowie die Beziehung zwischen diesem und der geäußerten Auffassung den jeweiligen Ideologieträgern bewusst ist oder nicht. Ideologie bezeichnet ein gesellschaftliches Engagement der Aussage, nicht notwendig des Aussagenden. So können auch die einer Ideologie Unterworfenen zu deren Kolporteuren werden, wenn ihr Bewusstsein durch die Umstände oder durch die Ideologie selbst hinreichend entstellt ist.

3. Ideologien sind Ausdruck der Interessen des überlegenen Teils der Gesellschaft. Eben hierdurch haben sie sozial konservierenden Charakter. Sie wirken objektiv auf Stabilisierung einer gegebenen Ordnung hin. – Natürlich müssen Ideologien geglaubt werden, wenn nicht von ihren Trägern selbst, so jedenfalls von den Ideologie-Unterworfenen.

Werner Hofmann, Wissenschaft und Ideologie, in: ders., Universität, Ideologie, Gesellschaft, 3. Aufl., Frankfurt/M. 1969, S. 54 ff.

1. Vergleichen Sie die Ideologiebegriffe von Salamun und Hofmann.
2. Diskutieren Sie die unterschiedlichen Ideologiebegriffe, und entwickeln Sie mit ihrer Hilfe eine eigene Position.
3. Wenden Sie die Ideologiebegriffe zur Untersuchung des Tatenberichts und der Annalen an. Begründen Sie, inwieweit es sich um ideologische Aussagen handelt.
4. Wenden Sie die Ideologiebegriffe an zur Untersuchung einzelner Materialien aus den Teilkapiteln „Architektur, Bilder und Skulpturen" und „Dichtung und Literatur".

Schriftliche Quellen zur Antike

Die Summe aller Quellen ist die Basis unseres Wissens von der Vergangenheit. Erst wenn wir die Quellen kennen, sind wir in der Lage, Darstellungen und Bewertungen von Vergangenheit nach Belegen zu befragen und damit einen kritisch-reflexiven Zugang zur geschichtswissenschaftlichen Tradition zu gewinnen. Nur wer bereit ist, auf die Quellen zurückzugreifen, wird die Perspektiven gegenwärtiger Darstellungen erkennen können.

1. Quellen und Darstellungen

Quellen sind zunächst grundsätzlich zu unterscheiden von Darstellungen. Quellen sind das, was von vergangenem menschlichen Handeln noch gegenwärtig ist. Dabei gilt grundsätzlich: je größer die räumliche und zeitliche Nähe des Materials zum betrachteten Gegenstand ist, desto größer ist sein Quellenwert. In der Alten Geschichte sind die HistorikerInnen allerdings besonders häufig zu Kompromissen gezwungen. Denn eine oftmals fragmentarische Quellenlage – vor allem hinsichtlich der schriftlichen Quellen – ist, abgesehen von einzelnen und begrenzten Ausnahmen, in der Alten Geschichte die Regel. Das führt einerseits dazu, dass im Bereich der Alten Geschichte in viel größerem Umfang auch nichtschriftliche Quellen herangezogen werden als in anderen Epochen. Und ebenso hat es zur Folge, dass die antike Geschichtsschreibung selbst als Quelle herangezogen wird. Damit bezeichnen wir in der Alten Geschichte häufig auch Materialien als Quellen, die lange nach dem berichteten Ereignis entstanden sind, die also im Bereich der Neueren und Neuesten Geschichte schon eher als „Darstellung" zu begreifen wären.

2. Dokumente und Monumente

Traditionell unterscheidet die Geschichtswissenschaft zwei Arten von Quellen: Überreste und Traditionen. Überreste (z. B. Geschäftsakten, Briefe usw.) sind Relikte aus der Vergangenheit, die ohne Überlieferungsabsicht erhalten geblieben sind, während Traditionen (z. B. Autobiographien, Chroniken usw.) durch Überlieferungsabsicht gekennzeichnet sind. Hier bedarf die Subjektivität des „Produzenten" besonderer Beachtung. Diese grundsätzliche Unterscheidung gilt nicht nur für schriftliche Quellen. Neuerdings ist diese Einteilung in der modernen Kulturwissenschaft unter den Begriffen „Dokument" und „Monument" wieder aufgenommen worden. Andere benutzte Begriffe sind z. B. „Zeugnisse und Zeichen" und „Spuren und Botschaften". Alle Begriffspaare beziehen sich gleichermaßen auf den Unterschied zwischen unabsichtlicher und intendierter Überlieferung von Quellenmaterial.

3. Äußere Form

Wenn uns eine „Schriftquelle" vorliegt, so entspricht diese in der Regel längst nicht mehr dem Original, sondern ist vielfach bearbeitet worden. Zugrunde liegt eine Originalquelle, so wie sie damals hinterlassen wurde. Im günstigsten Falle ist sie z. B. in einem Archiv oder Museum noch vorhanden. Im Bereich der Alten Geschichte ist das aber die Ausnahme. Hier existieren in der Regel bloß mittelalterliche Abschriften von noch älteren Abschriften. Von den Originalquellen zu unterscheiden ist die veröffentlichte Fassung bzw. Druckfassung (so etwas gibt es nur für einen kleinen Teil der Quellen), die die Originalsprache beibehält. Eine nächste Schicht der Quelle entsteht durch die Übersetzung, die für alle antiken Quellen grundlegend ist, weil heute nur noch wenige Menschen in der Lage sind, den griechischen oder lateinischen Text zu verstehen. Jede Übersetzung beinhaltet bereits eine Interpretation. In der Schule entsteht in der Regel noch eine weitere Reduktion dadurch, dass die Quellen in gekürzter Fassung benutzt werden. Je mehr der Text einer Quelle sich vom Original entfernt, desto größer ist die Gefahr, dass sich der ursprüngliche Sinn ändert.

4. Schriftliche Quellengattungen
Wenngleich für die Alte Geschichte Umfang und Arten schriftlicher Quellen nicht mit der Neuzeit vergleichbar sind, gibt es auch hier unterschiedliche Quellengattungen, die teils unterschiedlichen Interpretationsanforderungen unterliegen: Urkunden und Akten, Autobiographien (Tatenberichte), antike Geschichtsschreibung, Biographien, Epen, Dramen, Kleinpoesie, Philosophie, Fachschriftstellerei, Reden, Briefliteratur und anderes mehr.

5. Perspektive und Standortgebundenheit
Sowohl bei Quellen als auch bei Darstellungen sind HistorikerInnen in der Pflicht, Perspektive und Standortgebundenheit des jeweiligen Autors zu identifizieren. Mit der Annahme beider Begriffe ist auch der Beginn der eigentlichen Diskussion um Objektivität und Parteilichkeit der Geschichtsschreibung markiert. Weder Quellen noch Darstellungen zeigen also eine „ursprüngliche" Wahrheit, sondern immer nur Auffassungen von dem übermittelten Ereignis.

Beispiel 1: Cassius Dio über den augusteischen Prinzipat

Cassius Dio Cocceianus stammte aus Nicaea in Bithynien (Nordwesten Kleinasiens) und lebte ca. von 155 bis 235 n.Chr. Er kam frühzeitig nach Rom und wurde hier Senator und hoher Staatsbeamter, u.a. zweimal Konsul und Statthalter mehrerer Provinzen. Außerdem betätigte er sich als Historiker und schrieb eine römische Geschichte von den Anfängen der Stadt bis zu seiner Gegenwart. Die in griechischer Sprache abgefasste Darstellung endet im Jahr 229 n. Chr., als Dio während der Regierung seines Gönners Severus Alexander sein zweites Konsulat versieht. Von den ursprünglich 80 Büchern ist nur etwas mehr als ein Viertel erhalten. Über Augustus schreibt Cassius Dio:

In Wirklichkeit musste man doch davon ausgehen, dass Cäsar (Augustus) selbst in allen Dingen und für alle Zeit eine unbeschränkte Herrschaft ausüben werde. Verfügte er doch nicht nur über sämtliche Gelder – dem Namen nach hatte er zwar die öffentlichen Mittel von seinen eigenen getrennt, doch wurden in der Tat auch diese nur nach seinem Gutdünken ausgegeben –, sondern befehligte dazu noch die Soldaten. Jedenfalls, als seine zehnjährige Periode auslief, wurden ihm weitere fünf Jahre, dann nochmals fünf, hierauf zehn, und erneute zehn und wieder zehn – fünfmal also – zugebilligt, so dass er durch die Abfolge der zehnjährigen Perioden sein ganzes Leben lang als Alleinherrscher waltete. Aus diesem Grunde feierten die nachfolgenden Herrscher, obwohl sie nicht mehr für einen bestimmten Zeitraum, sondern ein für allemal auf Lebenszeit ernannt wurden, nichtsdestoweniger alle zehn Jahre ein Fest, wie wenn sie bei dieser Gelegenheit ihr Kaisertum wieder erneuerten. Und so hält man es bis zum heutigen Tage. Cäsar hatte nun schon vorher, als die Fragen Niederlegung der Alleinherrschaft und Aufteilung der Provinzen erörtert wurden, viele Sonderrechte und Auszeichnungen empfangen. Denn das Recht, Lorbeerbäume vor der kaiserlichen Residenz aufzustellen und über ihnen den Eichenkranz aufzuhängen, wurde ihm damals zuerkannt; sie sollten ihn als den ständigen Sieger über seine Feinde und den Retter der Bürger versinnbildlichen. Die kaiserliche Residenz aber heißt Palatium, nicht dass man jemals beschloss, ihr diesen Namen zu geben, sondern weil Cäsar auf dem Palatinus wohnte und dort sein Hauptquartier hatte; dabei gewann sein Haus eine gewisse Berühmtheit auch durch den Hügel im ganzen, weil dort ja einstmals Romulus gewohnt hatte. So kommt es, dass, auch im Falle der Kaiser irgendwo anders seinen Aufenthalt nimmt, diese seine Wohnstätte die Bezeichnung Palatium trägt. Da nun Cäsar tatsächlich seine Versprechungen erfüllt hatte, wurde ihm auch der Name Augustus vom Senat und Volk beigelegt. Als man ihn nämlich mit einem besonders ehrenden Titel

anzusprechen wünschte und die einen diesen, die anderen jenen in Vorschlag brachten und seine Wahl befürworteten, da war Cäsar sehr geneigt, den Namen Romulus anzunehmen, doch als er bemerkte, dass dies ihn dem Verdachte aussetzte, nach dem Königtum zu streben, erhob er keinen Anspruch mehr darauf und nahm den Titel Augustus an, der ihn seiner Ansicht nach über Menschenmaß hinaushob; denn die kostbarsten und heiligsten Gegenstände werden allesamt mit „*augusta*" bezeichnet. [...]
So ging die ganze Macht sowohl des Volkes wie auch des Senats auf Augustus über, und von diesem Zeitpunkt an bestand, genau gesagt, eine Monarchie; das Wort Monarchie dürfte nämlich der Wahrheit am nächsten kommen, ungeachtet dessen, dass manchmal sogar zwei oder drei Personen gleichzeitig die Macht in Händen hatten.

Cassius Dio, Römische Geschichte 53, übers. v. Otto Veh, Bd. IV, Zürich-München 1986, S. 121 f.

Beispiel 2: Die Annalen des Tacitus in einer ganz anderen Version

Tacitus hat alleine im deutschen Sprachraum sehr viele verschiedene Übersetzer gefunden. Einer davon ist Walther Sontheimer, der die Textpassage, die den Weg des Augustus zur Macht beschreibt, anders präsentiert als Wilhelm Harendza (S. 63, M 3).

Des alten römischen Volkes glückliche oder auch unglückliche Geschichte haben ja berühmte Schriftsteller dargestellt, und auch bei der Schilderung der augusteischen Zeiten haben es rühmliche Talente so lange nicht an sich fehlen lassen, bis sie sich durch das überhandnehmende Kriechertum abschrecken ließen; des Tiberius, des Gaius, des Claudius und des Nero Regierung fanden während ihrer Lebenszeit, weil man sie fürchtete, eine verfälschte und nach ihrem Tode eine noch die frischen Hassgefühle atmende Darstellung. Daher habe ich mich entschlossen, kurz über Augustus, und zwar über seine letzten Lebensjahre zu berichten, dann das Principat des Tiberius und alles weitere darzulegen ohne Abneigung und Zuneigung, wozu ich entfernt keinen Grund habe.
Nach dem gewaltsamen Tod des Brutus und des Cassius gab es keine inneren Konflikte mehr, die mit den Waffen ausgetragen wurden: Pompeius war bei Sizilien erledigt, Lepidus seiner Macht entkleidet, Antonius umgebracht. Auch die iulianische Partei verfügte, abgesehen von Cäsar, über keinen Führer mehr. Er legte den Titel eines Triumvirs ab, trat als Konsul auf und begnügte sich, um für die Sache der Plebs einzutreten, mit dem tribunizischen Recht. Sobald er das Militär mit Geschenken, das Volk durch Getreidespenden, alle miteinander durch die Annehmlichkeit einer Friedenszeit für sich gewonnen hatte, erhob er allmählich höher sein Haupt und zog die Befugnisse des Senats, der Staatsverwaltung und der Gesetzgebung an sich. Dabei fand er keinen Widersacher, da die tatkräftigsten Männer auf den Schlachtfeldern geblieben oder den Proskriptionen zum Opfer gefallen waren, während die übriggebliebenen Angehörigen der Nobilität bereitwillig das Joch der Knechtschaft auf sich nahmen und dafür um so höher an Reichtum und Ehren stiegen, ja die neue Lage sich zunutze machten und die sichere Gegenwart einer gefahrvollen Vergangenheit vorzogen. Auch die Provinzen lehnten sich gegen diesen Stand der Dinge nicht auf, da das Regiment des Senats und des Volkes wegen der Streitigkeiten der Machthaber und der Habsucht der Beamten in Misskredit gekommen war, wobei man von den Gesetzen, die durch Gewalttat und Parteilichkeit, ja zuletzt durch Bestechung unwirksam gemacht wurden, keine wirksame Hilfe zu erwarten hatte.

Tacitus, Annalen I.2, Übersetzung, Einleitung und Anmerkungen von Walther Sontheimer, Stuttgart 2000, S. 15 f.

Mögliche Interpretationsschritte

Das Interpretieren von Quellen muss man lernen. Deshalb empfiehlt es sich, relevante Interpretationsschritte immer wieder an einzelne Quellen heranzutragen und deren Ergiebigkeit zu prüfen. Es ist allerdings nicht immer möglich, den gesamten Katalog anzuwenden. Der Vergleich unterschiedlicher Quellen bringt zusätzlichen Erkenntnisgewinn.

a) Untersuchung der Quelle auf formale Merkmale
   - Dokument oder Monument
   - Äußere Form
   - Quellengattung
   - Autor, Adressat, Ort und Zeit der Entstehung

b) Erschließung des unmittelbar mitgeteilten Inhalts
   - Kennzeichnung von Schlüsselwörtern und Kernstellen
   - Sinnvolle Gliederung
   - Zusammenfassung des thematischen Leitgedankens
   - Substanz der Quelle mit sachadäquaten Methoden darstellen (Bericht, Inhaltsangabe, Thesen, Skizze, Synopse, Schaubild, Tabelle u. a.)

c) Überprüfung des historischen Erkenntniswertes einer Quelle
   - Beziehung der Aussage einer Quelle zum Blickwinkel (Standort: Persönlichkeitsmerkmale, soziale Stellung, Weltanschauung, Wertmaßstäbe) des Autors
   - Aussagen im Rahmen der jeweiligen Intention (Motiv, Interesse)
   - Bedeutung des historisch-situativen Kontextes für die jeweilige Aussage
   - Vergleich der Quelle mit anderen auf Unterschiede und Gemeinsamkeiten
   - Unterscheidung zwischen tatsächlicher Nachricht und subjektiver Meinungsäußerung

d) Reflexion und Problematisierung des mitgeteilten historischen Sachverhalts
   - begründetes Urteil über die historische Bedeutung einer Aussage
   - zu vorgegebenem Sachverhalt kontroverse Ansichten und weiterführende Fragen, Alternativen und Ergänzungen entwickeln

(Interpretationsschritte nach A. Atzerodt u. a., Quelle und Statistik im Kollegstufenunterricht, München 1976, S. 23–26)

1. Wenden Sie die Interpretationsschritte bei einer Analyse des Textes von Cassius Dio an. (Beispiel 1)
2. Bearbeiten Sie weitere schriftliche Quellen aus diesem Schulbuch mit Hilfe der Interpretationsschritte.
3. Vergleichen Sie die Übersetzung der Annalen des Tacitus (Beispiel 2) mit der Übersetzung auf S. 62 f. Achten Sie dabei besonders auf interpretierende und bewertende Unterschiede.
4. Untersuchen Sie das vorliegende Schulbuch darauf,
   – inwieweit es Darstellungen, Dokumente und Monumente enthält,
   – welche äußere Form die abgedruckten Quellen aufweisen und
   – welche Quellengattungen Berücksichtigung finden.

e three kinds of government,
narchy, aristocracy and democ
re all found united in the comm
alth of Rome. And so even was
balance between them all, and
regular the administration that
ulted from their union, that it
s no easy thing to determine wi
urance, whether the entire sta
s to be estimated an aristocracy
emocracy, or a monarchy. For if
y turned their view upon the

constitution at the time of whi
are speaking, and which, with
y little variation, a
eserved, are these which fo
lybius 6.1)

4. Der Prinzipat: Eine neue Staatsform?

4.0 Wie kann eine Republik aus der Geschichte verschwinden?

Das Machtvakuum

Nach dem Tod Gaius Julius Cäsars im Jahr 44 v. Chr. geriet der römische Staat in ein Machtvakuum. Die Cäsarmörder hatten die alte Ordnung wieder herstellen wollen, aber diese funktionierte nicht mehr. Niemand konnte erklären, woran das lag. Jeder berief sich auf die Werte und Institutionen der Republik, aber diese füllten sich nicht mehr mit Leben. Nachdem es Cäsar gelungen war, für einen langen Zeitraum die gesamte römische Oberschicht auf sich allein zu verpflichten, war klar, dass seine Person durch einen anderen Alleinherrscher ersetzt werden musste. Die Suche dauerte 13 Jahre, eine Zeit, die zu den unglücklichsten und verlustreichsten Phasen der römischen Geschichte gehört. Sie wird den Prozess abschließen, den wir nach Ronald Syme als die „Römische Revolution" bezeichnen (133–31 v. Chr.).

Kopf einer Statue Oktavians, wahrscheinlich aus der Frühzeit des Prinzipats (Höhe des Kopfes ca. 1,50 m). Die Haare sind im Barockzeitalter ergänzt worden.

Das dynastische Prinzip

Für den 19-jährigen Gaius Octavius war der Name seines gerade ermordeten Großonkels und Adoptivvaters der große Trumpf. Als er im Jahr 31 v. Chr. seinen letzten Widersacher, Marcus Antonius, schlug, hatte einerseits seine Tatkraft gesiegt, andererseits aber auch schon das neue „dynastische Prinzip": Viele Römer glaubten daran, dass der junge Machthaber Kraft und Tugend seines Ziehvaters verkörpere, und leisteten ihm willig Gefolgschaft. Und bald nach der Erringung der Alleinherrschaft änderte Oktavian seinen politischen Stil.

Res publica amissa?

Der abgebildete Kopf – Teil einer Kolossalstatue – zeigt den unerhörten Anspruch, mit dem Oktavian damals in Rom auftrat. Dieser Anspruch deutet darauf hin, dass in den Jahren 44 bis 27 v. Chr. eine Entwicklung stattgefunden hat, die wegführte von der Verfassung und den Verfassungsprinzipien der Römischen Republik hin zu einer neuen Staatsform, die als Prinzipat zu kennzeichnen ist. Dieser Wandel vollzog sich langsam; über Jahrzehnte hinweg wurde Altes durch Neues ersetzt. Inwiefern hat Augustus diesen Wandel aktiv gestaltet? War seine bis dahin einzigartige Machtstellung letztlich nur das Produkt überpersönlicher Strukturen? Augustus selbst proklamierte eine „wiederhergestellte Republik" (*res publica restituta*). War dieser Anspruch zunächst noch berechtigt, oder war die Republik schon damals für immer verloren (*res publica amissa*)?

4.1 Von der Republik zum Prinzipat

Perioden römischer Geschichte

Die Geschichte der Römischen Republik umfasst einen Zeitraum von fast 450 Jahren, in denen Rom von kleinen Anfängen bis zur Weltmacht aufstieg. Man kann die Entwicklung der Republik in drei Perioden einteilen, deren erste ungefähr die Zeit von 500 bis 300 v. Chr. umfasste. Die zweite Periode ist die klassische Republik der Jahre 300 bis 133 v. Chr., der sich die Revolutionszeit von 133 bis 31 v. Chr. anschließt.

Der Aufstieg Roms

Die innere Entwicklung der Römischen Republik und deren Außenpolitik sind in einem engen Zusammenhang zu sehen. In seiner republikanischen Zeit erlebte Rom den Aufstieg von einem Stadtstaat zur Weltmacht. In der Frühzeit der Republik, deren innere Ordnung als patrizischer Geschlechterstaat zu kennzeichnen ist, stand außenpolitisch die Rivalität mit den umliegenden Städten und Völkern im Mittelpunkt. Der Stadtstaat dehnte langsam sein Territorium aus und erlangte die Hegemonie über das Umland. Mit der Beendigung der Ständekämpfe um 300, in denen die Plebejer gegenüber den Patriziern weitgehende politische Mitbestimmungsrechte errangen, begann die Durchsetzung einer erstaunlichen Expansion.

Außenpolitische Erfolge

Zunächst gewann Rom in den Jahren 264 bis 201 v. Chr. die Herrschaft über das westliche Mittelmeer und dann zwischen 200 und 167 v. Chr. auch die Herrschaft über das östliche Mittelmeer. 146 v. Chr. wurde die Stadt Karthago zerstört, über hundert Jahre lang der ärgste Rivale Roms im Mittelmeerraum. 58–51 v. Chr. konnte Julius Cäsar noch ganz Gallien dem römischen Territorium hinzufügen.

Strukturelle Probleme

Aber gegenüber der Außenpolitik schoben sich während der Revolutionszeit 133–31 v. Chr. die innenpolitischen Krisen zunehmend in den Vordergrund. Die Strukturen des Stadtstaates waren überfordert mit der Herrschaftsausübung über ein derartig großes Reich. Die Armee, seit 104 v. Chr. ein Berufsheer, stellte einen immer schwerer wiegenden Machtfaktor im Staatsgefüge dar. Die Soldaten, deren Altersversorgung oft genug vom politischen Erfolg ihres Feldherrn abhing, wurden immer öfter als Instrument persönlicher und innenpolitischer Rivalitäten ehrgeiziger Männer missbraucht, denen die Gemeinschaftsideale der Republik zunehmend gleichgültig wurden.

Wirtschaftliche Ungleichheit

Die grandiosen militärischen Erfolge, vor allem im Osten, spülten große Reichtümer in die Stadt. Das einfache Volk hatte davon wenig: Es sah die immer komfortabler lebende Oberschicht und die neuen Prachtbauten in der Stadt. Schlimmer war, dass der Zufluss von billigen Sklaven den „Arbeitsmarkt" veränderte. Mancher Handwerker konnte in der Konkurrenz mit großen Manufakturen, die auf unfreie Arbeitskraft aufbauten, nicht bestehen. In der Landwirtschaft war die Lage ähnlich. Kleine Höfe verwaisten schon deshalb, weil die Bauern Jahrzehnte lang im Krieg waren. Die großen Latifundien, mit Sklaven bewirtschaftet, erweiterten sich noch. Akute Not und sozialer Unfrieden waren die Folgen.

Optimaten und Popularen

Kennzeichnend sind Krisen in der politischen Führung, die sich festmachen lassen am permanenten Antagonismus zwischen Optimaten und Popularen, der inhaltlich seit den blutigen Unruhen der Gracchen-Bewegung (133–121 v. Chr.) bestand. Die Popularen versuchten, meist über das Amt des Volkstribunen, Politik für die Masse des

Volks zu machen – zumindest behaupteten sie das. Ihre Themen waren Getreideversorgung, Ackerreform und vermehrte politische Mitsprache für das Volk. Die Optimaten dagegen vertraten die Interessen des Senats, die in der Regel identisch waren mit den Zielen der stets dominierenden aristokratischen Oberschicht.

Politische Grabesruhe

Mit der Alleinherrschaft Cäsars endete der politische Antagonismus zwischen Optimaten und Popularen im Wesentlichen. Cäsar tat das, was seine Nachfolger dann stets wiederholten und institutionalisierten. Mit großzügigen Naturalspenden und Geldgeschenken stellte er das Volk ruhig.

Selbstzerfleischung der römischen Oberschicht

Die Jahre nach der Ermordung Cäsars zwischen 44 und 31 v. Chr. waren von Bürgerkriegen bestimmt, in denen es kaum noch um politische Inhalte ging, sondern vor allem um die Interessen einzelner Feldherrn und Politiker. Wer gerade die Macht hatte, ließ die Anhänger der Gegner gnadenlos verfolgen, auch Oktavian machte da keine Ausnahme. Gewalt und Terror schienen zur Normalität zu werden. Die gesamte Oberschicht Roms erlebte eine enorme personelle Dezimierung. Am Ende dieser Auseinandersetzungen stand Oktavian als alleiniger Sieger da, der nun den Spielraum besaß, eine Neuordnung des Staates herbeizuführen.

MATERIAL

1 Die Ereignisse 44–27 v. Chr. auf einen Blick

44	**15. März**: Ermordung Cäsars. Octavius/Octavianus im Testament adoptiert und zum Erben eingesetzt.
43	**21. April**: Schlacht bei Mutina. Oktavian siegt über Antonius. **19. August**: Oktavian Konsul (Marsch auf Rom). **27. November**: Oktavian schließt mit Antonius und Lepidus das Triumvirat.
42	Schlacht von Philippi: Oktavian und Antonius besiegen Brutus und Cassius.
40	Perusinischer Krieg zwischen Oktavian und Lucius Antonius. **Oktober**: Vertrag von Brundisium. Oktavian erhält den Westen des Reiches, Antonius den Osten, Lepidus Afrika.
38	Oktavians Eheschließung mit Livia Drusilla.
36	Sizilischer Krieg. Seesiege des Agrippa (Feldherr des Oktavian) bei Mylae und Naulochos über Sextus Pompeius. Entmachtung des Lepidus.
35–33	Feldzüge des Oktavian in Pannonien und Illyrien.
31	**2. September**: Sieg Oktavians bei Actium über Antonius und Kleopatra.
30	Einnahme Alexandrias, Tod des Antonius und der Kleopatra. Ende der Bürgerkriege.
29	Neuordnung der östlichen Reichshälfte. Rückkehr des Oktavian nach Rom. Schließung des Janustempels. Bau des Tempels für den vergöttlichten Cäsar (Divus Julius). **3.–15. August**: Feier des Triumphs.
28	Beginn der staatlichen Neuordnung. Abbau der Ausnahmegewalt. Weihung des Tempels des Apollo Palatinus.
27	**13. Januar**: Oktavian legt sämtliche Vollmachten nieder. Formale Wiederherstellung der Republik. **16. Januar**: Befristete Neubeauftragung des Oktavian durch den Senat. Verleihung des Ehrennamens Augustus. Beginn des Prinzipats.

Das römische Reich von der Republik bis zum Tod Kaiser Trajans (117 n. Chr.).

MATERIAL

2 Endzeit: Kampf der Militärdiktatoren um die Macht im Staat

Der Althistoriker Jochen Bleicken beschreibt die politischen Entwicklungen im römischen Reich, die zur Begründung des Prinzipats geführt haben.

Schon die ersten Tage nach der Ermordung Cäsars zeigten, dass die alte aristokratische Gesellschaft nicht mehr fähig war, die politischen Geschicke wieder in die Hand zu nehmen.
Cäsarmörder und Cäsarianer, unter ihnen der sich jetzt vordrängende Konsul M. Antonius (Cäsar selbst war der andere Konsul des Jahres gewesen), vereinbarten bereits am 17. März einen Ausgleich, der einem Verzicht der Attentäter auf ihre Ziele gleichkam. Da Antonius die Stimmung in der Stadt zugunsten der Cäsarianer beeinflussen konnte, verließen die meisten Attentäter Rom, gingen, wie Decimus Brutus, in ihre Provinzen oder hielten sich in der Nähe Roms auf. Antonius, der die Volksversammlungen in der Hand hatte, ließ sich nun das jenseitige und diesseitige Gallien auf fünf Jahre, also ein außerordentliches Kommando nach dem Muster des Cäsarischen, übertragen; die Mörder hingegen erhielten nur unwichtige Gebiete als Provinzen. Als Brutus und Cassius in den Osten abgingen, um hier unter Nichtachtung der von Antonius durchgesetzten Volksbeschlüsse auf eigene Faust den Widerstand zu organisieren, schienen die Fronten abgesteckt. Aber in Rom, das von den Cäsarmördern bereits aufgegeben worden war, begann Cicero den Widerstand zu organisieren, und es erwuchs so dem Antonius in dem von ihm bereits als Einflusszone betrachteten Kerngebiet des Reiches ein erbitterter Gegner. Weitgehend auf sich allein gestellt, hielt Cicero seit dem 2. September seine Reden gegen Antonius (Philippische Reden ...).
In Italien erhoffte er sich dabei Unterstützung von dem jungen C. Octavius, einem Großneffen Cäsars, der durch testamentarische Adoption der Sohn Cäsars geworden war und sich nun C. *Julius Cäsar Octavianus* nannte. Oktavian betrachtete sich als Erben Cäsars, und die Menschen in der Hauptstadt und die Veteranen Cäsars strömten ihm als dem Namensträger ihres geliebten Patrons zu. Da er der natürliche Rivale des Antonius war, unterstützte Cicero nach dem Abgang des Antonius in seine Provinzen dessen militärischen Ehrgeiz. Nachdem sich auch die neuen Konsuln des Jahres 43, Hirtius und Pansa, dem Senat unterstellt hatten, schien eine Koalition gegen Antonius zustande gekommen zu sein. In den schon bald beginnenden militärischen Operationen in Oberitalien wurde denn auch Antonius besiegt, zuletzt bei Mutina (daher *bellum Mutinense*); doch die beiden Konsuln fielen im Kampf, und unmittelbar darauf zeigte es sich, dass Oktavian kein gewachsener Bundesgenosse der Republik, sondern nur ein Rivale mehr unter den Militärpotentaten war: Als Antonius nach Westen entwich und sich dort mit dem Statthalter M. Aemilius Lepidus zusammentat, schloss Oktavian sich ihnen an. Der Wechsel war ihm den Verrat an der Senatspartei wert; war er doch nun von den Cäsarianern offiziell anerkannt.
Oktavian hatte bereits im August Rom besetzt, hatte dort durch ein Gesetz (*lex Pedia*) die Cäsarmörder ächten lassen und damit den Widerstand der Senatspartei in Rom erstickt. Im November 43 berieten sich dann die drei im Angesicht aller ihrer Legionen (es waren 28!) in Bononia (Bologna) und kamen überein, eine gesetzlich abgesicherte gemeinsame Herrschaft, eine Art mehrstellige Militärdiktatur auf 5 Jahre (bis 38) zu gründen. [...] Man beschloss auch eine grausame Abrechnung mit allen politischen Gegnern, die nach dem Muster der sullanischen Proskriptionen auch sofort begann. Ca. 300 Senatoren und 2000 Ritter fanden den Tod; auch Cicero wurde am 7. Dezember 43 ein Opfer des Blutrauschs. Diese Proskriptionen bedeuteten das physische Ende der alten Aristokratie; was übrig blieb, war zur Übernahme der Regierung schon zahlenmäßig nicht mehr in der Lage. [...]
Das einzige Ergebnis des Attentats auf Cäsar war, dass die Welt nun drei anstatt einen Herrn hatte. Cäsar wurde, vielleicht schon vor der Schlacht, spätestens aber 39/38, vom Senat offiziell zum Gott erklärt (*Divus Julius*; Oktavian wurde damit *Divi filius*, also der Sohn eines Gottes) und damit die Herrschaft der Erben Cäsars legitimiert.
Das folgende Jahrzehnt ist erfüllt von der Rivalität der Gewaltherrscher. Da die machtpolitische Basis der Triumvirn das Heer war, schien jeder

Karl Theodor von Piloty (1826–1886), *die Ermordung Cäsars*; *Landesmuseum Hannover.*

Ausgleich unter ihnen nur der Schaffung eines Spielraumes für eine bessere militärische Ausgangsposition zu dienen. [...] Oktavian und Antonius haben sich nach vielerlei Reibereien anlässlich einer persönlichen Begegnung bei Tarent erneut verglichen (37). Sie kamen u. a. auch überein, das Triumvirat um weitere fünf Jahre zu verlängern. Als ein Versuch des Lepidus, sich gegenüber Oktavian selbständig zu behaupten, von Oktavian mit dem Einzug seiner Provinzen bestraft worden war (Lepidus blieb am Leben und behielt auch bis zu seinem Tode 12 v. Chr. das Oberpontifikat), war das römische Reich unter ihm und Antonius in einen westlichen und einen östlichen Machtbereich aufgeteilt.

Die beiden Herrscher begannen sich immer deutlicher auf den Ausbau ihrer Reichshälften zu konzentrieren; Antonius schien sich dabei bisweilen hellenistischen Praktiken der Staatsführung zu nähern. Dies sah jedenfalls so aus, und der Anschein wurde genährt durch seine Heirat mit Kleopatra, der Königin von Ägypten (36). Mangelnde politische Aktivität und allzu starkes Engagement im Hof- und Privatleben entfremdete ihn zusehends dem Westen und stärkte die Position Oktavians, der sich zwischen 35 und 33 in Illyrien endlich auch die überfälligen kriegerischen Lorbeeren geholt (er drang weit in das Innere des heutigen Jugoslawien vor und legte damit den Grund für die politische Neuordnung des Balkan) und sich so dem berühmten Feldherrn Antonius ebenbürtig erwiesen hatte. Die Gegensätze wuchsen, und die militärische Entscheidung schien bald unausweichlich. Oktavian bereitete sie auch propagandistisch vor, indem er dem Antonius und seinem griechischen Anhang das italisch nationale Element entgegenhielt. [...]

Zur Zeit der Schlacht von Actium war die gesetzliche Triumviratsgewalt bereits abgelaufen. Beide Potentaten regierten und kämpften ohne „republikanische" Legitimation, wie wenig diese auch noch bedeuten mochte. Sie waren klassische Militärdiktatoren. Oktavian, der aus einem italischen Nationalgedanken und aus der altrömischen Tradition neue Kräfte zu schöpfen suchte, hat diesen Mangel durch einen Schwur der Bürger Italiens auf seine Person auszugleichen gesucht; doch war ein solcher Gefolgschaftseid nur ein anderer Ausdruck für eine monarchische Legitimation. Der Ausgleich mit der Vergangenheit, und das hieß insbesondere mit der Aristokratie, durfte sich hingegen gerade nicht auf den monarchischen Gedanken stützen, sondern verlangte umgekehrt die möglichst gute Verdeckung der monarchischen Struktur, auf welche die politischen Verhältnisse der vergangenen 30 Jahre allerdings zugelaufen waren. Oktavian hat diesen Ausgleich dann im Jahre 27 vollzogen, indem er seine politische Macht in die Formen der alten *res publica* kleidete. Mit dieser neuen Staatsform, dem Prinzipat, beginnt die Geschichte der römischen Kaiserzeit. Augustus, wie Oktavian seit 27 v. Chr. auf Beschluss des Senats genannt wurde, ist der erste Monarch der neuen Ordnung, aber er wie auch die Senatsaristokratie wollte in ihr nicht den Beginn einer neuen, sondern die Fortsetzung der alten Ordnung (*res publica restituta*) sehen.

Jochen Bleicken, Geschichte der Römischen Republik, 3. überarb. Aufl., München 1988, S. 90–93.

1. Entwerfen Sie auf der Grundlage der Karte S. 77 einen Vortrag zum Thema „300 Jahre Expansion Roms".
2. Schreiben Sie unter Auswertung von M 1 und M 2 einen Zeitungsartikel mit der Überschrift „Fast 20 Jahre Bürgerkrieg. Sieger Augustus".
3. Erläutern Sie die Zusammenhänge zwischen römischer Innen- und Außenplitik.
4. Vergleichen Sie die moderne Bewertung von Oktavians Weg zur Macht (M 2) in den Jahren 44 bis 27 v. Chr. mit dem Tatenbericht des Augustus und den Annalen des Tacitus. (S. 55–66)
5. Diskutieren Sie aufgrund Ihres Vergleichs erneut den Ideologiegehalt von Tatenbericht und Annalen.

4.2 Das System der römischen Republik

Die Senatsaristokratie

Wie funktionierte dieser kleine Stadtstaat, der über Jahrhunderte so ungeheuer erfolgreich war? Nach dem Sturz des keltischen Königtums um 500 etablierten die maßgeblichen Familien eine aristokratische Republik, deren wichtigste Prinzipien die Wählbarkeit, die Kollegialität und der rasche Austausch von Amtsinhabern waren. Die Kontrolle über den korrekten Ablauf der politischen Geschäfte hatte das große Gremium, das sich durch ehemalige Amtsinhaber stets erneuerte: der Senat.

Die römischen Beamten

Die Zahl der leitenden Beamten war nicht groß und wurde auch während der gesamten Expansionszeit nur geringfügig vermehrt. Alle Ämter waren ehrenamtlich, von wenigen Spezialdiensten abgesehen, gab es keinen bürokratischen Apparat. Das bedeutet, dass die Beamten nicht nur über genügend Vermögensrückhalt für ihren eigenen Lebensunterhalt verfügen mussten, sondern sie finanzierten auch die Hilfskräfte selbst – und nicht zuletzt ihren „Wahlkampf". In der späten Republik wurden Wählerstimmen über ein ausgefeiltes Verteilernetz regelrecht gekauft, und mancher Kandidat für ein hervorragendes Amt ruinierte sich durch eine Wahlniederlage.

Kriegführung in der Republik

Die Kriegführung war in der frühen und mittleren Republik gut in das republikanische System eingepasst. Die obersten Feldherrn waren die Konsuln. Lief ihre (zivile) Amtszeit ab, wurden sie auch ihrer militärischen Funktion enthoben. Die Konsuln beteiligten sich aktiv am Feldzug – oftmals beide zusammen mit täglich wechselnder oberster Befehlsgewalt. Viele von ihnen starben im Kampf. Die Soldaten waren – bis zum Jahr 104 v. Chr. – Bürger, die zum Wehrdienst verpflichtet waren. Auch sie blieben in das

System der Republik eingebunden. Die einzige Ausnahme war das Amt des Diktators, das in großen Notlagen von einem einzelnen Mann versehen wurde, allerdings streng auf sechs Monate begrenzt.

Machtbalance und Einklang mit den Göttern

Argwöhnisch hüteten die Römer über Jahrhunderte hinweg die Machtverteilung im Staat. Nennenswerte Umsturzversuche hat es nicht gegeben. In der frühen und mittleren Republik scheinen alle Beteiligten fest an die Notwendigkeit der Spielregeln und die damit verbundenen Pflichten für den Einzelnen geglaubt zu haben. Das lag auch daran, dass für alle Ämter die Verbindung zum sakralen Bereich maßgeblich war. Die Magistrate waren dafür verantwortlich, dass die Gemeinschaft im Einklang mit dem Willen der Götter handelte. Die Priesterschaft sorgte unter anderem dafür, dass dieser Götterwille bekannt gemacht und manchmal auch ein bisschen beeinflusst wurde.

MATERIAL

Die Verfassung der römischen Republik 1

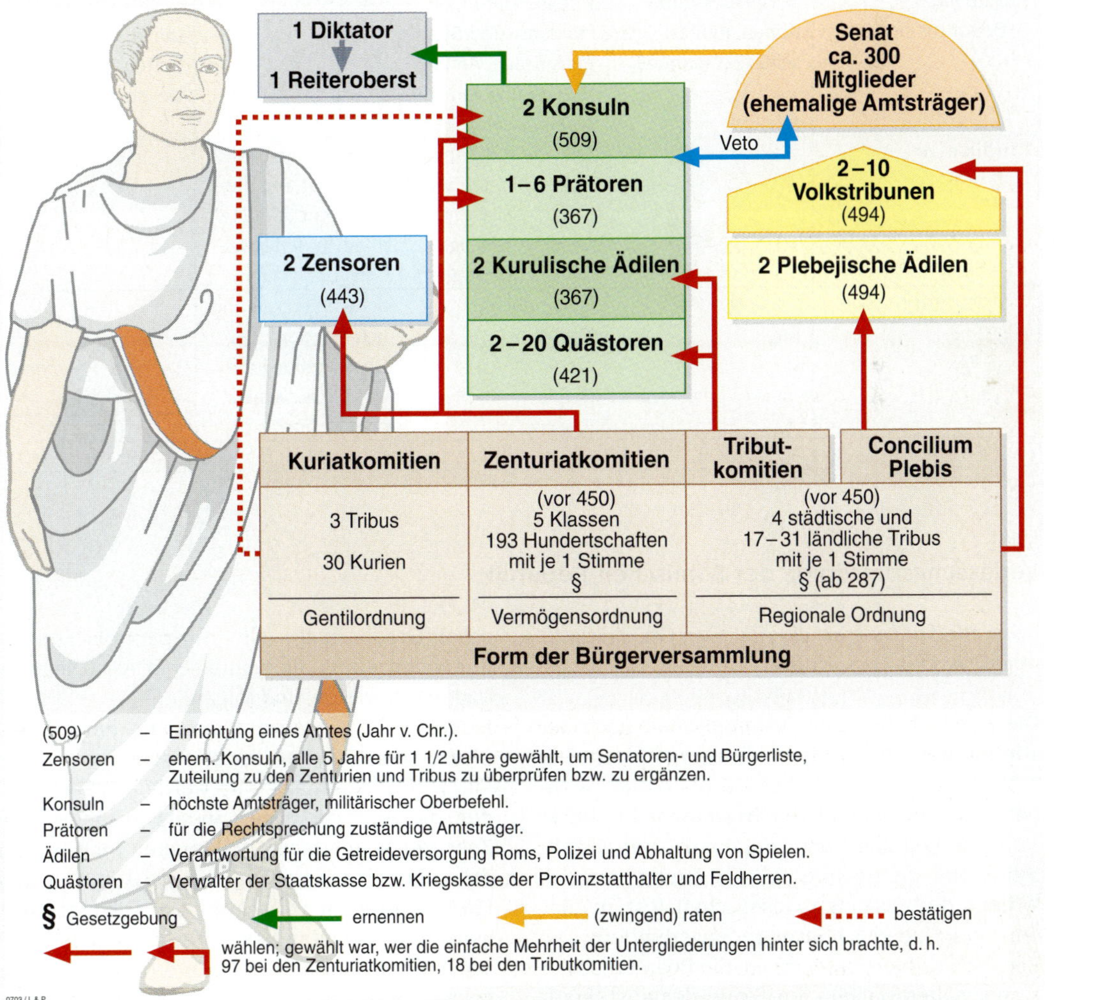

(509) – Einrichtung eines Amtes (Jahr v. Chr.).
Zensoren – ehem. Konsuln, alle 5 Jahre für 1 1/2 Jahre gewählt, um Senatoren- und Bürgerliste, Zuteilung zu den Zenturien und Tribus zu überprüfen bzw. zu ergänzen.
Konsuln – höchste Amtsträger, militärischer Oberbefehl.
Prätoren – für die Rechtsprechung zuständige Amtsträger.
Ädilen – Verantwortung für die Getreideversorgung Roms, Polizei und Abhaltung von Spielen.
Quästoren – Verwalter der Staatskasse bzw. Kriegskasse der Provinzstatthalter und Feldherren.

§ Gesetzgebung — ernennen — (zwingend) raten — bestätigen

wählen; gewählt war, wer die einfache Mehrheit der Untergliederungen hinter sich brachte, d. h. 97 bei den Zenturiatkomitien, 18 bei den Tributkomitien.

MATERIAL
2 Übersicht zu den Volksversammlungen in der Römischen Republik

	comitia curiata	comitia centuriata	comitia tributa	concilium plebis
Wahleinheiten	30 curiae – je 10 den drei alte Stämmen Titier, Ramner und Lucerer	193 centuriae	35 tribus	35 tribus
Zusammensetzung	1 Liktor pro *curia*	alle Bürger	alle Bürger	Plebs
Vorsitzender	Konsul, Prätor, Pontifex Maximus	Konsul, Prätor, Diktator	Konsul, Prätor, kurulischer Ädil	Volkstribun, plebejischer Ädil
Wahlen	–	Konsuln, Prätoren, Zensoren	kurulische Ädilen Quästoren, niedere Magistrate Sonderbevollmächtigte	Tribunen, plebejische Ädilen, Sonderbevollmächtigte
rogationes (Beschlussfelder)	*lex curiata*: Adoptionen, militärische Kommandos	Kriegserklärungen, Friedens- und Bündnisverträge, Amtsbestätigung von Zensoren, Gesetzgebung	Gesetzgebung	Gesetzgebung (nach 287 v. Chr. hatten Plebiszite Gesetzeskraft)
Judikative	–	Anklage von Kapitalverbrechen (allmählich den *quaestiones* = Geschworenengerichten übertragen)	Verbrechen gegen den Staat, auf die Geldstrafe stand (allmählich den *quaestiones* übertragen)	–
Versammlungsort	*comitium* oder Kapitol	gewöhnlich Marsfeld	bei Wahlen gewöhnlich Marsfeld, bei Gesetzgebung gewöhnlich *comitium* oder Kapitol	–

Nach: Michael Crawford, Die römische Republik, 3. Aufl., München 1987, S. 222.

MATERIAL
3 Verfassungsprinzipien der Römischen Republik

Jochen Bleicken beschreibt die wichtigsten Grundsätze der republikanischen Beamtenschaft.

Die Römer haben ihre Beamtenschaft nach bestimmten Rechtsprinzipien durchorganisiert. Der größte Teil des öffentlichen Rechts betraf sie. In dem gut durchgebildeten Beamtenrecht drückt sich das Bemühen der aristokratischen Gesellschaft aus, die Beamten als die Exekutoren des Willens der gesamten Gesellschaft fest zu binden und Eigenmächtigkeiten zu verhindern. Die Rechtsprinzipien, unter denen die Beamtenschaft stand, galten daher – im Sinne der aristokratischen Gesellschaft – als Prinzipien der Freiheit, ihre Übertretung als tyrannischer Akt. Die wichtigsten Prinzipien sind folgende:
Jeder römische Magistrat amtierte nur ein Jahr (Prinzip der Annuität des Amtes). [...]
Für zwei Sondermagistrate wurde aus Sachgründen die Amtszeit etwas anders festgelegt. Die Zensoren waren bis zu 18 Monaten im Amt, weil ihre zahlreichen und langwierigen Aufgaben eine längere Amtszeit verlangten. Der Diktator dagegen, der als Notstandsbeamter besonders starke Vollmachten hatte, durfte nur 6 Monate im Amt sein. [...]

Szene aus dem dritten Akt der Tragödie „Gracchus der Volkstribun" nach Johann Jakob Bodmer, aufgeführt 1873 am Wiener Burgtheater; zeitgenössischer Stich aus der „Leipziger illustrierten Zeitung" nach einer Zeichnung von Vincenz Katzler.

Das zweite Prinzip, unter das die römische Magistratur gestellt war, ist die Kollegialität. Jeder römische Magistrat – mit Ausnahme des Diktators, der sozusagen alle Kräfte des Staates in seiner Person vereinen sollte – hatte einen oder mehrere Kollegen. [...]
Neben dem Prinzip der Kollegialität stand das des Verbietungsrechts (Veto) der höheren gegenüber der niederen Amtsgewalt. [...]
Weitere wichtige Rechtsprinzipien waren die Verbote, an ein Amt ein anderes Amt unmittelbar anzuschließen (Verbot der Kontinuation des Amtes) und dasselbe Amt, sei es nun in kürzeren oder in längeren Intervallen, zwei- oder gar mehrere Male zu bekleiden (Verbot der Iteration des Amtes). [...]
Seit jeher galt ferner die Vorschrift, dass nicht eine Person gleichzeitig mehrere Ämter in einer Hand vereinen durfte (Verbot der Kumulation von Ämtern). Sie ist streng eingehalten worden.

Jochen Bleicken, Die Verfassung der Römischen Republik. Grundlagen und Entwicklung, 4. Aufl., Paderborn u. a 1985, S. 75–81.

1. Stellen Sie aus M 1, M 2 und M 3 die einzelnen Elemente der Verfassung der Römischen Republik zusammen.
2. Stellen Sie Zusammensetzung und Funktion der verschiedenen Versammlungsgremien vor. (M 2)
3. Bewerten Sie den Sinn der „Verfassungsprinzipien". (M 3)
4. Erläutern Sie die Verfassung der Römischen Republik unter dem Aspekt der „Gewaltenteilung".
5. Entwickeln Sie eine Definition des Regierungssystems der Römischen Republik.
6. Vergleichen Sie die erarbeitete Definition der republikanischen Verfassung mit dem Regierungssystem der Bundesrepublik Deutschland. Erläutern Sie, warum viele moderne Staaten „Republik" heißen.

4.3 Funktionen des augusteischen Staates

Ein Erfolgsmodell

Die heutigen demokratischen Gesellschaften fühlen sich in vieler Hinsicht mit der römischen Republik verwandt. Es war aber die Prinzipatsverfassung, die die längste Zeit der folgenden europäischen Geschichte maßgeblich beeinflusst hat. Zum einen hat der römische „Staat" formal bis in die frühe Neuzeit Bestand gehabt: Die byzantinischen Herrscher beriefen sich ebenso auf Rom wie die Kaiser des Heiligen Römischen Reichs deutscher Nation. Im Prinzipat liegen die Wurzeln des modernen Territorialstaats, hier sind die Anfänge einer professionellen Verwaltung angesiedelt, ja im Grunde die Anfänge staatlicher „Obrigkeit" schlechthin. Der Prinzipat hat sich langfristig als sehr erfolgreich erwiesen.

Tradition und Neubeginn

Dabei trug dieses System zu Anfang durchaus provisorische Züge. Augustus und seine Mitarbeiter unternahmen keine Revolution und keine Neugründung. Im Gegenteil bemühten sie sich, die alten Traditionen der Republik zu erhalten. Wie ist ihnen dies gelungen? Andersherum: Wie ist es ihnen gelungen, auf der Basis weiterbestehender Institutionen ein neues, funktionstüchtiges Herrschaftssystem zu etablieren?

MATERIAL

1 Die römische Prinzipatsverfassung

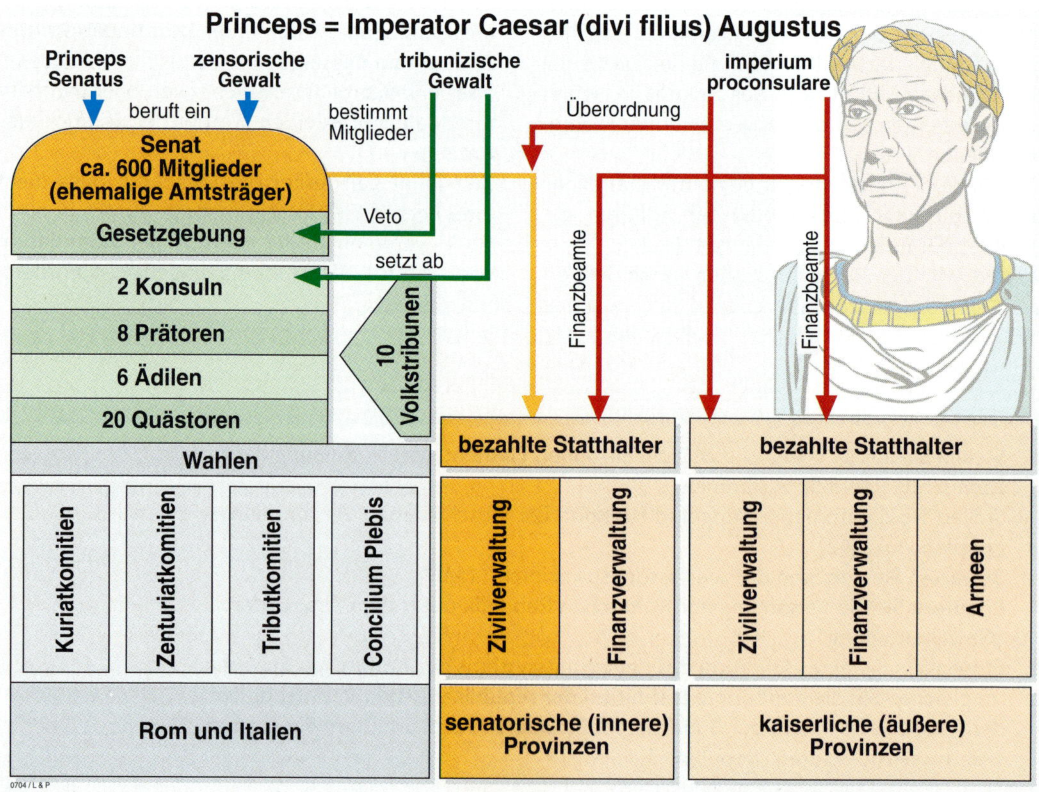

MATERIAL 2

Die Rechte des Prinzeps: Das Heer und die Provinzen sind die Stützen seiner Macht

Aus der römischen Prinzipatszeit sind sehr viel mehr Schriftquellen überliefert als aus der Zeit der Republik. Daher sind wir über die politischen Mechanismen des Prinzipats recht gut informiert. Jochen Bleicken erläutert 1981 die verfassungsrechtliche Stellung des Prinzeps.

Das Kernstück der kaiserlichen Gewalt war der Oberbefehl über das Heer. Oktavian/Augustus hatte das Heer auf Grund des Treueverhältnisses, das die Soldaten zu ihm eingegangen waren, zu seiner Disposition: Er war der Patron aller Soldaten, die Soldaten seine Clienten; er verfügte also kraft des sozialen Bandes der Clientel über das Heer. Aber dieses Verhältnis war kein Rechtsverhältnis, sondern gerade die Basis der Militärdespotie, die jetzt überwunden werden sollte. In der *res publica restituta* musste darum das Heereskommando, auf das Augustus selbstverständlich nicht verzichten wollte und konnte, in eine Rechtsgewalt verwandelt werden, die es gestattete, den neuen Machtfaktor mit der alten Tradition zu versöhnen. Dies geschah nun dadurch, dass Augustus Statthalter in allen Provinzen wurde, in denen Heere standen, also in den drei gallischen Provinzen, die Cäsar erobert hatte [...], in Syrien usw. Die Statthalterschaft wurde ihm nicht auf ein Jahr, sondern auf Lebenszeit verliehen (ganz am Anfang hatte es noch Begrenzungen auf fünf bzw. zehn Jahre gegeben, doch waren sie schon unter Augustus praktisch weggefallen). In seinen Provinzen hatte Augustus, wie jeder Beamte in der Republik auch, das Imperium inne, d.h. er besaß die absolute Befehlsgewalt über die dort stehende Truppe wie selbstverständlich auch die gesamte zivile Verwaltung der Provinz. Da seit Sulla die Provinzen stets nach einem Amt in Rom verwaltet wurden, der Konsul demnach erst nach dem Amt als Prokonsul, der Prätor nach dem seinen als Proprätor Statthalter wurde, war die Statthalterschaft eine Promagistratur und die Befehlsgewalt des Statthalters, das Imperium, ein *imperium proconsulare*. Als Statthalter mehrerer Provinzen konnte sich Augustus selbstverständlich nicht in allen seinen Provinzen persönlich aufhalten; allenfalls hat er einzelne Provinzen einmal besucht, meist blieb er jedoch in der Reichszentrale, von wo aus er seinen Verwaltungsbereich lenkte. Für die Provinzialverwaltung an Ort und Stelle ernannte er persönliche Stellvertreter, die an seiner statt die Geschäfte leiteten. Sie waren an seine Weisungen gebundene (Unter)Beamte (*legati*), denen er ein auf seinem prokonsularischen Imperium fußendes (gleichsam aus diesem Imperium abgeleitetes) Imperium mit einer Kommandogewalt verlieh, die als eine proprätorische und damit den meisten ordentlichen Statthaltern gleichgestellte Gewalt gedacht wurde (*legati Augusti pro praetore*). Diejenigen Provinzen, über die Augustus nicht verfügte, wie z.B. Gallia Narbonensis und Asia, wurden von Prokonsuln gelenkt, die der Senat bestellte. Über sie hatte Augustus formalrechtlich keine Gewalt.

Augustus steht als der Inhaber eines Bündels von gleichen Ämtern (Statthalterschaften) vor uns. Sowohl er selbst wie seine Nachfolger haben dieses Ämterbündel übrigens nicht mit dem traditionellen Begriff für die Statthalterschaft, nämlich *proconsul*, benannt; [...]. Es wurde vielmehr diese Rechtsgewalt über eine Anzahl von Provinzen offiziell als *imperium proconsulare* bezeichnet und dadurch (wie auch durch den Verzicht, diese Bezeichnung in die offizielle Titulatur aufzunehmen) vermieden, den Kaiser, wie wir den Inhaber jenes vielfältigen Bündels von Rechtskompetenzen nun auch nennen können, als den Inhaber einer größeren Anzahl von Magistraturen (Augustus erhielt 12 von den damals 22 Provinzen) auszuweisen. Es diente hier also das Wort für den Inhalt der statthalterlichen Amtsgewalt, das im Singular gegeben wurde, zur Umschreibung des Amtes selbst. Bei den republikanischen Ämtern, die ein Imperium, also eine u.a. auch militärische Kommandogewalt hatten (Konsulat, Prätur), ist gelegentlich schon in der Republik *imperium* für die Magistratur selbst (also für *consul, praetor*) gesetzt worden, da *imperium* als die eigentliche Wesensbestimmung des höchsten Amtes synonym für das Amt gebraucht werden konnte. Doch deutet sich hier etwas an, das dann für die Struktur der kaiserlichen Gewalt typisch werden sollte: Die Trennung von Amt und Amtsgewalt.

Jochen Bleicken, Verfassungs- und Sozialgeschichte des Römischen Kaiserreichs, Bd. 1, 2. verb. Aufl., Paderborn 1981, S. 27 ff.

MATERIAL

3 Was bringt dem Prinzeps die Verfügung über die tribunizische Gewalt?

Die Trennung von Amt und Amtsgewalt zeigt bereits sehr scharf diejenige Rechtsgewalt, die nächst dem *imperium proconsulare* die wichtigste kaiserliche Gewalt war, nämlich die Gewalt des Volkstribunen (*tribunicia potestas*). Sie erhielt Augustus spätestens im Jahr 23 v. Chr. in ihrem vollen Umfang. Diese Gewalt gab dem Kaiser die Möglichkeit, in Rom, wo das prokonsularische Imperium keine Wirkung hatte, von Rechts wegen politisch aktiv zu werden. Die Gewalt des Volkstribunen eignete sich aus verschiedenen Gründen zu diesem Zweck besonders gut. Denn der Volkstribun, der in den Ständekämpfen der frührepublikanischen Zeit (5.–4. Jahrhundert v. Chr.) der Führer im innenpolitischen Kampf gegen den damaligen Adel gewesen war, hatte sich auf der innenpolitischen Bühne eine Anzahl von Machtmitteln geschaffen, die beinahe alle denkbaren Möglichkeiten eines römischen Magistrats einschlossen. Zu den Gewalten des Volkstribuns gehörte vor allem sein Antragsrecht vor der Volksversammlung, durch das er die Initiative für Gesetze und Strafanklagen hatte, ferner das Recht, den Senat zu versammeln und vor ihm Anträge zu stellen, und ein allgemeines Hilferecht gegenüber jedermann, durch das er in die verschiedensten Entscheidungsprozesse eingreifen konnte. Schließlich besaß er ein allgemeines Verbietungsrecht (Veto) gegenüber allen Magistraten, auch den obersten Beamten, den Konsuln, durch das er jede Handlung eines jeden Magistrats zu verhindern imstande war. Endlich war um den Volkstribunen ein religiöser Bannkreis gelegt worden (*sacrosanctitas*), der ihn in den Ständekämpfen vor dem Zugriff der Staatsgewalt hatte schützen sollen und ihm auch nach Abschluss dieser Kämpfe in Form einer persönlichen Unantastbarkeit geblieben war. [...]

Wenn Augustus nicht Volkstribun wurde, sondern lediglich die tribunizische Gewalt, d. h. die volle Amtsgewalt eines Volkstribunen erhielt, war das darin begründet, dass er, wie alle Kaiser nach ihm, Patrizier war und als solcher das Amt eines Volkstribunen nicht bekleiden durfte. An sich war das ein alter Zopf, der sich auf die frührepublikanische, also vor mehreren hundert Jahren relevante Unterscheidung von patrizischem Adel und plebejischer Bauernschaft bezog. In den Ständekämpfen hatte diese Unterscheidung zunächst die streitenden Parteien konstituiert, doch bereits in der Schlussphase des Kampfes an Bedeutung verloren; einzelne plebejische Familien waren schließlich soweit aufgestiegen, dass sie sogar den Anspruch erheben konnten, zum Adel gezählt zu werden. [...] Es gab manche plebejische Geschlechter, die an Einfluss und Ansehen den patrizischen nicht nachstanden. Aber es war immer dabei geblieben, dass die Volkstribune, die als Vorkämpfer und Führer der Plebejer gegen den patrizischen Staat im 5. und 4. Jahrhundert selbstverständlich Plebejer gewesen waren, weiterhin Plebejer sein mussten. Augustus, der das republikanische Staatsrecht wieder zur Geltung bringen wollte, hätte diese Vorschrift nicht ohne Anstoß beseitigen können. Wollte er selbst die Macht des Volkstribunen für seine Zwecke nutzen, war folglich die Trennung von Amt und Amtsgewalt notwendig geworden: Der Kaiser erhielt die *potestas* des Tribunen, ohne das Amt des Tribunen zu bekleiden, und das konnte er eben auch als Patrizier. Im Grunde ist diese Trennung von Amt und Amtsgewalt ein ziemlich ausgekochter Advokatentrick, um einem Patrizier zu ermöglichen, ein Amt zu bekleiden, das er seinem Stande nach nicht innehaben durfte. Aber der Zwang der Verhältnisse, der in dem bestimmten Wunsch des mächtigsten Mannes nach dem Besitz des Volkstribunats lag, verlangte diese Prozedur. Man sieht hier deutlich, wie sich die republikanische Rechtstradition, die doch jetzt gerade wieder aufgerichtet werden sollte, den neuen Bedürfnissen, nämlich der veränderten machtpolitischen Situation, anpassen musste und wie sie sich dabei veränderte. Seitdem der Kaiser die tribunizische Gewalt besaß, also seit dem Jahre 23 v. Chr., brauchte er dann nicht mehr alljährlich das Konsulat zu bekleiden, das bis dahin die Basis seiner rechtlichen Aktivität in Rom gewesen war. Es machte bei den Republikanern auch einen schlechten Eindruck, dass er jedes Jahr eines der beiden Konsulate innehatte und damit kontinuierlich im Besitze des höchsten Amtes war.

Jochen Bleicken, Verfassungs- und Sozialgeschichte des Römischen Kaiserreichs, Bd. 1, 2. verb. Aufl., Paderborn 1981, S. 25–32.

Senatssitzung im Jahr 63 v. Chr., im Vordergrund der angebliche Verschwörer Catilina; Gemälde von Cesare Maccari 1882/88 (Palazzo Madama, Rom).

MATERIAL 4

Der Willen des Prinzeps ist stärker als das alte Geburtsrecht

Jochen Bleicken erläutert die verfassungsrechtlichen Änderungen, die sich damit ergeben, dass der Prinzeps auch das Amt des Zensors und des obersten Priesters innehat.

Unter den Einzelrechten des Kaisers seien zunächst die aus der Zensur entwickelten Rechte der Patrizierernennung und der Zuwahl (*adlectio*) zu den Senatoren genannt. An ihnen lässt sich auch die unter dem Druck der neuen Verhältnisse sich abzeichnende Wandlung des Rechts am besten aufzeigen. Die Patrizier waren die Nachkommen der ältesten Adelsgeschlechter Roms, die zusammen mit plebejischen Geschlechtern im 4. und 3. Jahrhundert v. Chr. die neue Adelsgesellschaft, die Nobilität, gebildet hatten. Ihr Weiterleben war in erster Linie aus kultischen Gründen unerlässlich: Etliche Priester mussten Patrizier sein, wenn denn die von ihnen vorgenommenen religiösen Handlungen gültig sein sollten. Darüber hinaus bildeten die Patrizier seit altersher im Senat eine besonders angesehene Gruppe, so dass die patrizische Abstammung auch ein zusätzliches Element der Gliederung der aristokratischen Gesellschaft darstellte. Das Recht der Patrizierernennung hatte sich aus der Aufstellung der Senatsliste durch den Zensor entwickelt: Früher hatte der Zensor die im Senat sitzenden Angehörigen des alten patrizischen Adels (also alle Patrizier, die Ämter bekleidet hatten) verlesen und damit deren Senatorenwürde offiziell bestätigt; in älteren Zeiten hatte er gelegentlich auch einen angesehenen Patrizier, der noch kein Amt bekleidet und darum keinen Anspruch auf einen Senatssitz hatte, wegen der Würde seiner Person von sich aus der Liste dazugesetzt. Da der Patriziat ein Geburtsadel war, hatte jedoch in republikanischer Zeit die Beförderung einer Person zum Patrizier außerhalb jeder Möglichkeit gelegen. Das kaiserliche Recht der Patrizierernennung, das aus der alten zensorischen Gewalt kaum mehr abgeleitet werden konnte, sprengte demnach den Rahmen der republikanischen Tradition. [...]

Zu den Ämtern, Amtsgewalten und Einzelrechten des Kaisers kam dann noch das *Oberpontifikat*, also die Leitung des Pontifikalkollegiums, hinzu. Da der sakrale Bereich (*sacrum*) engstens mit dem öffentlichen (*publicum*) verknüpft war und es daher immer Möglichkeiten gegeben hatte, politische Aktionen mit Hilfe religiöser Bedenken zu lähmen oder gar zu verhindern, war es notwendig, dass der Kaiser auch den großen Apparat des Sakralrechts in der Hand hatte. Dem *pontifex maximus* kam bei der Verwaltung der vielgestaltigen staatlichen Obliegenheiten im sakralen Bereich eine entscheidende Funktion zu; denn die Gutachten sakraler Natur, die eventuelle politische Aktionen hemmen oder begünstigen konnten, wurden von dem Pontifikalkollegium gemacht.

Jochen Bleicken, Verfassungs- und Sozialgeschichte des Römischen Kaiserreichs, Bd. 1, 2. verb. Aufl., Paderborn 1981, S. 32–35.

MATERIAL

5 Wahlen und Anträge: Republikanische Mechanismen in der Monarchie?

Da die Magistrate weiterhin – die republikanischen Staatsrechtsverhältnisse blieben ja formell bestehen – die Verwaltung Italiens und, nach dem Amt, als Promagistrate die Verwaltung der senatorischen Provinzen besorgten, sie ferner auch über die Ämterlaufbahn in die einzelnen Rangklassen des Senats eintraten, war es für den Kaiser äußerst wichtig, seinen Einfluss auf die Wahlen zu den Magistraturen (Konsulat, Prätur, Ädilität, Volkstribunat, Quästur) zu sichern. Dies erreichte er einmal dadurch, dass er das Recht auf die Prüfung der Qualifikation des Kandidaten erhielt. Das Prüfungsrecht besaßen bisher nur die amtlichen Leiter der Wahlen, also vor allem die Konsuln. Der Kaiser erhielt es nun als ein aus der konsularischen Gewalt (*consularis potestas*) ausgegliedertes Sonderrecht, durch das er konkurrierend zu den Konsuln alle Kandidaten hinsichtlich ihrer Qualifikation prüfen und dann benennen konnte (*nominatio*; Nominationsrecht). Die Anwendung des Nominationsrechts, das formell dem konsularischen gleich war, deckte sehr schnell das Machtgefälle zwischen dem Kaiser und den anderen Faktoren der Rechtsordnung auf: Die meisten Kandidaten haben sich lieber vom Kaiser als von den Konsuln prüfen lassen, weil die Nomination durch den Kaiser eine große Sicherheit dafür gab, auch gewählt zu werden. Für die Magistratswahlen wurde dem Kaiser noch ein weiteres, in seiner Wirkung stärkeres Recht übertragen, nämlich das Recht, dem Wahlgremium einen Kandidaten zu empfehlen (*commendatio*). [...] Die kaiserliche *commendatio* bedeutete bei dem Gewicht des Kaisers ein sicheres Anrecht auf die Wahl; *candidatus Caesaris* zu sein, galt darüber hinaus als eine besondere Ehre. Die eigentliche Wahl nahm dann der Senat bzw. ein aus dem Senatoren- und dem Ritterstand gemischter Wahlkörper vor [...]. Dieser Wahlkörper berücksichtigte selbstverständlich die kaiserlichen Kommendationen. Die Wahl durch ihn machte die Kandidaten allerdings noch nicht zu Beamten, denn die Idee, dass das Amt von der Volksversammlung gegeben wurde, war noch lange lebendig. Die von dem Wahlkörper Bestimmten (technisch hieß dieser Vorgang *destinatio*) wurden daher noch von der Volksversammlung gewählt; da aber jedenfalls die Zahl der destinierten Konsuln und Prätoren genau der Zahl der zu Wählenden gleichkam, war die Tätigkeit der Volksversammlung darauf beschränkt zu akklamieren, und das hat sie denn noch bis in das 2. Jahrhundert hinein getan.

Jochen Bleicken, Verfassungs- und Sozialgeschichte des Römischen Kaiserreichs, Bd. 1, 2. verb. Aufl., Paderborn 1981, S. 33 f.

1. Stellen Sie die verfassungsrechtlichen Elemente zusammen, auf denen die Macht des Prinzeps beruhte. (M 2 – M 5) Was halten sie für besonders wichtig?
2. Bestimmen Sie die Funktion von Senat und Magistraten im Prinzipat. (M 2 – M 5)
3. Erläutern Sie das politische Gewicht, das dem Volk im Prinzipat zukam. (M 5)
4. Erläutern Sie: Im Prinzipat setzt die Trennung von Amt und Amtsgewalt ein. (M 2 und M 3)
5. Vergleichen Sie die Prinzipatsverfassung mit der Verfassung der Römischen Republik. (M 1 und S. 81)
6. Vergleichen Sie Ihre Ergebnisse zur Prinzipatsverfassung mit den Aussagen, die der Tatenbericht des Augustus und die Annalen des Tacitus dazu machen.
7. Entwickeln Sie eine eigene Definition des Regierungssystems des Römischen Reiches zur Zeit des Augustus. Beachten Sie dabei auch die Ansprüche der Togastatue und der Kolossalstatue. (S. 54, S. 74)
8. Diskutieren Sie die Ausgangsfrage. War die römische Republik wiederhergestellt (*restituta*) oder verloren (*amissa*)?

5. Zweitausend Jahre Augustus: Sein Nachleben in Geschichtswissenschaft und Politik

5.0 Was ist Rezeptionsgeschichte?

Ein guter Name

Im Jahr 15 v. Chr. wurde die Stadt Augsburg gegründet. Ihren Namen leitet sie von dem damaligen römischen Herrscher ab. Das Augsburger Stadtmarketing setzt noch heute die Kenntnis des Augustus voraus und hält ihn offensichtlich für einen guten Werbeträger. Trier (Augusta Treverorum) und andere Städte machen es ähnlich.

Widersprüchliche Bilder

Das Werbeplakat ist nur eines von vielen möglichen „Augustusbildern" – im konkreten wie im übertragenen Sinne. Augustus ist in den vergangenen zwei Jahrtausenden sehr unterschiedlich beurteilt worden. Wie an kaum einer anderen historischen Persönlichkeit lässt sich nachweisen, wie sehr späte Urteile nicht nur vom betrachteten Gegenstand, sondern auch vom geistigen, politischen und historischen Umfeld des Betrachters abhängen. Mit der Herausbildung der modernen Geschichtswissenschaft unterlag die Bewertung von Vergangenheit zunehmend rationaler Überprüfbarkeit. In dem Maße, wie sich die Forderung nach Objektivität und vergleichendem Quellenstudium durchsetzte, gewannen auch differenziertere Augustusbilder die Oberhand. Heute wird man in der ernstzunehmenden Forschung nicht mehr die Extrempositionen des „göttlichen Heilsbringers" oder des „blutrünstigen Tyrannen" formuliert finden.

Beliebigkeit?

Das heißt aber keineswegs, dass die Bewertung der Geschichte sich gelöst hätte vom herrschenden Zeitgeist. Nach wie vor sind HistorikerInnen diesem unterworfen. Sobald er sich ändert, wird sich auch unser historisches Urteil immer wieder wandeln. Ebenso werden Veränderungen der politischen, wirtschaftlichen und kulturellen Bedingungen neuerliche Modifikationen zur Folge haben. Das bedeutet nicht, dass es gar keine gesicherten historischen Erkenntnisse gäbe, es bedeutet aber, dass wir zur vorsichtigen Prüfung eines jeden Urteils angehalten werden und zur Frage danach, unter welchen Bedingungen es jeweils zustande gekommen ist.

Herrschaftsdarstellung nach Augustus

Von besonderer Bedeutung ist die historische Einordnung des Prinzipats im Zusammenhang mit dem jeweils herrschenden politischen System. Das hat zwei Seiten: Erstens zeigten in Europa viele Herrscher in ihrer Selbstdarstellung, dass sie die Geschichte des Augustus und seine Bilder kannten. Sie ahmten diese nach und gaben damit wiederum dem Prinzipat des Augustus eine neue Deutung. Zweitens haben Gelehrte und Intellektuelle in ihrer theoretischen Auseinandersetzung mit der Geschichte des Prinzipats zugleich absichtlich oder eher unbewusst Stellung bezogen gegenüber dem Herrschaftssystem oder der Herrscherpersönlichkeit ihrer eigenen Zeit.

Fragen zur Rezeptionsgeschichte

Zu fragen ist anhand der folgenden Materialien, mit welchen Mitteln sich europäische Herrscherfiguren auf Augustus bezogen – oder wie sie sich von ihm abgegrenzt haben. Wie hat sich im Laufe der Jahrhunderte das Bild von Herrschaft schlechthin geändert? Zweitens sind die Quellen daraufhin zu befragen, wie sie das Augustusbild verändern und es für jeweils aktuelle Erkenntnisinteressen instrumentalisieren. Wo und wie setzen sich Historiker unterschiedlicher Zeiten in ihrer Behandlung von Augustus mit der Herrschaft ihrer eigenen Gegenwart auseinander?

Werbung der Stadt Augsburg.

5.1 Vorbild oder Feindbild?
Vorstufen des modernen Augustusbildes

Eine beispielhafte Herrschaft?

Augustus war der erste Mann, der seit dem Beginn der klassischen Antike in Europa über lange Zeit ein großes Reich beherrscht hat. Seine Macht war fast uneingeschränkt, seine Herrschaft war erfolgreich, sein Ruhm groß. Die Jahre seiner Regierung sind ungewöhnlich gut in schriftlichen wie bildlichen Quellen dokumentiert. Daher hat sich die Nachwelt schon frühzeitig ein ziemlich konkretes Bild von Augustus und seiner Epoche machen können. Aus alledem folgt, dass Augustus sich hervorragend dazu eignete, von späteren Herrschern zitiert oder kopiert zu werden. Mehr noch: Er diente als Maßstab und Beispiel für Herrschaft schlechthin. Augustus als Kaiser des römischen Reiches wurde zum Inbegriff weltlicher Macht.

Die Monarchie dominiert in Europa

Die Alleinherrschaft war in den folgenden zweitausend Jahren europäischer Geschichte die meiste Zeit politische Realität oder doch in geringfügigen Variationen wesentlicher Bestandteil der leitenden politischen Theorie. Die „Kaiser“ in der Tradition des Augustus dominierten Europa für über tausend Jahre. Macchiavelli plädierte ebenso für den starken Mann an der Spitze wie die Theoretiker des Absolutismus. Noch die Faschisten haben sich in diesem Punkt gern auf das römische Reich berufen.

MATERIAL

1 Augustus: ein Bestandteil des göttlichen Heilsplans?

Die Althistorikerin Ines Stahlmann erörtert den Umgang spätantiker Gelehrter mit dem Bild des Augustus (1988).

Das von Augustus geschaffene Herrschaftsideal blieb für die gesamte Dauer der römischen Kaiserzeit verbindlich. Auf den divinisierten Schöpfer des Reiches und dessen legitimierende Herrschaftsidee beriefen sich alle nachfolgenden römischen Kaiser, was sich schon in der offiziellen Herrscherbenennung ausdrückt, in die, wie der Name Cäsars, jener des Augustus als titularer Bestandteil Eingang fand.

Auch nach dem Ende des Weströmischen Reichs blieb die Erinnerung an Augustus auf Grund der Tatsache lebendig, dass die Geburt Jesu in die Regierungszeit des ersten Prinzeps fiel. Nachdem zunächst Lukas in seinem auf die Jahre zwischen 70 und 90 n. Chr. zu datierenden Weihnachtsevangelium die Geburt Christi mit dem Census des Augustus lediglich in chronologischen Zusammenhang gebracht hatte, fanden sich bald danach weitergehende Bemühungen, zwischen Christentum und Römischem Reich enge Beziehungen herzustellen. Angesichts der Notwendigkeit, sich mit der römischen Herrschaft zu arrangieren, damit über die Duldung des christlichen Glaubens hinaus auch eine Festigung der Kirche im römischen Staat gewährleistet war, entwickelte die patristische Literatur den Gedanken der providentiellen[1] Bedeutung der Geburt Jesu in der Regierungszeit des Augustus. Der entscheidende Gesichtspunkt bestand dabei in der Konstruktion einer inneren Beziehung zwischen der neuen monotheistischen Religion und der Entstehung der monarchischen Herrschaftsform.

Als erster hat Melito von Sardes (gest. vor 190 n. Chr.) die Gleichzeitigkeit der Blüte des Römischen Reichs seit Augustus mit den Anfängen des Christentums in einen, wenn auch noch lockeren, kausalen Zusammenhang gebracht. [...]

Um die Mitte des dritten nachchristlichen Jahrhunderts führte Origenes (etwa 185–254) diesen Gedanken weiter aus: Augustus erwies sich ihm als Werkzeug in der Hand Gottes, indem er den staatlichen Pluralismus durch seine Herrschaft beendete, einen Zustand des Friedens schuf und somit die Ausbreitung des Christentums erleichterte. [...]

Mit diesen Ausführungen präfigurierte Origenes die wesentlichen Elemente des christlichen Augustusbildes, das während des gesamten Mittelalters dominierend bleiben sollte. [...]

Euseb (um 260–339) [...] sah die alttestamentlichen Prophetien vom Völkerfrieden durch die friedenstiftende augusteische Herrschaft erfüllt. Auch er vertrat – zwar in Hinblick auf Konstantin – die Entsprechung von Monarchie und Monotheismus, doch ist evident, dass innerhalb dieser Konzeption, die die Begriffe des christlichen Monotheismus, des Imperium Romanum und der Pax Augusta verknüpfte, Augustus als Schöpfer der römischen Monarchie einen hohen Stellenwert einnahm.

Es ist deutlich, dass das auf Augustus' Selbststilisierung zurückgehende antike Bild des Friedenskaisers durch die Idealisierung der patristischen Literatur[2] von christlicher Seite im eigenen Interesse kräftig unterstützt wurde.

Orosius sah die gesamte römische Geschichte, selbst schon die Gründung Roms, als Teil des zielgerichteten Heilsplans des christlichen Gottes. Die Geburt Christi sei auf dem Höhepunkt der römischen Geschichte erfolgt – während der Friedensherrschaft des ersten Kaisers. Weil Christus als *cives Romanus* geboren werden und, wie Orosius hervorhob, dies auch dokumentiert sehen wollte, wählte er als Zeitpunkt seiner Menschwerdung den Census aller Römer unter Augustus. [...]

Wurde auf der einen Seite Christus romanisiert, so unterlag Augustus im Nachhinein einer Christianisierung. Dazu bediente sich Orosius vor allem der Umdeutung der überlieferten, auf die augusteische Herrschaft weisenden, antiken Prodigien[3] im christlichen Sinne. Sie gerieten zu Vorzeichen Christi, dessen Ankunft von Augustus vorbereitet wurde.

---

[1] Providenz: Vorsehung
[2] Patristische Literatur: Schriften der frühen Kirchenväter
[3] Prodigium: Vorzeichen, Weissagung

Ines Stahlmann, Imperator Caesar Augustus. Studien zur Geschichte des Prinzipatsverständnisses in der deutschen Altertumswissenschaft bis 1945, Wissenschaftliche Buchgesellschaft Darmstadt 1988, S. 9–11.

Seite aus der Gutenberg-bibel, 1455/56.

MATERIAL

Ist Augustus der Urahn der deutschen Kaiser? 2

Ines Stahlmann geht der Frage nach, welche Funktion Augustus in der Geschichtsschreibung des Mittelalters eingenommen hat und welche Rolle er im mittelalterlichen Herrschaftsverständnis spielte.

Die christliche Indienstnahme der sagenhaften, in der heidnischen Literatur überlieferten Vorzeichen augusteischer Machtfülle durch Orosius zeitigte innerhalb der mittelalterlichen und frühneuzeitlichen Legendenbildung produktive Nachwirkungen, wodurch der erste römische Prinzeps im Bewusstsein weiter Kreise blieb. Die langanhaltende Rezeption des Orosius [...] erklärt sich um so mehr, als seiner Chronik lange Zeit kein vergleichbarer Entwurf einer christlichen Weltgeschichte folgte.

War es das Ziel der patristischen Literatur gewesen, zum Vorteil des neuen Glaubens die heidnische Geschichte Roms und die Machtfülle des Imperium Romanum durch Augustus' Stilisierung zum christlichen Friedensfürsten in den göttlichen Heilsplan zu integrieren, so nutzten in der nachfolgenden Zeit die mittelalterlichen deutschen Kaiser die christliche Idealisierung des Augustus für ihre weltlichen Zwecke: Augustus wird zum „Kaiser Augustus". Nachdem die Institution des westlichen Kaisertums durch Karl den Großen erneuert worden war, musste es den deutschen Herrschern darum gehen, eine Kontinuität zum römischen Imperium herzustellen, wodurch Augustus zum Archegeten[1] auch der deutschen Kaiser wurde. [...]

Den Erfordernissen einer die deutschen Herrscher legitimierenden Geschichtsschreibung trug in der ersten Hälfte des 12. Jahrhunderts Otto von Freising (1111/15–1158) Rechnung. [...] Die vorausweisende Funktion des Augustus für das christliche Reich, das sich auf dessen Imperium erhoben hatte, schlug sich in plastischer Weise auf den illustrierenden Tafeln zu Ottos Chronik in dem Jenenser Codex bildlich nieder. [...]

Das hier beispielhaft greifbare mittelalterliche Bild des „Kaiser Augustus" entfremdete in konsequenter Weiterführung der frühchristlichen Literatur den Prinzeps ganz seiner römisch-heidnischen Situation und stilisierte ihn zum Friedensfürsten und bewussten Förderer der christlichen Religion. [...] Somit steht am Anfang der deutschen Geschichtsschreibung seine tief verwurzelte, theologisch begründete Ideologisierung.

---

[1] Archeget: Begründer einer Herrschaftsdynastie

Ines Stahlmann, Imperator Caesar Augustus. Studien zur Geschichte des Prinzipatsverständnisses in der deutschen Altertumswissenschaft bis 1945, Wissenschaftliche Buchgesellschaft Darmstadt 1988, S. 11 f.

MATERIAL

3 Die Einschätzung eines mittelalterlichen Fürstbischofs

Otto von Freising (ca. 1112–1158) gehörte dem höchsten Reichsadel an und war ein Onkel Friedrich Barbarossas. 1138 wurde er Bischof von Freising und war in dieser Position Reichsfürst. Er trat auch als Geschichtsschreiber zweier großer Werke hervor, die er auf lateinisch verfasste.

Im Jahre 735 nach Gründung der Stadt kehrte Cäsar in seinem und des Lucius Apulejus fünften Konsulat nach seinem Sieg über die Alexandriner, nach der Unterwerfung ganz Asiens und nach vollständiger Beilegung des Bürgerkrieges am 6. Januar als Sieger aus dem Orient heim und zog in dreifachem Triumph in die Stadt ein; hier schloss er die Tore des Janus und wurde von allen mit dem Zuruf „Augustus" begrüßt. Dieser Titel war bis dahin allen Zeiten unbekannt; er bezeichnet die höchste Stufe der Herrschaft und gebührt nur den römischen Kaisern. Die damalige Schließung des Janusbogens war der Überlieferung nach die dritte seit Gründung der Stadt; die erste erfolgte unter Numa[1], die zweite nach dem ersten Karthagischen Kriege. Augustus, der zwölf Jahre lang mit den genannten Konsuln regiert hatte, herrschte von diesem Tag an in der Folgezeit allein. So gingen die Machtbefugnisse mehrerer auf einen Herrscher über, und das nennen die Griechen Monarchie. Es begann also nun die Zeit, wo die Römer nach den Konsuln Kaiser hatten, die deshalb, weil sie die Alleinherrschaft über den ganzen Erdkreis hatten, *Imperatores* und *Augusti* genannt wurden. [...]

Als nun so alle Unruhen beigelegt waren, als der Welt ein seit langem nicht mehr gekannter Friede geschenkt war, als die ganze Welt dem Census der Römer unterworfen war, da ward im 42. Jahr der Regierung des Kaisers Augustus, im 752. Jahr nach Gründung der Stadt, in der 193. Olympiade, 5500 Jahre nach Adam, als der Ausländer Herodes, der Sohn des Antipater, in Judäa König war, nach Daniel in der 66. Woche Jesus Christus, Gottes Sohn, nach dem Fleisch ein Sohn Davids, von der Jungfrau Maria in Bethlehem in Juda geboren. [...]

Man beachte, dass, wie ich schon oben sagte, die Reiche der Babylonier und der Römer in vielem eine ähnliche Entstehung und eine ähnliche Entwicklung gehabt haben. Denn als bei den Babyloniern ihr erster König Ninus regierte, wurde in dessen 42. Regierungsjahr Abraham geboren, dem zuerst Christus verheißen worden ist. Und als bei den Römern der erste Cäsar Augustus regierte, wurde ebenfalls im 42. Jahr seiner Regierung der Abraham verheißene und von allen Völkern ersehnte Christus geboren. Zu beachten ist ferner, dass das Reich des Augustus in manchem vordeutend auf das Reich Christi war, der ja zu seiner Zeit geboren ist. Augustus nämlich wurde nach seiner Rückkehr aus dem Orient, nach der Unterwerfung der Könige und der Beendigung des Bürgerkriegs am 6. Januar in dreifachem Triumph in der Stadt empfangen und als Augustus begrüßt. Christus, nach seiner Geburt im Fleisch noch in Niedrigkeit verborgen, wurde an demselben Tag, dem 6. Januar, den wir Epiphanias nennen, von den drei durch den Stern herbeigeführten Weisen aus dem Morgenlande mit Geschenken angebetet, und, aus der Verborgenheit hervortretend, wurde er der Erhabene und König der Könige genannt. [...]

[...] Vom Frieden aber und der Unterwerfung des Erdkreises erinnere ich mich im Vorwort gehandelt zu haben, ich glaube aber, dem muss noch hinzugefügt werden, dass Gottes Sohn, im Fleisch erscheinend, als Bürger in den römischen Staat aufgenommen werden wollte. Warum wohl wollte der Fürst und Stifter des Gottesstaates Bürger dieses Staates werden, der doch, im Unglauben stehend, unzweifelhaft der Staat der Welt war? Nur, um dadurch zu zeigen, dass er dazu gekommen sei, um auf wunderbare, unsagbare Weise aus dem Staate der Welt seinen Staat zu machen. [...] Nachdem nun also der neue Mensch geboren war, der den alten abgetan hat, wollen wir auch die bisherige Jahreszählung, die wir von Ninus bis zur Gründung der Stadt und von da bis zu dieser Zeit verwendet haben, aufgeben und unsere Jahreszählung mit seiner Geburt beginnen.

[1] Numa Pompilius: Sagenhafter König Roms aus der (vorrepublikanischen) Zeit etruskischer Vorherrschaft, galt als Gesetzgeber und Friedensfürst

Otto Bischof von Freising, Chronik oder die Geschichte der zwei Staaten, übers. v. Adolf Schmidt, hrsg. v. Walther Lammers, WBG Darmstadt 1980, S. 219–227.

Augustus auf dem Thron.

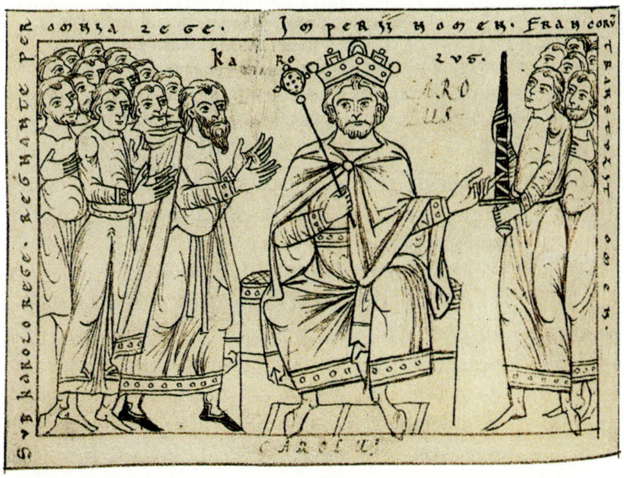

Der Frankenkönig und spätere Kaiser Karl der Große (768–814) auf dem Thron.

Der italienische König Berengar II. unterwirft sich dem sächsischen König und späteren Kaiser Otto I. dem Großen (936–973).

Alle drei Abbildungen stammen aus dem so genannten Jenenser Codex, einem Handschriftenband, der u. a. eine illustrierte Chronik Ottos von Freising enthält. Der darin enthaltene Miniaturenzyklus gilt als zeitgenössische Kopie nach Originalen, mit denen das Geschenkexemplar der Chronik geschmückt war, welches der Bischof von Freising dem Kaiser Barbarossa 1157 widmete.

MATERIAL

4 Sichtweisen im Absolutismus und in der Aufklärung (1988)

Tatsächlich wurde in der zweiten Hälfte des 17. Jahrhunderts für die Geschichte des Augustusbildes ein wichtiger Akzent durch dessen Vereinnahmung seitens der unumschränkten französischen Herrscher gesetzt. [...]

Der in jener Zeit zum Topos gewordene Vergleich des augusteischen mit dem Zeitalter Ludwigs XIV. erlangte jedoch auch für den Wandel der Augustuseinschätzung eine beträchtliche Bedeutung. Der in panegyrischer[1] Absicht erfolgte Rückgriff auf Augustus zur Ehrung des absolutistischen Herrschers verstärkte einmal mehr die Funktion des Augustus als Sinnbild starker staatlicher Macht. Indem Augustus nun dem Absolutismus als geschichtliches Symbol diente, wurde er auch in die gesellschaftlichen Auseinandersetzungen um diese Herrschaftsform hineingezogen, in deren Verlauf sich das Urteil über ihn grundlegend änderte. Sowohl Affirmation als auch Kritik am absolutistischen System wurden an ihm exemplifiziert, letztere um so mehr, als diese angesichts einer strengen Zensur oftmals gar nicht möglich war und nur vermittelt an historischen Personen geübt werden konnte. Den lobrednerischen Äußerungen eines Perrault standen die Kritiker des Absolutismus gegenüber, die ein entsprechend negatives Augustusbild zeichneten. Da sich in Frankreich der zentralistische Absolutismus am weitgehendsten ausgeprägt hatte und dort daher auch die Gegenbewegung ihren Ursprung nahm, finden sich in der französischen Literatur die gegensätzlichen Positionen besonders krass ausgebildet, die dann aber auch ihre Entsprechungen in der deutschen Geschichtsschreibung hatten.

Ein Beispiel des religiös geprägten Augustusbildes des Absolutismus findet sich in Jacques Benigne Bossuets (1627–1704) als Fürstenspiegel gestaltetem „Discours sur l'Histoire universelle". Darin wurde dem Dauphin[2] unter anderem vermittelt, dass Aufstieg und Fall der weltlichen Reiche nach Gottes Plan erfolge; die Bestimmung des Römischen Reichs erklärte man dem Thronfolger in der konventionellen christlichen Deutung: Dem Imperium Romanum kam es zu, die göttliche Rache am jüdischen Volk zu vollstrecken, das Jesus verraten und gekreuzigt hatte, und darüber hinaus die verschiedenen Nationen unter einer Herrschaft zu einen. [...] Im Rahmen seiner kirchengeschichtlichen Betrachtung sah auch Bossuet den Zusammenhang von Christi Geburt und augusteischer Monarchiebildung gegeben.

Dem Absolutismus von Gottes Gnaden sekundierte die erste große Darstellung der römischen Kaiserzeit aus der Feder von Sebastien Lenain de Tillemont (1637–1698), die 1690 zu erscheinen begann. [...] Tillemont begann mit der Einordnung des Augustus in den Plan Gottes, der für die Zeit der Menschwerdung Jesu einen friedvollen Zustand der Menschheit unter einem Herrscher vorsah. [...] Die nachfolgend erzählte politische Geschichte der Anfänge des Principats war somit schon durch diese Einführung auch in ihren von Tillemont durchaus nicht verschwiegenen Schattenseiten gerechtfertigt.

Noch aber bevor Tillemonts Werk posthum mit dem sechsten Band im Jahr 1738 abgeschlossen war, erschienen die ersten frühaufklärerischen Schriften, in denen sich aus der Ablehnung des absolutistischen Systems heraus eine kritische Bewertung der römischen Kaiserzeit und damit verbunden eine negative Sichtweise des Augustus findet. [...]

Angesichts ihrer politischen Ohnmacht entwickelte die antiabsolutistische Kritik ein bürgerliches Tugendsystem, dessen moralische Kategorien zur Beurteilung eines Herrschers herangezogen wurden. Typisch für eine solche Betrachtungsweise ist in ihrer Thematik die Académie-Abhandlung des Abbé de Vertot (1655–1736) aus dem Jahr 1729 über den „Caractère d'Auguste". Die Frage nach der Verhaltensänderung des Princeps, der sich, nachdem er seinen kaltblütigen politischen Aufstieg erfolgreich abgeschlossen hatte, zu einem wohltätigen Landesvater wandelte, beschäftigte das moralische 18. Jahrhundert sehr. Vertot vertrat diesbezüglich eine ausgewogene Meinung. [...] Dennoch war der Grundtenor der Darstellung negativ. [...]

Wesentlich radikaler urteilte Charles de Secondat Montesquieu (1689–1755) in seinen „Considérations sur les causes de la Grandeur des Romains et de leur décadence" aus dem Jahre 1734, die jedoch über eine moralische Verurteilung hin-

Das Porträt Ludwigs XIV. ist eines der berühmtesten Herrscherbilder. Gemalt wurde es von Hyacinthe Rigaud, geboren 1659 in Perpignan, gestorben 1747 in Paris. Rigaud schuf den für seine Zeit gültigen Typus des offiziellen Porträts. Sein Bildnis des „Sonnenkönigs" aus dem Jahre 1701 wurde für Europa das Bild des absoluten Monarchen schlechthin. Das Gemälde in der Größe 1,90 x 2,79 m führte der Welt die königliche Macht bildhaft vor Augen.

aus sich auch um ein politisches Verständnis des Prinzipats bemühten. Über Augustus wusste Montesquieu nur Negatives zu berichten. So hieß es, er sei der einzige unter den römischen Feldherren gewesen, der die Soldaten durch unaufhörliche Proben angeborener Feigheit gewann. Der Ermordung Cäsars, die als Tyrannenmord eingeschätzt wurde, brachte Montesquieu Verständnis entgegen, und in der von Augustus gestalteten staatlichen Ordnung vermochte er wie Vertot lediglich eine dauerhafte Knechtschaft zu sehen. [...]

Die Wertungen Montesquieus finden sich zum Teil in wörtlicher Übernahme auch in der „Encyclopédie" Diderots.

Eine noch extremere Ausformung des aufklärerischen Augustusbildes stellte Voltaires (1694–1778) ausschließlich moralische Bewertung des Princeps dar. Zugleich dokumentiert sein Beispiel aber auch, dass mit der radikalen antiabsolutistischen Kritik in der Regel lediglich eine bestimmte Herrscherpersönlichkeit getroffen werden sollte, während die Monarchie als Staatsform grundsätzlich nicht in Frage gestellt wurde. Mit Blick auf die kulturelle Blüte schätzte Voltaire die augusteische Epoche, ebenso wie diejenige Ludwigs XIV., sogar sehr hoch ein und zählte sie in dieser Hinsicht zu den bedeutendsten Zeitaltern der Weltgeschichte. Desungeachtet erschien Augustus in der Darstellung Voltaires in solch hohem Maße als Personifikation des despotischen Tyrannen, dass ein Bemühen um ein politisches Verständnis gänzlich verstellt war. Er sah in Augustus einen grausamen und hinterhältigen Monarchen, der als um so infamer einzuschätzen sei, als gerade er vorgab, die altrömischen Sitten und Gesetze wieder erneuern zu wollen.

Von Voltaire wurde bestritten, dass der Princeps nach seiner Herrschaftsetablierung einen Wandel zum Besseren vollzog. In schonungsloser Weise prangerte Voltaire den Princeps als „schlaues und vom Glück begünstigtes Ungeheuer" an.

---

[1] Panegyrikos (griech.): Lobrede
[2] Dauphin: französischer Thronfolger
[3] profan: weltlich (lat. pro fanum: vor dem Tempel)

Ines Stahlmann, Imperator Caesar Augustus. Studien zur Geschichte des Prinzipatsverständnisses in der deutschen Altertumswissenschaft bis 1945, WBG Darmstadt 1988, S. 16–19.

Ludwig XIV. als Jupiter, Gemälde aus dem 17. Jahrhundert.

MATERIAL

5 Diderot: Was die Herrscher unter „Regierung" verstehen (1779)

Denis Diderot (1713–1784) *war ein bedeutender Philosoph und Naturwissenschaftler der französischen Aufklärung. Seine Veröffentlichungen brachten ihn zeitweise ins Gefängnis. Auch das Erscheinen der „Encyclopédie", der ersten großen Wissenssammlung der Moderne, die Diderot zusammen mit dem Mathematiker Jean Le Rond d'Alembert zwischen* 1751 *und* 1772 *herausgab, wurde mehrfach verboten.*

Jupiter nimmt Platz an der Tafel; er schäkert mit seiner Gattin; er richtet zweideutige Worte an Venus; er sieht Hebe zärtlich an; er klopft Ganymed auf das Hinterteil; er läßt seinen Becher füllen. Während er trinkt, hört er Geschrei aus verschiedenen Ländern der Erde heraufschallen. Das Geschrei wird lauter, es belästigt ihn. Er steht ärgerlich auf, öffnet die Falltür des Himmelsgewölbes und ruft; „Pest über Asien; Krieg in Europa! Hungersnot in Afrika! Dort Hagel, anderswo Unwetter ..." Dann schließt er die Falltür, nimmt wieder Platz an der Tafel, betrinkt sich, legt sich hin und schläft ein. Und das nennt er „die Welt regieren".

Einer der Stellvertreter Jupiters auf der Erde steht morgens auf ..., unterzeichnet Befehle, ohne sie gelesen zu haben, befiehlt eine Jagdpartie, kommt aus dem Forst zurück, zieht sich um, nimmt Platz an der Tafel, betrinkt sich wie Jupiter oder ein Lastträger und schläft auf demselben Kissen ein wie seine Geliebte. Und das nennt er „sein Reich regieren".

Denis Diderot, zit. nach Tilo Schabert, Diderot, in; Arno Baruzzi (Hrsg.), Aufklärung und Materialismus im Frankreich des 18. Jahrhunderts, München 1968, S. 112.

MATERIAL 6

Selbstdarstellung in Öl: Kaiser Napoleon I. im Krönungsornat

Napoleon ließ nach seinen offiziellen und repräsentativen Bildnissen mehrere Kopien in verschiedenen Techniken fertigen, die er teilweise als Staatsgeschenke vergab. Allein von Gérards Gemälde „Kaiser Napoleon I. im Krönungsornat“, 1805 für die Räume des Außenministeriums in Auftrag gegeben, existieren über 20 Repliken, die für befreundete Höfe, Staatsmänner oder auch verdiente Militärs vom Maler selbst bzw. in seiner Werkstatt hergestellt wurden. [...] Abgesehen von dem Bild aus Versailles, das lange für das Original gehalten wurde, befinden sich ähnliche Gemälde u. a. in Neapel, im Pariser Louvre, in Ajaccio, in Dresden, in einer Privatsammlung und im Königlichen Palast in Stockholm, letzteres stammt ohne Zweifel aus dem Besitz des Prinzen Eugène, des kaiserlichen Kanzlers. [...] Nach Gérards Portrait wurde auf Bestellung des französischen Außenministeriums auch ein Stich von Auguste Boucher-Desnoyers angefertigt, 1808 im Salon ausgestellt und als Staatsgeschenk verwendet. Die Krönung Napoleons zum Kaiser der Franzosen fand am 2. Dezember 1804 in der Kathedrale Notre-Dame in Paris statt.

Marie Louise von Plessen (Hrsg.), Marianne und Germania 1789–1889. Ausstellungs-Katalog, Berlin 1996, S. 200.

François-Pascal-Simon Gérard (1770–1837), Kaiser Napoleon im Krönungsornat; Paris 1805/10, Öl auf Leinwand; 1,46 x 2,22 m.

1. Beschreiben Sie die Positionen der spätantiken christlichen Autoren zum Augustusbild. Vergleichen Sie damit die Position Ottos von Freising. (M 1–3)
2. Beschreiben Sie die unterschiedlichen Sichtweisen von absolutistischen und aufklärerischen Autoren, bezogen auf den Prinzipat. (M 4 und M 5)
3. Ermitteln Sie biographische Daten von Orosius, Otto von Freising, Voltaire und Diderot. Diskutieren Sie darüber, ob die Lebensumstände der Autoren Einfluss auf ihr historisches Urteil haben.
4. Ermitteln Sie Titel und Herrschaftsanspruch von Karl dem Großen, Otto dem Großen und Friedrich Barbarossa (Abb. S. 95), und setzen Sie Ihre Ergebnisse in Beziehung zu den Aufgaben 1 und 4.
5. Analysieren Sie die Bilder, die der Selbstdarstellung Ludwig XIV. dienen, und begründen Sie daraus dessen Herrschaftsanspruch.
6. Interpretieren Sie das Bild von Napoleon I., und diskutieren Sie Napoleons Selbstverständnis als Herrscher.
7. Vergleichen Sie die Bilder Ludwigs XIV. und Napoleons I. mit den drei Statuen des Augustus (S. 22, 54 und 74), und erörtern Sie, inwieweit Ludwig XIV. und Napoleon I. bewusst an die Herrschaft des Augustus anknüpfen.

5.2 Nur dem politischen Zeitgeist verpflichtet?

Geschichtswissenschaft und Geschichtsunterricht in Deutschland

Kaiser Wilhelm II. ließ sich 1890 von Max Koner porträtieren und verdeutlichte damit seine Auffassung von der deutschen Monarchie. Das Bild trägt offiziellen Charakter, denn es war für die deutsche Botschaft in Paris vorgesehen. Die Reaktion eines französischen Generals: „Das ist kein Porträt, sondern eine Kriegserklärung." Das Original ist im Krieg zerstört worden.

In den zurückliegenden 150 Jahren deutscher Geschichte gab es in Deutschland sechs grundlegend verschiedene Verfassungsformen: den Deutschen Bund, das Deutsche Kaiserreich, die Weimarer Republik, das nationalsozialistische Deutschland, die Deutsche Demokratische Republik und die Bundesrepublik Deutschland. Zu zwei Zeiten war davon politische Herrschaft zumindest nach außen hin sehr persönlich geprägt: im Kaiserreich unter Wilhelm II. und während des Nationalsozialismus unter Adolf Hitler.

Im 19. Jahrhundert und in der ersten Hälfte des 20. Jahrhunderts traten die kritischen Sichtweisen auf die römische Monarchie, die aus der Aufklärung stammten, immer mehr zurück zugunsten einer Idealisierung des Augustus. Dies gilt vor allem, seit sich mit der Gründung des Deutschen Kaiserreiches 1871 ein politisches System in Deutschland etablierte, das auf einer Verfassung beruhte und ein Parlament als Legislative besaß. Diese Einrichtungen waren zwar für ihre Zeit sehr fortschrittlich, hatten aber noch vergleichsweise wenig Rückhalt in der Bevölkerung. Vor allem in liberal-bürgerlichen Kreisen fanden sie ihre Anerkennung. Dem Parlament gegenüber stand das „persönliche Regiment" des Monarchen, der für viele Deutsche zur Integrationsfigur wurde.

Die überragende Person im 19. Jahrhundert, die für viele Bereiche der römischen Geschichtsschreibung für lange Zeit die Richtung vorgegeben hat und mit der sich alle anderen Althistoriker auseinandersetzten, war Theodor Mommsen. Er brachte der althistorischen Forschung internationale Reputation und erhielt 1902 für seine „Römische Geschichte" den Literaturnobelpreis. Seine differenzierte Sichtweise, die gleichwohl zeitgenössische Bezüge erkennen lässt, wurde während des Kaiserreichs immer mehr ergänzt durch die Perspektiven anderer, die Augustus nun als republikanischen Monarchen, als guten Kaiser und als wohltätigen Landesvater beschrieben.

Augustusstilisierung in der Weimarer Republik

Während der Weimarer Republik setzte sich unter den Althistorikern die Augustusstilisierung fort. Die konservativ geprägten Altertumswissenschaftler versuchten, die von ihnen abgelehnte parlamentarische Staatsform der Weimarer Republik publizistisch zu unterminieren und setzten dieser ein autoritäres Staatsverständnis entgegen. Auch in fachwissenschaftlichen Darstellungen dominierte ein idealisiertes Augustusbild als beispielhafter Landesvater. Manche Althistoriker entwickelten bereits früh ein Prinzipatsverständnis, das deutlich von faschistischen Führervorstellungen geprägt war. Die Figur des Heilsbringers und Retters, dem sich sein Volk freiwillig unterwarf, wurde nach 1933 gängiges Interpretationsmuster für Augustus.

Nach 1945 trat auch in der deutschen Geschichtswissenschaft, bei aller Kontinuität der Personen, eine gewisse Ernüchterung ein. Jahrzehntelange Überhöhung des Augustus und seine Instrumentalisierung für den nationalsozialistischen Führergedanken wichen aus unmittelbarer historischer Erfahrung einem vorsichtigen Misstrauen gegenüber historischen Alleinherrschern insgesamt. Ein kritisches Urteil gegenüber dem Prinzipat wurde bestimmend zumindest bei denjenigen, die sich wissenschaftlich mit der römischen Geschichte auseinandersetzten. Das Funktionieren staatlicher Propaganda und die Machtverschiebungsprozesse zugunsten von Augustus traten in den Vordergrund der Untersuchungen. Für die Bundesrepublik Deutschland erwies sich eine Vereinnahmung kaum mehr als sinnvoll. In der Deutschen Demokratischen Republik war eine Anknüpfung wegen des staatlich verordneten marxistisch-leninistischen Geschichtsbildes ohnehin in keiner Weise vorstellbar.

Plakat Adolf Hitlers aus den Jahren 1938/39, das den Kern nationalsozialistischen Herrschaftsverständnisses zeigt: Der Reichsgedanke wird verknüpft mit dem Ansatz von Führung und Gefolgschaft, der Identität von Volk und Führer. Dieses Herrschaftsverständnis kann als vorstaatlich, außerhalb des Verfassungsrechtes liegend gekennzeichnet werden. Das Plakat hing bis 1945 in ungezählten Amts- und Schulräumen.

Differenzierung und Kontinuität

Insgesamt müssen Differenzierungen beachtet werden. Selbst im Deutschen Kaiserreich stellen sich die Schulbücher nicht einheitlich dar, da z. B. in den süddeutschen Bundesstaaten das preußisch-deutsche Geschichtsbild nicht ohne weiteres übernommen wurde. In der Weimarer Republik gab es zwar inhaltliche Kontinuität zum Kaiserreich, aber die Bandbreite von Themen und Methoden nahm stark zu. Diese unterschiedlichen Ansätze wichen nach 1933 weitgehend dem einheitlichen Geschichtsbild, das die nationalistische Weltanschauung durchsetzte. Nach dem Ende des 2. Weltkriegs knüpften die Schulbücher in der Bundesrepublik Deutschland zunächst vielfach an die der Weimarer Republik an, nur dass jetzt immerhin die Anerkennung der Demokratie als Norm vollzogen wurde.

Vorbild und Prägung

Für jedes politische System stellt sich die Frage, wie die jeweilige Interpretation eigener Herrschaft an geschichtliche Vorbilder anknüpft. Und weiterhin steht zur Diskussion, wieweit Geschichte als Wissenschaft sowie Historikerinnen und Historiker als Personen in ihren Auffassungen von der sie umgebenden Herrschaft geprägt sind.

Jede Geschichtswissenschaft und jede Geschichtsdidaktik sind in zweierlei Hinsicht gelenkt: Zeitgenössische Denkmuster und aktuelle Fragestellungen bilden ebenso Bezugspunkte wie die wissenschaftliche Tradition. Das muss allerdings nicht notwendig zu einer Trübung des Blickes führen, sondern bringt häufig auch erst die kritische Perspektive auf die Vergangenheit, die neue Erkenntnisse fördert.

Fragen an die Wissenschaft

Im Folgenden werden bedeutende Vertreter deutscher Geschichtsschreibung, die sich mit dem Altertum beschäftigt haben, vorgestellt, um zu überprüfen, inwieweit die Wissenschaft bei der Rezeption des augusteischen Prinzipats dem jeweiligen Zeitgeist verpflichtet war. Außerdem soll gefragt werden, ob und inwiefern politische Haltungen durch die Biographie miterklärt werden können.

MATERIAL

1 Theodor Mommsen (1817–1903): Biographie, Wissenschaft, Politik

Theodor Mommsen wurde 1817 in Garding in Südschleswig geboren und legte 1838 am Gymnasium Christeaneum in Altona seine Reifeprüfung ab. Es folgte ein juristisches Studium an der Universität Kiel. Seine erste akademische Stelle war eine außerordentliche Professur für Römisches Recht in Leipzig, die ihm aber 1851 wegen seiner politischen Tätigkeit wieder genommen wurde. Nach weiteren Stationen erhielt er eine Berufung nach Berlin, wo er dann über 40 Jahre lang tätig war. In den 1850er Jahren erschienen schon in rascher Folge bedeutende Schriften von ihm, die seinen Ruf als Historiker der römischen Geschichte begründeten.

Mommsen hat für die Prinzipatsforschung für lange Zeit die Richtung vorgegeben, weil er die für alle weitere Augustusforschung grundlegende Edition und wissenschaftliche Kommentierung der „Res gestae divi Augusti" geleistet hat, einer der wichtigsten Quellen zum augusteischen Prinzipat. Das „Römische Staatsrecht" von Mommsen war noch folgenreicher für das Prinzipatsverständnis, da er dort den Prinzipat in das System des republikanischen Staatsrechts einordnete.

In seiner vielfach zitierten Testamentsklausel aus dem Jahr 1899 hat er sich selbst als „animal politicum" bezeichnet. Als solches trat er bereits im Zuge der 1848er Revolution vor die Öffentlichkeit, als er als politischer Journalist der Schleswig-Holsteinischen Zeitung, dem Organ der „Provisorischen Regierung", die Sache der deutschen Einheit vertrat. Sein parteipolitischer Weg ging von der Deutschen Fortschrittspartei, die er 1861 mitbegründete, zu den Nationalliberalen und, nach deren Bruch mit Bismarck im Jahr 1880, zu deren Abspaltung, der Liberalen Vereinigung. Zwischenzeitlich war Mommsen Mitglied im Preußischen Abgeordnetenhaus und im Deutschen Reichstag. In seinen letzten Jahren sprach er sich für eine Annäherung des Liberalismus an die Sozialdemokratie aus.

Jahre lang war für Mommsen die Lösung der deutschen Frage, d. h. die nationale Einigung, das wichtigste Ziel. Viele Liberale ließen sich durch die außenpolitischen Erfolge Bismarcks beeindrucken, obwohl sie während des Verfassungskonfliktes in einer grundsätzlichen Opposition zu ihm standen. Diese Haltung teilte weitgehend auch Mommsen, der Bismarcks Initiativen, die zur Gründung des Deutschen Reiches führten, durchaus begrüßte. Er befürwortete z. B. die Annexion von Schleswig-Holstein durch Preußen, weil für ihn das Ziel der Reichseinigung alle Mittel, auch den Einsatz von Gewalt, rechtfertigte. Er wollte eine starke politische Zentralgewalt mit einer konsequenten Parlamentarisierung verbinden und die individuellen Grundrechte für den einzelnen Bürger garantiert wissen. Für Mommsen – so wie für viele ehemalige 1848er auch – war die Verbindung von Monarchie und demokratischen Prinzipien möglich. Da er immer für realistische Lösungen eintrat, konnte er sich eine konstitutionelle Monarchie mit einer parlamentarischen Basis durchaus vorstellen.

Autorentext

MATERIAL

Theodor Mommsen über den augusteischen Prinzipat 2

Mommsens „Römische Geschichte" ist unvollendet geblieben. Der vierte Band, der die römische Kaiserzeit behandeln sollte, ist nie erschienen. Deshalb war man für sein Prinzipatsverständnis bisher auf verstreute Äußerungen angewiesen. Mommsen hat aber 20 Semester lang Vorlesungen über die Kaiserzeit gehalten. 1980 ist eine vollständige Nachschrift der Kaiserzeitvorlesungen entdeckt worden, die erstmals Mommsens Bild dieser Epoche umfassend vermittelt.

Theodor Mommsen, Fotografie um 1900.

Augustus ist am 23. Sept. 63 v. Chr. unter Ciceros Konsulat geboren. Er starb am 19. Aug. 14 n. Chr., 76 Jahre alt. 56 Jahre hat er die Zügel der Regierung in der Hand gehabt. [...] Diese lange Amtsführung war ein großer Glücksfall. [...] Das Feldherrentalent Cäsars war Augustus versagt. Tapfer und fähig zu organisieren, war er gleichwohl persönlich erfolglos. Darum resignierte er früh und delegierte die wirklichen Kommandos treuen Feldherren. Weit mehr leistete er als Staatsmann. Auch hier aber war er keine geniale Natur, sondern besaß nur die Geschicklichkeit, einen Kompromiss zwischen zwei für sich genommen unmöglichen Dingen herzustellen: zwischen cäsarischer Monarchie und alter Republik. Daraus erwuchs eine dritte Unmöglichkeit, eine Republik mit monarchischer Spitze, die aber doch 300 Jahre bestanden hat. [...]

Nun zum Prinzipat! Wie entsteht er? Auf welchen Rechten ist er basiert? Das ist schwierig zu beantworten. Er beruht zum Teil auf Volkswahlen und muss durchaus als Magistrat aufgefasst werden, da nie *de iure* der Gedanke der Erbfolge Platz gegriffen hat. [...]

Der Prinzipat setzt sich aus verschiedenen Institutionen zusammen, die nicht auf gleichem Rechtstitel beruhten. Zu unterscheiden sind militärische (proconsularische) und bürgerliche (tribunizische) Gewalt. Das militärische *imperium* war eine Magistratur, der *imperator* wurde aber nie vom Volk gewählt, sondern von den Soldaten ausgerufen. [...]

Dies ist der mystische Zug an Augustus, dass er sich als Gott hat feiern lassen. Er brauchte die Glorie um seinen Stern. Deshalb steckt ein tiefer Sinn in dem *Divi Filius*. Hier liegt das Rätsel der Stellung des Augustus. Dennoch ist hervorzuheben, dass seine Position eine magistratische ist. Alles, was der Prinzeps ausführt, bewegt sich im Kreise republikanischer Ämter. Er steht nicht über den Gesetzen, sondern die Gesetze stehen über ihm. [...]

Allerdings hat die neue Magistratur eine so weite Kompetenz, dass sie an die Allmacht streift. Die Bande der Annuität, der Kollegialität und der Spezialität, die festesten Bande der republikanischen Verfassung, waren bei Augustus durchbrochen. [...]

Allerdings aber muss man zugeben, dass die Summe der sich im Princeps vereinigenden legalen Gewalten nahe an Totalität grenzt. Namentlich gehört in diese Kategorie die sich über das ganze Reich ausdehnende proconsularische Gewalt, die in der Republik im Frieden ganz unerhört gewesen wäre. [...]

Formell war die kaiserliche Macht im Prinzipat zusammengefasst; materiell aber war das durchaus nicht der Fall. Augustus nannte sich einfach *princeps*, doch war das kein Titel. Ganz bezeichnend ist es, dass dieser Begriff nicht in den offiziellen Fasten[1] erscheint (mit Ausnahme des Tiberius) und mit der Zeit vollkommen in Vergessenheit geriet. Und das hatte auch seinen Grund. Denn wenn der Begriff irgend etwas bedeutete, so bedeutete er *princeps civium Roma-*

norum und musste so in dem Grade, als das Hauptgewicht auf das Militär fiel, als eine lediglich zivile Stellung mehr und mehr in Abnahme kommen. Und so ist in dem Begriff durchaus nicht die imponierende Machtfülle zu ahnen, die der Princeps wirklich in sich schloss. Der Begriff umfasst viel zu wenig. Für Augustus' Gewalt gibt es keine titulare Bezeichnung. [...] Neu ist der Beiname Augustus, den Oktavian drei Tage nach der Rückgabe der Vollmacht des Triumvirats bekam. Es ist eine sakrale Bezeichnung und enthält die Anerkennung der Göttlichkeit der so genannten Person. [...]
Wie setzte sich der Senat zusammen? Im Allgemeinen war das noch so wie in der Republik. Augustus stellte das Senatsregiment zum großen Teil wieder her, in ältere Wege einlenkend. [...] Man hat gesagt, der Kaiser habe das militärische Imperium übernommen. Das ist nur halb wahr. Für die erste Konstituierung ist der Satz falsch, denn da wollte Augustus auch die Militärgewalt teilen. Die Soldaten sollten kaiserlich sein, das Kommando nicht. Ursprünglich waren die senatorischen Provinzen ebenfalls militärisch. [...] Es überwiegt die Militärgewalt des Kaisers, aber der Senat war durchaus nicht leer ausgegangen. [...] Auch noch in anderen Punkten zeigt sich die Dyarchie[2].

[1] Fasten: Listen der Namen von Konsuln und anderen hohen Amtsträgern
[2] Dyarchie (griech.): Doppelherrschaft

Theodor Mommsen, Römische Kaisergeschichte. Nach den Vorlesungs-Mitschriften von Sebastian und Paul Hensel 1882/86, hrsg. v. Barbara und Alexander Demandt, München 1992, S. 87, 89, 93–103.

MATERIAL

3 Ernst Kornemann (1868–1946): Biographie, Wissenschaft, Politik

Ernst Kornemann wurde 1868 in Rosenthal in Hessen-Nassau geboren und besuchte das humanistische Gymnasium in Gießen. Ab 1887 studierte er dort Geschichte, die klassischen Sprachen und Geographie, ab 1889 dann in Berlin, wo er 1891 bei dem Mommsenschüler Otto Hirschfeld promovierte. Danach war er einige Jahre als Gymnasiallehrer in Gießen tätig. 1902 übernahm er eine außerordentliche, 1907 eine ordentliche Professur in Tübingen. 1918 wechselte er nach Breslau und blieb dort bis zu seiner Emeritierung 1936. Nach dem zweiten Weltkrieg übernahm Kornemann 1946 im Alter von 78 Jahren die Fachvertretung der Alten Geschichte in München. Damit ist Kornemann so etwas wie die Verkörperung der historischen Kontinuität der deutschen Altertumswissenschaft über vier politische Systeme hinweg.
Wenn man die Augustusforschungen von Ernst Kornemann betrachtet, muss man von verschiedenen Augustusbildern sprechen. Er wechselte rasch Perspektiven und Einschätzungen, was sich sowohl gesellschaftlich als auch persönlich begründen lässt. Gerne und schnell stellte er Thesen auf, die dann einer gründlichen Überprüfung nicht standhielten.
Kornemann ist nicht im eigentlichen Sinne politisch aktiv tätig gewesen. Er hat aber in vielen Vorträgen deutlich seine Meinung artikuliert. Der erste Weltkrieg hatte bei ihm einen Politisierungsprozess ausgelöst, und der Versailler Vertrag hat diesen befördert, da er ihn als Unrecht und als Fluch angesehen hat. Die Weimarer Republik war für Kornemann ein Gegenbild, das er von einem antidemokratischen und deutschnationalen Standpunkt aus betrachtete, womit er auch bei den konservativ und national gesinnten Historikern eine Flügelposition einnahm.
Kornemann hat sich frühzeitig und eindeutig auf Hitler festgelegt, wobei berufliche Gründe kaum eine Rolle gespielt haben können, weil er 1933 nur noch wenige Jahre bis zu seiner Emeritierung vor sich hatte. Man muss davon ausgehen, dass er dem Nationalsozialismus nicht nur verbale Zugeständnisse gemacht hat, sondern auch an dessen Ziele geglaubt hat. Bereits 1932 hielt er in Prag einen Vortrag über Varus, der 1934 gedruckt erschien, in dem er die Hoffnung äußerte, Hitler möge endlich die Tragik der deutschen Geschichte beenden.

Autorentext

MATERIAL

Ernst Kornemann über den Prinzipat (1912) 4

Nach unseren heutigen Begriffen ist Augustus [...] als Schöpfer einer Monarchie, allerdings mit magistratischem Charakter und unter Beibehaltung möglichst vieler republikanischer Formen, zu betrachten. [...]

Damit war die Zweiherrschaft von Prinzeps und Senat zum Abschluss gebracht, die bereits ihren deutlichen Ausdruck gefunden hatte in der Teilung des Reiches, in ein Herrschaftsgebiet des Senats, das befriedete „Reich der Mitte", und die kaiserlichen Grenzprovinzen mit den Standlagern des Heeres, das [...] insgesamt in den Händen des Prinzeps verblieb. [...] Nein, der Prinzipat [...] ist nach der offiziellen Auffassung die *libertas*[1] und wird nur in der Entartung unter Herrschern wie Caligula, Nero und Domitian zur Tyrannis [...]. Der alte Freistaat aber, der in der letzten Zeit ebenfalls einen Zustand der Unfreiheit dargestellt hatte [...], war tot und ist durch den *principatus*, der die wahre *libertas* brachte, seit 27 v. Chr. ersetzt worden, um seitdem niemals wieder zum Leben erweckt zu werden.

[1] libertas (lat.): Freiheit

Ernst Kornemann 1912, zit. nach Ines Stahlmann, Imperator Caesar Augustus. WBG Darmstadt 1988, S. 139 f.

MATERIAL

Ernst Kornemann über den Prinzipat (1922) 5

Aber auf dem politischen Gebiet hat sein System auf die Dauer sich nicht zu halten vermocht. Weder der Primat Italiens und des kulturärmeren Okzidents gegenüber dem Orient noch die nur halbe Gleichstellung des Senats sind von Dauer gewesen. [...]

Aus unserer folgenden Darlegung wird sich ergeben, dass der Prinzipat von seinem Schöpfer als Dyarchie gedacht worden ist, aber nicht, wie Mommsen glaubte, als Dyarchie von Prinzeps und Senat, sondern als eine Zweiherrschaft vermittels doppelter Besetzung der obersten Stelle, d. h. als Doppelprinzipat. [...]

Augustus ist auch hier von dem Vorwurf nicht freizusprechen, dass er durch den aus römischem Denken geborenen Doppelprinzipat ein Moment der Schwächung und nicht der Stärkung dem Kaisertum der Römer mit auf den Weg gegeben hat.

Ernst Kornemann 1922 und 1930, zit. nach Ines Stahlmann, Imperator Caesar Augustus. WBG Darmstadt 1988, S. 141–144.

MATERIAL

Ernst Kornemann über den Prinzipat (1937) 6

Die neue Monarchie zeichnete sich dadurch aus, dass sie durch die Herausstellung der *auctoritas* als eigentlicher Grundlage der Macht des Prinzeps und das gleichzeitige Streben, ideale Gedanken der griechischen Staatsphilosophie auch weiterhin zu verwirklichen, einen neuen Typus der Alleinherrschaft schuf, in welchem die Freiheit des Bürgers mit der Leitung des Staates durch einen einzelnen (den ersten und den besten der Bürger) als vereinbar erklärt wurde. [...]

Die hier zum ersten Mal in der Weltgeschichte geschaffene Führerstellung eines einzelnen Mannes, der sich durch eigene Kraft und sittliche Höhe emporgearbeitet hat, muss von jedem, der nach ihm auf diese schwindelnde Höhe gelangt, immer wieder neu erobert werden [...]. Die Menschheit erzeugt nur selten [...] wieder einen wahren Augustus, der *pater patriae* im höchsten Sinne des Wortes genannt werden darf. Es war um die große Zeitenwende der europäischen Geschichte vor 2000 Jahren das unerhörte Glück Roms, dass ihm zur rechten Zeit der rechte Führer in Gestalt des Imperator Cäsar Augustus geboren wurde. Er hat seinen Zeitgenossen noch einmal [...] das Verständnis für die größte völkische Kraftquelle des Römertums zum Bewusstsein gebracht.

Ernst Kornemann 1933 und 1937, zit. nach Ines Stahlmann, Imperator Caesar Augustus. WBG Darmstadt 1988, S. 146 ff.

MATERIAL

7 Reichsgedanke und Imperium Romanum im Nationalsozialismus

Der Althistoriker Karl Christ hat sich u. a. sehr ausführlich mit der Geschichte der Altertumswissenschaften und mit den Biographien einzelner Althistoriker auseinandergesetzt. Hier verfolgte er die Frage, wie die Forscher die Phase der militärischen Expansion Deutschlands in der ersten Hälfte des Zweiten Weltkriegs verarbeitet haben.

Inmitten jener Konstellation hielten mehrere deutsche Althistoriker an ihren jeweiligen Hochschulen vor einem größeren Hörerkreis Vorträge über das Imperium Romanum, die alsbald auch in gedruckter Form verbreitet wurden. [...]
Versuchen wir ein kurzes Resümee zu ziehen [...], so ergibt sich zweifelsfrei, dass alle untersuchten deutschen Althistoriker Elemente der nationalsozialistischen Ideologie und Phraseologie aufgegriffen haben, freilich in sehr unterschiedlicher Weise. [...]
Die Bilanz der Wertungen ergibt ferner, dass der positive Hauptakzent stets auf der Phase der Bildung des Imperiums in republikanischer Zeit lag. Ob „Bauernrom", *res publica* – Idealisierung, Verklärung religiöser Aspekte oder Betonung von biologischen Faktoren und Herrschaftsinstinkt – bewundert wurde in erster Linie die Expansion der Republik als dynamische Phase römischer Politik, während bei der Beurteilung des Imperiums der Kaiserzeit immer wieder gerade die negativen Entwicklungen unterstrichen wurden. [...]
Versucht man zum Schluss die Positionen [...] in der nationalsozialistischen Ära unter zeitgeschichtlichen Aspekten einzuordnen, so wird die tiefe Kluft deutlich, die sie von den verbrecherischen Plänen der eigentlichen Machthaber trennte. Während in A. Hitlers Großdeutschem Reich Vernichtungsstrategien sowie die Umsiedlung und Terrorisierung ganzer Völker in denkbar weitesten Radien vorbereitet wurden, vertraten diese Gelehrten einen idealistischen Reichsgedanken, glaubten sie an die Verantwortung der Herrschenden, die Respektierung der Interessen Unterworfener, kurzum an Werte und Normen, die der eigentliche nationalsozialistische Führungszirkel längst als „Humanitätsduselei" verworfen hatte. Es ist eine bestürzende Erkenntnis, dass diese Althistoriker gleichwohl jenes System stabilisierten, das den Namen eines Reiches am allerwenigsten verdient, wenn man unter diesem Begriff eine sittlich, moralisch oder religiös legitimierte Ordnungsmacht versteht.

Karl Christ, Reichsgedanke und Imperium Romanum in der nationalsozialistischen Ära, in: ders., Von Caesar zu Konstantin. Beiträge zur römischen Geschichte und ihrer Rezeption, München 1996, S. 255, 273f.

1. Interpretieren Sie die Bilder, die der Selbstdarstellung von Wilhelm II. und Hitler dienten, und begründen Sie daraus deren Herrschaftsanspruch. (S. 100 und 101)
2. Vergleichen Sie den Herrschaftsanspruch von Wilhelm II. und Hitler, und erörtern Sie, ob die Interpretation eigener Herrschaft an politische Vorbilder anknüpft.
3. Analysieren Sie die wissenschaftliche Arbeit von Mommsen und Kornemann, indem Sie deren jeweiliges Prinzipatsverständnis erarbeiten, die verschiedenen Positionen in ihrer Entwicklung und untereinander vergleichen. (M 2, M 4–6)
4. Setzen Sie Ihre Ergebnisse aus Aufgabe 4 in Bezug zur jeweiligen politischen Haltung der Geschichtswissenschaftler. (M 1, M 3, M 7)
5. Diskutieren Sie, warum Geschichte als Wissenschaft und Historiker als Personen in ihren Auffassungen von der sie umgebenden Herrschaft geprägt sind.
6. Der Ausspruch des römischen Historikers Tacitus, seine Darstellung sei „ohne Hass und ohne persönliche Vorliebe" (*sine ira et studio*) geschrieben, ist zu einem Leitmotiv für viele Historiker geworden. Überprüfen Sie, inwieweit diese Aussage auch grundlegend für Mommsen und Kornemann war.

Schulunterricht vor zweitausend Jahren; Steinfries aus Neumagen.

5.3 Augustus im deutschen Schulbuch

Geschichte im Unterricht

Geschichte in der Schule, und damit die weitestverbreitete „Geschichtsvermittlungsinstanz", beruht in Deutschland im Wesentlichen auf drei Säulen:

- Lehrerinnen, Lehrer und deren Ausbildung bestimmen maßgeblich Formen und Inhalte des Geschichtsunterrichts.
- Lehrpläne oder Richtlinien bilden die Vorgaben für den Geschichtsunterricht, deren Einhaltung je nach Bundesland mehr oder weniger verbindlich ist.
- Schulbücher transportieren als Leitmedien die Inhalte, auch sie richten sich nach den staatlichen Vorgaben.

Inhalte altern

Schulbücher orientieren sich an den Ergebnissen der Geschichtswissenschaft, bleiben aber oft weit hinter dem dort erreichten Stand der Diskussion zurück und verlängern traditionelle Auffassungen. Daher lohnt es, nach dem „inhaltlichen Alter", den gedanklichen Wurzeln der jeweiligen Darstellung zu fragen.

MATERIAL 1

„Im Rahmen nationalrömischer Gedanken verwirklicht"

Auszüge aus einem westdeutschen Geschichte-Lehrbuch für die gymnasiale Oberstufe von 1970.

Wie für Cäsar stand es auch für seinen Adoptivsohn fest, dass nur ein Einzelner den Staat fortan regieren könne. Aber Oktavian hatte aus dem tragischen Schicksal seines Adoptivvaters gelernt, dass die Römer eine Alleinherrschaft in den Formen einer hellenistischen Monarchie nicht ertrugen; sie konnte daher nur im Rahmen nationalrömischer Gedanken verwirklicht werden, die an die große republikanische Vergangenheit anknüpften. Langsam gewannen seine politischen Überlegungen Gestalt: Als *princeps*, d.h. als erster Bürger, wollte er zusammen mit dem Senat die Kräfte seines Volkes erneuern und ihm eine lange Friedenszeit bringen. 40 Jahre ununterbrochenen Wirkens für dieses hohe Ziel waren ihm vergönnt; als Friedensfürst und Ordner des Reiches lebt er in der Geschichte fort.

Schon kurz nach seinem Tode aber ehrten die Römer sein Wirken, indem sie seine Regierungszeit zum „Saeculum Augustum" erklärten.

H. Gundel u.a., Grundriß der Geschichte für die Oberstufe der höheren Schulen. Ausgabe B, Bd. I: Von der Urzeit bis zum Ende des Absolutismus, Stuttgart 1970, S. 80 (Klett).

MATERIAL

2 „Niemand konnte etwas gegen den Willen des Kaisers tun“

Auszüge aus einem westdeutschen Geschichte-Lehrbuch für die Sekundarstufe I *von* 1975:

Es ist verständlich, dass die Menschen nach den endlosen Bürgerkriegen nichts so sehr ersehnten wie den Frieden. Der Mann, der allein imstande war, diesen Frieden zu bringen und zu erhalten, war Oktavian. Im Januar 27 v. Chr. konnte dieser vor den Senat treten mit den Worten: „Die Zeit der Gewalt ist vorüber. Nun herrscht wieder Friede. Ich gebe meine außerordentliche Amtsgewalt dem Senat und dem Volk zurück!“ Doch der Senat – und damit hatte Oktavian gerechnet – konnte nicht anders, als ihn zu bitten, die Verantwortung für den Frieden erneut auf sich zu nehmen. [...]

Wie Caesar trug auch Oktavian den Titel *Imperator*. Außerdem ließ er sich die Rechte eines Volkstribuns auf Lebenszeit übertragen. Der Senat ehrte Oktavian mit dem Beinamen Augustus (d. h. „Mehrer des Reiches“). [...]

Niemals ließ sich Augustus „König“ nennen. Dem Volk machte er weis, er sei nur der „erste Bürger“ des Staates; in Wirklichkeit hatte er durch seine Stellung die absolute Gewalt. Seine Autorität hatte keine Grenzen. Augustus ließ zwar die Leute glauben, dass Senat und Volk noch immer die Herren von Rom seien, die über Gesetze bestimmten und die hohen Beamten wählten. Nur – die äußere Form täuschte. Denn Augustus bestimmte, wer dem Senat angehörte, und er bestimmte auch, wer für eine Beamtenstelle in Frage kam und welche Gesetze zur Abstimmung vorgelegt wurden. Niemand konnte etwas gegen den Willen des Kaisers tun.

Spiegel der Zeiten. Ausgabe B, Bd. 1, bearb. v. Franz Bahl, 10. Aufl., Frankfurt/M. u. a. 1975, S. 151 f (Diesterweg).

MATERIAL

3 „Im Interesse der herrschenden Sklavenhalter“

Auszüge aus einem Geschichte-Lehrbuch für die sechste Klasse aus der DDR, 1967:

Im römischen Staat gab es starke Klassengegensätze. Die Sklaven hatten in verzweifelten Aufständen vergeblich versucht, der Macht römischer Sklavenhalter zu entkommen. Noch reichte die Stärke des römischen Heeres aus, um alle Gegner Roms zu bezwingen.

Aber die alte Staatsform mit Senat und Volksversammlung genügte der herrschenden Klasse nicht mehr, um ihr Weltreich zu erhalten. Die römischen Sklavenhalter bekämpften sich im 1. Jahrhundert v. u. Z.[1] sogar untereinander, um eine bessere Staatsform zu finden.

Die ärmeren und mittleren Schichten der freien Bauern und Handwerker gerieten in schwere Not. Sie hatten, wie in jedem Krieg, die Hauptlast der Kriege zu tragen.

Die Bevölkerung sehnte sich nach Frieden. Sie war bereit, einem Herrscher zu folgen, wenn er nur diesen Kämpfen ein Ende bereitete. So kam Oktavian, der Adoptivsohn Cäsars, an die Macht. Er wurde Kaiser, das Römische Reich wurde Kaiserreich. Mit dem Beginn des römischen Kaiserreiches (27 v. u. Z.) erhielt Oktavian den Ehrennamen „Augustus“, den sich später jeder Kaiser zulegte.

Kaiser Augustus nahm die politische Macht an sich und übte sie im Interesse der herrschenden Sklavenhalter aus. Es gelang der herrschenden Klasse des römischen Staates, mit der Gründung des Kaiserreiches Voraussetzungen für eine etwa 200 Jahre dauernde Weiterentwicklung zu schaffen. Der Kaiser führte den Titel „Vorsteher des Senats und des römischen Staates“. Das lateinische Wort dafür ist *princeps*. Danach wird diese Herrschaftsform in der Geschichte des römischen Kaiserreiches Prinzipat genannt (27 v. u. Z. bis 284 u. Z.). Im Prinzipat blieben die alten staatlichen Einrichtungen, wie Senat, Konsul und Volksversammlung, erhalten. Die gesamte Gewalt aber lag beim Kaiser.

[1] V. u. Z.: „Vor unserer Zeitrechnung“; im atheistisch orientierten sozialistischen System der DDR wurde damit die Bezeichnung „v. Chr.“ ersetzt.

Geschichte. Lehrbuch für Klasse 6, 9. Aufl., Berlin (Ost) 1967, S. 11 f. (Volk und Wissen).

MATERIAL

„Mit feierlichen Mienen versammelten sie sich" 4

Auszüge aus einem westdeutschen Geschichte-Lehrbuch für die Sekundarstufe I aus dem Jahr 2000:

Mit feierlichen Mienen, gekleidet in die Toga mit dem breiten roten Purpurstreifen, versammelten sich am 16. Januar des Jahres 27 v. Chr. zahlreiche römische Senatoren in der Kurie. Nur wenige von ihnen hatten 17 Jahre zuvor persönlich im gleichen Raum miterlebt, wie Julius Cäsar ermordet worden war, weil er zu mächtig wurde. Die meisten Zeugen der Tat waren tot, andere aus dem Senat ausgestoßen worden. Aber sicherlich erinnerten sich alle Anwesenden an das, was seither geschehen war. Sie erinnerten sich an Bürgerkriege; sie erinnerten sich an zahlreiche Männer, die ermordet worden waren, [...].

Die neuen Machthaber, das waren vor allem Antonius und Oktavian. [...] Vielleicht war Oktavian geschickter als Antonius, vielleicht hatte er auch nur mehr Glück. Jedenfalls gewannen seine Soldaten und Feldherren im Jahr 31 v. Chr. den Krieg gegen Antonius und dessen Frau, die ägyptische Königin Kleopatra. Jetzt gab es niemanden mehr im Römischen Reich, der Oktavian, gerade 32 Jahre alt, herausfordern konnte.

Nach über einem Jahrhundert der Aufstände und Bürgerkriege waren die Römer froh über das Ende des Blutvergießens. Aber es gab auch besorgte Fragen. Hatte nicht Oktavian inzwischen ebenso viel Macht wie damals Cäsar? War es nicht unerhört, dass der 35-jährige im Jahr 27 schon zum siebten Mal Konsul war, obwohl man für dieses Amt eigentlich mindestens 40 Jahre alt sein sollte? Doch was konnte man tun? Alles, was der junge Cäsar, gestützt auf gute Freunde und Berater, anpackte, schien Hand und Fuß zu haben. Das Volk war auf seiner Seite.

Und dann die Sensation! Vor wenigen Tagen hatte Oktavian seinen Rücktritt angeboten. In der Senatssitzung heute sollten sich die Senatoren dazu äußern. Darum die gespannte Erwartung.

Ehe jemand Oktavian beim Wort nehmen konnte, schlug ein Senator vor, ihn „Prinzeps" zu nennen. Das war kein Amt wie „Konsul" oder „Diktator", es bedeutete einfach „der Erste". Oktavian nahm das Angebot dankend an, eine Abstimmung fand nicht statt. [...]

Dem Namen nach war die alte Republik wiederhergestellt. Es wurden jährlich Beamte gewählt, es gab Senatssitzungen und Volksversammlungen. Der Prinzeps wollte bei all dem, wie er selbst schreibt, nur der *„primus inter pares"* sein, der „Erste unter Gleichen". Aber wenn er sich für oder gegen etwas aussprach, konnte er sicher sein, dass man sich seiner Meinung anschließen würde. Die meisten Senatoren empfanden das durchaus nicht als Zwang, weil Augustus ein hohes persönliches Ansehen, „Autorität", genoss.

Zeit für Geschichte. Geschichtliches Unterrichtswerk für Gymnasien, Bd. 1, Ausgabe B, Hannover 2000, S. 140 (Schroedel).

1. Analysieren und vergleichen Sie das Prinzipatsverständnis der Texte. Welche Rolle spielt Augustus im Geschehen?
2. Wie beurteilen die jeweiligen VerfasserInnen den Prinzeps moralisch?
3. Vergleichen Sie die Texte mit Ihren Ergebnissen der Bearbeitung von 5.2 (insb. M 2, M 6 und M 7). Sehen Sie Parallelen?
4. Vergleichen Sie die jeweilige „Erzählhaltung" der Autorin oder des Autors. Bedienen Sie sich dabei auch erworbener Kategorien aus dem Deutschunterricht. Wo wird mehr berichtet, wo erzählt, wo analysiert?
5. Verschaffen Sie sich Einblick in S-I-Geschichtsbücher, die an Ihrer Schule verwendet werden, und setzen Sie die „Schulbuchforschung" selbstständig fort.
6. Informieren Sie sich über die Arbeit des „Georg-Eckert-Instituts für internationale Schulbuchforschung" in Braunschweig (www.gei.de).

Darstellungen zur (Alten) Geschichte

„Wer die Vergangenheit kontrolliert, kontrolliert die Zukunft, wer die Gegenwart kontrolliert, kontrolliert die Vergangenheit", so lautet eine der zynischen Botschaften von George Orwell aus seinem Roman „1984". Ist die Darstellung von Geschichte letztlich eine Machtfrage?
Darstellungen sind grundsätzlich von Quellen zu unterscheiden, die für jede Beschäftigung mit Geschichte zentral bleiben. Darstellungen formulieren auf der Grundlage von Quellenforschung und in Auseinandersetzung mit anderen Darstellungen Ergebnisse und Deutungen der Vergangenheit. Jeder, der sich mit Geschichte beschäftigt, wird sich immer auch auf Darstellungen stützen, wobei ein unterschiedliches Mischungsverhältnis von eigener Quellenforschung und Übernahme von gesicherten (oder für gesichert gehaltenen) Ergebnissen anderer Darstellungen besteht.

1. Darstellungsgattungen

Bei den Darstellungen sind verschiedene Gattungen zu unterscheiden. Die fachwissenschaftlichen Darstellungen können Bücher, aber auch Aufsätze in Fachzeitschriften umfassen. Dabei wird als Adressat in der Regel ein professionelles Publikum vorgesehen, bei dem Fachkenntnisse, Methoden und Begrifflichkeit vorausgesetzt werden. Je mehr an Professionalität beim Adressaten vermutet wird, desto enger wird der Fachzirkel, der diese Darstellungen noch lesen kann. Das gilt vor allem für den Bereich der Alten Geschichte, wo vielfach die Quellen in griechischer oder lateinischer Sprache (ohne Übersetzung) zitiert werden.
Teilweise bemühen sich aber einzelne Fachwissenschaftler um eine Darstellungsweise, die auch eine breitere Leserschaft anspricht. Generell gilt: Wissenschaftlichkeit bemisst sich nicht an der Exklusivität der Sprache, sondern an der generellen Nachprüfbarkeit der Darstellung.
Aus Gründen der leichteren Verständigung und Orientierung haben sich bestimmte Formen der Darstellung entwickelt. Dazu gehört eine Einleitung, die die leitende Fragestellung der Abhandlung in Beziehung zum Forschungsstand begründet und die wichtigsten verwendeten Quellengruppen nennt. Hinzu kommt ein Anmerkungsapparat, der die Inhalte der Darstellung belegt durch Verweise auf die Quellen und Hinweise auf andere Untersuchungen. Außerdem gehört dazu ein Literaturverzeichnis. Es gibt unterschiedliche Arten der wissenschaftlichen Darstellung, z. B. Gesamtdarstellungen, die einen Überblick geben wollen über Zusammenhänge, längere Zeiträume oder Epochen, Biographien, die eine Person in den Mittelpunkt stellen und in der Regel den Lebenslauf mit Politik, Kultur und Gesellschaft der Lebenszeit in Verbindung bringen, sowie Monographien, die einen begrenzten Bereich behandeln oder eine einzelne Fragestellung verfolgen.
Von den fachwissenschaftlichen sind die populärwissenschaftlichen Darstellungen zu unterscheiden, die ein nichtprofessionelles, breiteres Publikum ansprechen wollen. Sie verzichten deshalb auf einen umfangreichen Belegapparat, bevorzugen häufig eine spannende Erzählweise, zeichnen sich durch Anschaulichkeit und Verständlichkeit aus und sind auf Lebensnähe und Nachvollziehbarkeit ausgerichtet. Eine solche Darstellung muss nicht von vornherein weniger ertragreich sein als fachwissenschaftliche Darstellungen, sofern die grundlegenden wissenschaftlichen Spielregeln beachtet werden. Ohnehin sind die Grenzen fließend.
Als dritter Bereich ist die Presse zu nennen. In Tages- und Wochenzeitungen finden sich vielfältige, teilweise sehr umfangreiche Veröffentlichungen zu historischen Themen. Diese Artikel in der Form eines Aufsatzes, aber ohne Anmerkungsapparat, bemühen sich um eine populärwissenschaftliche Schreibweise, sind in der Regel von Fachwissenschaftlern verfasst und entfalten eine erhebliche Breitenwirkung.
Eine noch größere Wirkung als Darstellungsgattung erzielen die Geschichtsbücher für die Schulen, da sie in der Regel die Grundlage für das Geschichtslernen aller Menschen über viele Jahre hinweg

bilden. Die älteren Schulbücher sind als reine Darstellungen anzusehen, während in den letzten Jahrzehnten verstärkt Wert darauf gelegt wird, auch Quellen sprechen zu lassen, die freilich in der Regel leicht verständlich aufbereitet werden.

2. Objektivität, Parteilichkeit und Multiperspektivität

Objektiv ist eine Aussage, die unabhängig von den Wertungen des darstellenden Autors und seiner Adressaten volle Gültigkeit hat. In diesem Sinne kann die Geschichtswissenschaft nur ein begrenztes Maß an Objektivität erreichen, da sie zwar den Anspruch auf größtmögliche Geltung ihrer Ergebnisse erhebt, sich aber niemals ganz vom subjektiven Standpunkt der Darstellenden und ihrer Adressaten lösen kann und somit immer auch „parteilich" ist. Gute Historiker wissen das und sind sich ihrer eigenen Standortgebundenheit ständig bewusst.

In zweierlei Hinsicht sollten Autoren von historischen Darstellungen soviel Objektivität wie möglich anstreben: Erstens müssen die vorgetragenen Inhalte durch Forschung empirisch abgesichert und überprüfbar sein; zum Zweiten sollte die Bedeutung des Dargestellten für die Gegenwart klar sein und zugleich die Perspektive offengelegt werden, die die Darstellung einnimmt. Die Verfasser werben natürlich darum, dass die Leserschaft ihre Perspektive teilt. Ihr Standpunkt muss also möglichst verallgemeinerungsfähig sein.

Will sich umgekehrt der Leser ein differenziertes und kritisches Bild machen, muss er versuchen, die Perspektive des Autors zu erkennen. Damit wird zugleich klar, dass der Autor nur eine von vielen möglichen Sichtweisen entwickelt. Liest man dann weitere Darstellungen zum selben Thema, kann man jeweils andere Perspektiven wahrnehmen. Das Ergebnis ist ein multiperspektivisches Panorama, das es dem Leser letztlich ermöglicht, unter den Perspektiven und Meinungen auszuwählen und sich ein differenziertes eigenes Urteil zu bilden.

3. Darstellungen als Quellen

Darstellungen können auch Quellen sein. Das ist allgemein anerkannt für die Verwendung antiker Geschichtsschreibung als Quelle für die alte Geschichte. Aber auch für die neuere und neueste Geschichte können Darstellungen zu Quellen werden, wenn man mit einem entsprechenden Erkenntnisinteresse und entsprechenden Fragestellungen an sie herangeht. Darstellungen können als Quellen dienen für eine Geschichte der Geschichtsschreibung, für das Verhältnis von Geschichtswissenschaft und Politik in einem politischen System und allgemein für das Geschichtsbewusstsein der jeweiligen Zeit. Dies gilt nicht nur für fachwissenschaftliche und populärwissenschaftliche Darstellungen, sondern auch für Lehrpläne ebenso wie für Schulbücher, in denen staatliche Sichtweisen und Vermittlungsabsichten greifbar werden. Ein Vergleich zwischen verschiedenen Zeiten, verschiedenen politischen Systemen und verschiedenen Ländern kann sehr aufschlussreiche Ergebnisse erbringen.

4. Ausgewählte Beispiele für Darstellungen

Beispiel 1: Ein Autor über sein Werk (Dietmar Kienast, 1982)

Der vorliegende [...] Band erhebt nicht den Anspruch, eine Monographie über Augustus zu sein. Behandelt werden daher auch nicht alle Seiten der Persönlichkeit des Augustus, sondern nur sein Wirken als Politiker und Staatsmann, als Gründer einer neuen Monarchie. Auch dort, wo das Gebiet der Kunst oder der Literatur berührt wird, geschieht dies bewusst in Beschränkung auf den politischen Aspekt. Nach dem persönlichen Geschmack des Augustus in künstlerischen oder literarischen Dingen wird ebenso wenig gefragt wie nach dem Wesen der augusteischen Kunst und

der augusteischen Literatur als Kunst oder als Literatur. Beide Bereiche sollen hier nur in ihrer politischen Aussage bzw. in ihrer politischen Funktion interessieren. Das Buch soll auch weder ein Forschungsbericht über den Prinzipat des Augustus noch eine literarische Darstellung der Regierung des ersten Prinzeps sein. Wenn der Verfasser im Folgenden eine möglichst knappe Skizze der historischen Fakten und ihrer Bezeugung durch die Überlieferung (im weitesten Sinne) gibt, so soll diese Skizze vor allem als Rahmen dienen, in den die Erträge der modernen Forschung, die zumeist eine Deutung der Fakten oder eine Interpretation der Überlieferung ist, eingefügt werden. Der Verfasser ist allerdings der Auffassung, dass auch eine derartige Skizze nur auf Grund einer bestimmten Konzeption entworfen werden kann und dass diese Skizze umso klarer ausfällt, je deutlicher die ihr zugrundeliegende Konzeption hervortritt. Der Verfasser hat daher auch seine eigenen Auffassungen und Erkenntnisse nicht unterdrückt und möchte auch sie als „Erträge der Forschung" verstanden wissen.
Bei der Fülle der zum Thema jährlich neu erscheinenden Bücher und Aufsätze kann im Folgenden selbstverständlich nur eine Literaturauswahl gegeben werden. Wenn in der Regel vor allem neuere Arbeiten zitiert werden, so stellt dies nicht immer ein Werturteil dar, sondern geschieht vor allem deswegen, weil in diesen Arbeiten die ältere Literatur oft bequem zusammengestellt ist. Doch glaubte der Verfasser auch auf die Gefahr eines gewissen Ungleichgewichts hin einzelne, bisher etwas vernachlässigte Aspekte (wie z. B. die augusteische Baupolitik) stärker dokumentieren zu sollen. [...] Es schien dem Verfasser daher sinnvoller, eine Synopse der augusteischen Politik zu versuchen und dabei in Kauf zu nehmen, hier und da etwas – sei es auch Wichtiges – zu übersehen.
Die Voraussetzungen für den Prinzipat des Augustus liegen teilweise in den Ereignissen der Triumviratszeit. Der augusteische Prinzipat selbst hat eine Entwicklung durchgemacht, die im Jahre 23 v. Chr. noch keineswegs abgeschlossen war. Um dies deutlicher, als es in den bisherigen Darstellungen geschehen ist, hervortreten zu lassen, hat der Verfasser seine Abhandlung in einen chronologischen und einen systematischen Teil gegliedert. Diese Gliederung hat allerdings zur Folge, dass sich Überschneidungen und Wiederholungen nicht immer ganz vermeiden ließen. Der Verfasser hat sich jedoch bemüht, durch möglichst zahlreiche Verweise solche Wiederholungen in vertretbaren Grenzen zu halten.

Dietmar Kienast, Augustus. Prinzeps und Monarch, Darmstadt 1982, S. IX f. (Vorwort).

Beispiel 2: Darstellungen als Quelle zum Prinzipatsverständnis in der Weimarer Republik und während des Nationalsozialismus

a) Wilhelm Weber 1930:
Hier kommt es nicht auf die Untersuchung der Vorgänge an, sondern auf die Deutung und Bewertung des von Augustus gegebenen in seinem ganzen Gedankenzusammenhang. Dass der Verzicht auf aggressive Orientpolitik im Sinn von Caesars letztem Plan, die auch Vergil erwartete, nicht politisch-ethischen Räsonnements entspringt, diese vielmehr eine schöne Fassade sind, in Wirklichkeit die klare Erkenntnis, nicht zwei gewaltige Aufgaben gleichzeitig anpacken zu können, den Ausschlag gab und der Nordfront des Reichs das Hauptinteresse zukam, braucht hier nicht ausgeführt zu werden. Auch hier gilt das Wort von den arcana imperii[1]: Sie preiszugeben, lag für Augustus kein Grund vor. Aber darum war er noch kein „Heuchler", wie lange genug staatsmännischer Redeweise entrückte Gelehrte glaubten. Er trug freilich weder sein Herz noch seine Gedanken auf der Zunge. Er hatte doch wohl gute Gründe, wenn er etwas verschwieg oder verbrämte.

War darum falsch oder gar verlogen, was er sagte? Man glaubt ihm nur die „Wahrheit" nicht. Er redete auch nicht nach dem Mund seiner Römer, sondern formte ihr Denken über Staat und Welt und sich. [...]
Wäre er Princeps durch das *imperium proconsulare* und die *tribunicia potestas*, so müsste er dies schon seit 36 sein. Die formaljuristische Seite seiner Herrschaft spielt wohl eine Rolle. [...]
Aber gerade jene beiden bezeichnet er in den *res gestae* nirgends ausdrücklich als die Säulen, auf denen seine Herrschaft ruhte. Er nennt eine beiden übergeordnete Größe, die jenseits der formaljuristischen Sphäre liegt: *auctoritas*. [...].
Universal von der Mitte Roms aus schauend und denkend, fühlend und handelnd, hat er von Caesar, dem Vater, vom julischen Blut und von Rom die statische Weltanschauung ererbt und erhalten. Er ist ihre Mitte und Achse, Träger des Göttlichen selbst. Und alles, was er als Aufruf der Massen, als Ehrung durch den Senat, als Selbstbescheidung vor den souveränen Gewalten, als Verhüllung liebt und zur Schau trägt, ist wie der Wille zur klassischen Form nur eine schöne Maske, hinter der die heilige Wut, der Wille zur Macht, der Glaube an das beste Blut, die Sicherheit gegenüber den irrationalen Mächten, die Heiterkeit, die Hoffnung auf Verewigung seines Werks und seines Namens wild wogen und wirken, wie sein frommes, gerechtes, mildes und männliches Rom Recht und Frieden und Sicherheit und Wohlfahrt verkündet und zugleich die Freiheit der Völker zerbricht.

Allegorie auf die Weltgeschichte, Radierung aus dem 19. Jahrhundert; in der Mitte ist die Weltgeschichte zu sehen (historia universalis), dahinter Chronos, der Gott der Zeit, der das Standbild zu zerschlagen droht. Klio, die Muse der Geschichtsschreibung, zeichnet die „Weltgeschichte".

b) Wilhelm Weber 1935/1940:
In Wirklichkeit war dieses Werk eines der kunstvollsten, die je auf lange Sicht geschaffen wurden; die ungewisse Zukunft und die große Vergangenheit vereinigten sich im Werk der Gegenwart. [...] Alles, was dieser Cäsar bisher getan hatte, war wider Regel und Brauch, seine Jugend, sein jäher Aufstieg zur Heerführung, zum Konsulat, zur umfassenden Gewalt, der Wille zur Rache, die staatsmännische Kraft, die Macht über die eigene Gefolgschaft. [...]
Anfang 27, als er den Konsulat schon zum siebenten Mal führte, besaß er noch immer die ihm einst übertragene außerordentliche Gewalt. Da beugte er sich selbstlos vor den souveränen Gewalten der Gemeinschaft, als er am 13. Januar diese seine Gewalt „dem Ermessen von Senat und Volk übergab". Am 16. empfing er vom Senat die „Sorge" für die Volksgemeinschaft und all ihr

Eigen zu treuen Händen zurück, weil er der ‚Erste' Princeps war [...]. Die Monarchie, der Prinzipat war gesetzlich begründet. [...]
Eine Fülle von schönen Gebärden, die das Leben adeln, als dauere das alte Adelsregiment allezeit, ein wundersames Spiel mit diesen uralten Formen, das gerade die klugen und erfolgreichen Herrscher pflegten, nicht weil sie schwach, nachgiebig waren, sondern weil Rom seine Formen liebt und erhält, solange sie einen Funken Leben zeigen. Die Herrscher verloren nichts, wenn sie diese Maske trugen. Sie entwaffneten alle innersten Widerstände, gewannen wie Augustus Vertrauen, Bewunderung, Anhang, Gefolgschaft gerade der „Besten" des Volkes; sie erfüllten nach dem Glauben aller das Ideal des Augustus und galten so als „gute" Herrscher. [...]
Noch einmal strahlt aus allem, was dieser „Blonde" mit seinen leuchtenden Augen sah, aus seiner Kraft dachte und tat, indogermanische Urkraft in die statische Welt des Reichs; aus kühner Schau künftiger Entwicklung ist alles bereitet, was in seiner Zeit wachsen will und seine dynamische Kraft entfalten wird.

[1] Arcana imperii: Geheimnisse des Reiches

a) Wilhelm Weber 1930, zit. nach Ines Stahlmann, Imperator Caesar Augustus. Studien zur Geschichte des Prinzipatsverständnisses der deutschen Altertumswissenschaft bis 1945, Darmstadt 1988, S. 172 ff.
b) Wilhelm Weber 1935 und 1940, zit. nach Ines Stahlmann, Imperator Caesar Augustus. Studien zur Geschichte des Prinzipatsverständnisses der deutschen Altertumswissenschaft bis 1945, Darmstadt 1988, S. 177–180.

Beispiel 3: Wilhelm Weber (1882 – 1948): Biographie, Wissenschaft, Politik

1882 als Sohn eines Zimmermanns geboren, war er noch ganz der Ideenwelt des deutschen Kaisertums verhaftet. Das Studium in der Heimatstadt Heidelberg beendete er 1907 mit einer Dissertation über „Untersuchungen zur Geschichte des Kaisers Hadrianus". Aus finanziellen Gründen war er anschließend gezwungen, einige Jahre an einem Heidelberger Gymnasium zu unterrichten, doch ermöglichten Stipendien des Deutschen Archäologischen Instituts mehrere Reisen in den Mittelmeerraum. 1911 erfolgte die Habilitation, an die sich die Übernahme der ordentlichen Professur in Groningen unmittelbar anschloss. Seine weitere Laufbahn führte ihn dann über Frankfurt, Tübingen und Halle 1931 nach Berlin, wo der sehr ehrgeizige Historiker bis zum Ende der NS-Ära „die so lang ersehnte große Bühne" fand. Erlebte Weber somit wie Kornemann die verschiedenen deutschen Staatsformen der ersten Hälfte des 20. Jahrhunderts, so kam er zu größtem Einfluss und Erfolg in der Zeit des Nationalsozialismus, mit dem er sich uneingeschränkt identifizierte. [...]
Für Webers Weltanschauung ist der Figur des erlösenden Retters existentielle Bedeutung zuzusprechen. Schon in seiner ersten überlieferten politischen Rede „Drei Jahre Weltkrieg" von 1917 ist seine visionäre Hoffnung auf das schöpferische Individuum, das Deutschland „erlösen" werde, greifbar. [...] Vaterländisches Pathos, geschichtlicher Irrationalismus und Führerglaube, gepaart mit politischem Antidemokratismus und nationalem Revanchismus, kennzeichneten [...]. Webers weltanschauliche Grundposition. Dieses für die Vertreter einer „Konservativen Revolution" typische Konglomerat konservativer Elemente disponierte Weber, wie viele andere, später für die nationalsozialistische Ideologie. Ob bei dem ausgesprochen erfolgsorientierten Gelehrten neben der ideologischen Übereinstimmung auch Karriereüberlegungen bei der Mitarbeit bei nationalsozialistischen Institutionen eine Rolle gespielt haben mögen, sei dahingestellt.

Ines Stahlmann, Imperator Caesar Augustus. Studien zur Geschichte des Prinzipatsverständnisses der deutschen Altertumswissenschaft bis 1945, Wissenschaftliche Buchgesellschaft Darmstadt 1988, S. 155–158.

Hinweise zum Umgang mit Darstellungen

Wenn Darstellungen als Quellen genutzt werden, sind sie mit dem gleichen Instrumentarium zu untersuchen wie andere Quellen auch, d.h. auch hier ist es möglich, nach den Interpretationsschritten zur Quellenanalyse (s. S. 72) vorzugehen.
Stehen der sachliche Gehalt bzw. das berichtete Ereignis im Mittelpunkt, dann gilt ein etwas anderer Umgang mit den Darstellungen. Zu berücksichtigen sind natürlich die verschiedenen Gattungen, die unterschiedlichen Anforderungen entsprechen. Im Allgemeinen können folgende Fragen hilfreich sein, die aber in der Schule nicht immer alle eine Antwort finden werden.

- Auf welche Materialbasis stützt sich der Autor? Welche Quellen und welche Darstellungen verwendet er? Gibt es dabei wesentliche Lücken?
- Entwickelt er Fragestellungen, die er in seiner Darstellung beantworten will?
- Nennt er eigene Wissenslücken und Unsicherheiten?
- Liefert er schlüssige Begründungen für seine Aussagen?
- Verweist er auf abweichende Auffassungen, und wie setzt er sich mit ihnen auseinander?
- Beschreibt der Autor sein eigenes Vorgehen? Stellt er methodische Überlegungen an? Welche Methoden wendet er an, und wie begründet er sie?
- Inwieweit geht er auf Einzelheiten ein? Inwieweit vereinfacht er komplexe Zusammenhänge?
- Inwieweit sind Tatsachen, Sachurteile und Werturteile unterscheidbar, und in welchem Verhältnis stehen sie zueinander?
- Inwieweit verwendet er Ausdrücke oder Begriffe, die bestimmte Wertungen erkennen lassen?
- Inwiefern wird der Autor in seiner Begrifflichkeit und in seinen Urteilen von Gegenwartsvorstellungen beeinflusst?
- Werden Werturteile erkennbar, die von den politischen Positionen der eigenen Zeit ausgehen und übertragen werden?
- Betrachtet er den Gegenstand seiner Darstellung aus mehreren Perspektiven? Liegt ein einseitiges Geschichtsbild vor?
- Wie ist der Standpunkt des Verfassers? Legt er Rechenschaft darüber ab, und inwieweit ist er nachvollziehbar?

1. Untersuchen Sie das Bild von Geschichtsschreibung, das die Zeichnung auf S. 113 vermittelt. In welchem Verhältnis steht die Geschichtsschreibung zur Zeit? Wie „objektiv" soll sie sein?
2. Untersuchen Sie, worauf Kienast im Vorwort zu seiner Augustusbiographie die Aufmerksamkeit des Lesers lenkt und wie er versucht, sich gegen mögliche Kritik abzusichern (Beispiel 1).
3. Wenden Sie die Interpretationsschritte für Quellen (siehe S. 72) auf die Darstellungen von Weber an (Beispiel 2).
4. Analysieren Sie die Texte von Weber als Darstellung zum augusteischen Prinzipat mit Hilfe der Fragen zum Umgang mit Darstellungen. (Beispiel 2).
5. Untersuchen Sie weitere Darstellungen in diesem Schulbuch mit Hilfe des Fragenkatalogs.
6. Halten Sie Objektivität in Darstellungen zur Geschichte für möglich? Erläutern Sie das Grundproblem der Zeitgebundenheit von geschichtswissenschaftlichen Darstellungen.

5.4 Der Prinzipat als Vorbild des italienischen Faschismus

„Zwei römische Reiche"

Der gleiche Ort (Rom), das gleiche Land (Italien) – 2000 Jahre später: Die Geburtstage von Horaz, Vergil und vor allem Augustus bieten Anlass zu politisch-kulturellen Massenveranstaltungen. Die damals gegenwärtige Herrschaft suchte in ihrer Selbstdarstellung immer wieder Parallelen zwischen dem faschistischen Italien und dem römischen Kaiserreich herzustellen, die Ideologie des Faschismus hatte eine starke „altrömische" Komponente. Die Geschichte Italiens wurde geradezu als die Geschichte zwischen „Zwei Römischen Reichen" begriffen.

Der italienische Faschismus

An der Spitze dieses Staates, der zentralistisch, hierarchisch und autoritär strukturiert war, stand als „Duce" Benito Mussolini. Mussolini, ursprünglich Grundschullehrer, war nach dem 1. Weltkrieg an die Spitze einer Bewegung gekommen, die ihn mit diesem Titel auszeichnete. Die Bezeichnung „Faschismus" geht auf die „Fasces" (Rutenbündel) zurück, Herrschaftszeichen der römischen Magistrate, die ihnen von den Liktoren vorausgetragen wurden. Mussolini konnte ab 1922, als er zum Ministerpräsidenten Italiens ernannt wurde, mit der Umgestaltung des Landes in seinem Sinne beginnen. Im Zweiten Weltkrieg ergriff Mussolini die Partei des geistesverwandten Hitler-Deutschlands und kämpfte gegen die Alliierten. Nach militärischen Rückschlägen wurde er 1943 abgesetzt, versuchte aber, mit deutscher Hilfe neuerlich an die Macht zu kommen. Am 28. April 1945 wurde der „Duce" von italienischen Widerstandskämpfern erschossen.

Augustus und Mussolini

Die unmittelbare Verbindung zum ersten Prinzipat erstellte sich über den Gedanken zweier großer „Führer" Italiens: Augustus und Mussolini. Hinzu kam die imperiale Komponente, die Neuaufnahme römischen Herrschaftsanspruchs. Die Antike wurde auch dadurch politisch mobilisiert, dass die archäologischen Arbeiten in Rom zur Wiederentdeckung dessen, woran man anknüpfen wollte, radikal vorangetrieben wurden. Gleichzeitig versuchte man, in der Gegenwart die monumentale Verkörperung der nationalen Größe umzusetzen, indem man durch die Architektur die politischen Absichten transportieren wollte. Das fordert zu zwei Fragestellungen heraus. Erstens: Inwieweit kann man von einer faschistischen Staatsarchitektur sprechen? Zweitens: Wo haben sich die italienischen Baumeister und Ideologen direkt auf die Zeit des Augustus beziehen können?

MATERIAL

1 „Der faschistische Staat ist Wille zur Macht und Herrschaft"

Der italienische Diktator Benito Mussolini erläutert 1932 seine faschistische Ideologie.

Angelpunkt der faschistischen Lehre ist die Auffassung vom Staat, von seinem Wesen, seinen Aufgaben und Endzielen. Für den Faschismus ist er etwas von vornherein Gegebenes, von dem die einzelnen und die Gruppen abhängig sind. Die einzelnen und die Gruppen sind nur „denkbar", soweit sie im Staate sind. Dem liberalen Staat fällt es nicht ein, die körperliche und geistige Entfaltung der Gemeinschaft zu beeinflussen. Er beschränkt sich darauf, Ergebnisse festzustellen. Der faschistische Staat hat sein eigenes Bewusstsein, seinen eigenen Willen, und deshalb darf er sich auch als „ethischen" Staat bezeichnen. An der ersten Fünfjahrfeier des Regimes sagte ich 1929: „Für den Faschismus ist der Staat nicht der

Nachtwächter, der sich nur um die persönliche Sicherheit der Bürger kümmert, noch weniger eine Organisation mit einem rein materialistischen Ziel: etwa ein gewisses Wohlleben und ein verhältnismäßig friedliches Zusammenleben zu gewährleisten. Dazu braucht man nur einen Verwaltungsrat. Aber ebenso wenig ist er nur eine politische Schöpfung, ohne Verbindung mit dem wirklichen Leben, mit dem Leben der einzelnen und dem des Volkes. Der Staat, wie ihn der Faschismus begreift, ist eine geistige und moralische Tatsache, ferner eine bestimmte politische, juristische und wirtschaftliche Veranstaltung, die in ihrem Ursprung und in ihrer Entwicklung wiederum eine Offenbarung des Geistes ist. Der Staat gewährleistet die innere und äußere Sicherheit, aber er ist auch der Hüter und Vermittler des Volksgeistes, so wie dieser Jahrhunderte lang in Sprache, Sitte und Glauben in Erscheinung getreten ist. Der Staat ist nicht nur Gegenwart, sondern auch Vergangenheit und vor allem Zukunft. [...] Die Formen, in denen die Staaten sich auswirken, wechseln, aber die Idee bleibt. Der Staat erzieht die Bürger zur Tüchtigkeit. Er gibt ihnen das Bewusstsein ihrer Sendung und rüttelt sie zur Einigkeit auf. Er gleicht ihre Interessen gerecht aus, überliefert die Eroberungen in Wissenschaft, Kunst, Recht und fördert das menschliche Zusammengehörigkeitsgefühl. Er treibt die Menschen aus dem rohen Stammesleben zur höchsten Machtentfaltung, zum Reich. Er überliefert auf Ewigkeit die Namen derer, die für ihn gestorben sind; er führt diejenigen den späteren Geschlechtern vor, die Macht und Ansehen des Vaterlandes gefördert haben. Wenn der Sinn für den Staat abstirbt und die auflösenden Bestrebungen der einzelnen oder der Gruppen vorherrschen, dann neigt sich das Leben einer Nation dem Untergange zu."

Der faschistische Staat ist Wille zur Macht und Herrschaft. Die römische Überlieferung ist ihm eine Idee des Antriebes. [...] Im Faschismus ist die Neigung zum Imperialismus, das heißt zur nationalen Entfaltung, eine Offenbarung der Lebenskräfte. Sein Gegensatz ist Verfall: Völker, die steigen oder wieder aufsteigen, sind von imperialistischer Gesinnung; nur niedergehende Völker können verzichten. Der Faschismus ist die angemessenste Lehre für die Seelenstimmungen eines Volkes, welches, wie das italienische, sich nach vielen Jahrhunderten der Ohnmacht und der Fremdherrschaft erhebt. Aber Herrschaft erfordert Zucht, Vereinigung der Kräfte, Pflicht und Opfer.

Plakat von Benito Mussolini, um 1930.

Daraus lassen sich viele Taten, die staatsbewegenden Kräfte und die notwendige Grenze gegen diejenigen erklären, die sich dieser ursprünglichen und schicksalhaften Bewegung Italiens im 20. Jahrhundert entgegenstemmen und entgegensetzen, indem sie sich der überwundenen Gedankengebilde des 19. Jahrhunderts bedienen, die überall verworfen wurden, wo große Versuche politischer und gesellschaftlicher Umbildung gewagt werden. Mehr als je geht durch die Völker der Ruf nach Ansehen und Würde, Führung und Ordnung.

Zit. nach Gottfried Guggenbühl (Hrsg.), Quellen zur Geschichte der Neuesten Zeit, neu bearb. v. Hans C. Huber, 4. Aufl., Zürich 1966, S. 354 f.

MATERIAL

2 Ein Programm auf Briefmarken

Das faschistische Italien zelebrierte in großer Geste runde Geburtstage von bedeutenden Römern. Vergil wurde am 15. Oktober 70 v. Chr. geboren, Horaz am 8. Dezember 65 und Augustus am 23. September 63. Alle drei wurden zu ihrem 2000. Geburtstag mit umfangreichen Briefmarkenserien bedacht.

Die Vergil-Serie von 1930 zeigt links den Ausgabeanlass (secondo millenario Vergiliano: Zweitausendjahrfeier Vergils) und rechts als Motto der Serie ein Vergilzitat: antiquam exquirite matrem – suche die alte Mutter *(Aeneis 3.96, gemeint ist* Italien*). Die Horaz-Serie von 1936 zeigt ebenfalls den Ausgabeanlass (bimillenario* Oraziano*).*

A

Auf der 20-Centesimi-Marke ist ein älterer Mann (Anchises) zu erkennen, der einem jüngeren Mann (Aeneas) einen langen Zug und dessen Ziel zeigt: einen Tempel auf einem Berg, wohl den Jupiter-Tempel auf dem Kapitol. Das Vergil-Zitat aus Aeneis 6.851 (*tu regere imperio populos, Romane, memento* – du aber, Römer, gedenke mit Macht der Völker zu walten) diente schon Augustus zur Legitimation römischer Ansprüche.

B

Auf der 1,25-Lire-Marke illustriert das Bild genau den Vergil-Vers aus Aeneis 3.524 (*italiam laeto socii clamore salutant* – und Italien grüßen mit Freudengeschrei die Gefährten).

C

Auf der 50-Centesimi-Luftpostmarke dürfte Jupiter mit seinem Attribut, dem Adler, zu sehen sein. Vor seinen Augen verläuft eine altrömische Straße, die sich irgendwo in der Ferne verliert. Die Textstelle stammt aus Aeneis 1.278 (*his ego nec metas rerum nec tempora pono* – diesen setze ich weder ein Ziel noch Frist für die Herrschaft), Jupiter verkündet die „historische Sendung" der Römer.

D

Die Briefmarke aus der Horaz-Serie kombiniert zwei Motive: einen sterbenden Krieger und einen Frauenkopf mit Mauerkrone, also „Italia". Dieser Darstellungstyp betraf ursprünglich die Magna Mater Cybele, die Augustus als die Stammmutter seiner trojanischen Ahnen ansah. Das Horaz-Zitat stammt aus Carmen 3.2.13 (*dulce et decorum est pro patria mori* – schön und ehrenvoll ist es, für die Heimat zu sterben).

Die Augustus-Serie von 1937 zeigt den Ausgabeanlass (bimillenario Augusteo – Zweitausendjahrfeier des Augustus), und als Bildunterschrift dient jeweils ein populäres Zitat aus der Zeit des Augustus.

Abbildungsideen und Texte dieser Doppelseite nach: Reinhard Hirth, Propaganda Recyclata. Vergil, Horaz und Augustus auf Briefmarken der Mussolini-Zeit, in: Der Altsprachliche Unterricht 33, 1990, Heft 1 und 2, S. 97–108.

Die 50-Centesimi-Marke mochte Mussolini angeblich besonders gern. Das Bild zeigt den „Augustus von Primaporta“ und im Vordergrund begeistert erhobene Hände. Das Zitat aus dem Tatenbericht lautet: *iuravit in mea verba tota Italia et me ducem depoposcit* – den Gefolgschaftseid hat mir ganz Italien geleistet und mich nachdrücklich als Führer gefordert.

25 Centesimi: Ein Kreuz steht zwischen zwei Legionszeichen. Am Fuße des Kreuzes erstrahlt der Stern von Bethlehem, darunter befindet sich ein Zitat aus den *res gestae* (*censum populi egi* – die Schätzung des Volkes habe ich durchgeführt) darüber ein Vergil-Zitat aus der 4. Ekloge (*iam nova progenies caelo demittitur alto* – schon wird ein neuer Sproß entsandt aus himmlischen Höhen).

Die Luftpost-Marke zeigt einen Legionsadler vor einer Landkarte, in der das römische Reich in seiner größten Ausdehnung zur Zeit des Kaisers Trajan eingezeichnet ist. Diese Landkarte kann man heute noch in Rom an der Rückseite der Konstantinsbasilika sehen. Das Zitat entstammt dem Zusammenhang der Jupiter-Prophezeiung aus Vergil, Aeneis 1.236: *qui mare, qui terras omni ditione tenerent* – die allmächtig alle Länder und Meere besäßen.

MATERIAL

3 Wissenschaft und Propaganda: Faschistische Archäologie in Rom

Massimo Pallotino umreißt die Interessenlage des faschistischen Rom bezüglich der Freilegung seiner Altertümer (1971).

Die Spitzhacke, die in den 20 Jahren faschistischer Herrschaft an vielen Stellen das alte Stadtbild Roms veränderte, war für eine bestimmte Epoche der italienischen Archäologie von größtem Einfluss. Nicht selten erfolgten nämlich der Abriss von Häuserblocks und Straßendurchbrüche unter dem Vorwand archäologischer Forschung im Einklang mit der Politik, die eine Aufwertung der klassischen oder eigentlich mehr der kaiserlichen Tradition bezweckte, wobei eher propagandistische als wissenschaftliche Gründe wegleitend waren. Dies vorausgeschickt erhellt ohne weiteres, dass – trotz des äußeren Anscheins – die Archäologie in jenen Jahren nicht der wahre Zweck der großen Ausgrabungen war; die archäologischen Erfordernisse waren vielmehr der Erreichung rein äußerlicher Ziele und sozusagen bühnenwirksamer Effekte untergeordnet. Trotz scharfer Kritik, die man an den „faschistischen Archäologen" üben muss, lässt sich doch nicht leugnen, dass die diskutierbaren „Durchbrüche" einzelne Sehenswürdigkeiten und ganze Komplexe freilegten, die man vorher nur erahnen konnte, da die umliegenden Häuser und engen Gassen eine wirkliche Betrachtung fast unmöglich machten. Erst in den letzten Jahren hat sich überdies die Erkenntnis Bahn gebrochen, dass durch die Arbeiten die Möglichkeit erschlossen wurde, die Forschung voranzutreiben und mehr über die Entwicklungsgeschichte einiger lebenswichtiger Teile Roms im Altertum zu erfahren.

Mit dem Abriss von Häuserblocks wurde unter Leitung von Corrado Ricci 1924 in den Stadtteilen begonnen, die die Kaiserforen, das Cäsar-, das Augustus- und das Trajansforum sowie die Märkte des Trajan überdeckten. 1925 begann unter der Leitung von Antonio Munoz der Abriss der Häuser bei den Tempeln der Fortuna Virilis und der Vesta am Tiber. Unter Alberto Calza Bini wurden 1926 die Häuser um das Theater des Marcellus niedergelegt und 1927 – wieder unter Munoz – der Häuserblock, der das Tempelgebiet der Argentina bedeckte. Sehr rasch erfolgte die Freilegung der Hänge des Kapitolinischen Hügels mit anschließenden Ausgrabungen des Forum Olitorium und des Forum Boarium, die – ebenfalls durch Munoz – in den Jahren 1928–1931 abgeschlossen, 1940 jedoch nochmals kurz wieder aufgenommen wurden. Mit dem Bau der Via dell' Impero wurde 1930–1932 das ganze Stadtviertel abgerissen, das die Kaiserforen überlagerte. Der größte Teil der Ausgrabungen wurde aber durch den Damm und die Grünanlagen der neuen Straße wieder zugedeckt. Außerdem wurde der einheitliche Komplex der Foren und ihr Übergang in das Forum Romanum für immer unterbrochen. Wiederum unter Leitung von Munoz wurde 1932 mit der Freilegung des Grabmals des Augustus begonnen. 1938 erfolgte die Verbreiterung der Via della Botteghe Oscure, in deren Verlauf der angeblich der Bellona geweihte Tempel teilweise ausgegraben wurde. Außer diesen Grabungen, die zweifellos die augenfälligsten waren, sind noch andere Arbeiten von geringerem Umfang zu erwähnen wie die Freilegung der Kurie auf dem Forum. Hierher gehört auch die Abstützung des Tabulariums auf dem Kapitol, wobei der Tempel des Vae Jupiter entdeckt wurde. Ferner konnten alle Reste der Ara Pacis geborgen werden. […]

Alle diese großen Ausgrabungen und andere Arbeiten – zu denen auch Restaurationen, Instandsetzungen sowie die Aufstellung von Säulen und architektonischen Gebäudeteilen gehören – haben zwar wesentlich zur Erweiterung unserer Kenntnisse beigetragen, aber über sie sind nur einige wenige Vorberichte herausgegeben worden. In keinem Falle wurde jedoch eine vollständige, systematische Veröffentlichung herausgegeben […]. Dies ist umso bedauerlicher, als im Verlauf der Ausgrabungen, die stets übereilt und unter dem Druck „offizieller Einweihungsdaten" erfolgten, nur eine sehr lückenhafte und sachlich häufig unzulängliche Dokumentation zusammengestellt wurde.

Massimo Pallotino, 1971, zitiert nach: Karin Priester, Horst Wiechers, Macht der Worte – Macht der Bilder. Materialien zum fächerverbindenden Unterricht in der gymnasialen Oberstufe, Berlin 1999, S. 68 f.

MATERIAL

Via dell' Impero und die Kaiserforen im Magnetfeld der Politik 4

Der klassische Philologe Gerhard Binder setzt sich mit den ideologischen Verwerfungen der archäologischen Szene in der italienischen Hauptstadt in faschistischer Zeit auseinander (1991).

Die Arbeiten zur Anlage der Via dell' Impero und der damit verbundenen Freilegung der Kaiserfora können als Beispiel dafür dienen, wie bei bestimmten Themen auch Archäologen Sachverstand und künstlerisches Empfinden auf dem Altar des Faschismus opferten.

Es versteht sich von selbst, dass die Freilegung der Foren, die bereits seit 1911 von C. Ricci geplant, aber erst durch Mussolinis Gewaltakt realisiert werden konnte, wiederholt zu hymnischen Tönen Anlass gab, in die sich auch das vom archäologischen Sachverstand diktierte Bedauern über den Verlust mischt, den die Aufmarschschneise der Via dell' Impero verursachte. Die Straße galt damals nach ihrer „Weihe" am 28. Oktober 1932 als Ausdruck der „völkischen Erneuerung" Italiens, die in „neuerwachter Begeisterung für das antike Römertum" „auf die Schätze einer großen und ehrwürdigen Vergangenheit" zurückgreift.

„Wenn das Italien Mussolinis sie teils freigelegt, teils mit einer Via dell' Impero bedeckt hat, so hat es gehandelt in einer dem antiken Römertum verwandten Geisteshaltung. Die städtebauliche Veränderung Roms kann politisch, verkehrstechnisch, hygienisch, ästhetisch oder wissenschaftlich bewertet werden. Im Lichte unserer Betrachtungen ist sie das Zeichen eines geistesgeschichtlichen Vorganges, den man als eine neue italienische Renaissance bezeichnen darf." (alle Zitate aus: K. A. Neugebauer, 1939) [...]

Gerhard Binder zitiert im Folgenden den Archäologen Rudolf Horn aus einem Aufsatz von 1941:

„Sie (die moderne Anlage der Stadt Rom) hat mit der Großzügigkeit, wie sie solchen imperialen und besonders römischen Anlagen eigen ist, sich hinweggesetzt über alle Hindernisse, alle ängstlichen Kompromisse der vorangehenden Zeit, indem sie die gesamte Fläche von der Piazza Venezia bis zum Colosseum einfach räumte. [...] Ideell hat schon durch ihre Lage die Via dell' Impero für das faschistische Rom eine Bedeutung, die der der Kaiserfora für das Rom des alten Imperiums ähnlich ist. Denn seitdem der Duce seinen Regierungssitz in den Palazzo Venezia verlegt hat, ist hier der geistige Mittelpunkt der Stadt. Hinter den zinnenbekrönten Mauern des dunklen Quattrocentopalastes werden die Fäden der neuen italienischen Weltpolitik gesponnen, und von seinem Balkon spricht bei großen Anlässen der Duce zu den Römern. [...] Die Via dell' Impero selbst dient den nationalen Kundgebungen und Aufmärschen, die einen Höhepunkt aller staatlichen Feierlichkeiten bilden. Damit hat sie unter veränderten Bedingungen die einstige Rolle der Kaiserfora übernommen [...].

Am Eingang der Via dell' Impero grüßt die Gestalt Julius Cäsars die vorbeidefilierenden Formationen und ist dem vorübergehenden Römer eine tägliche Mahnung an seine große Vergangenheit und seine Aufgaben in der Gegenwart, eine Verkörperung des Geistes, der die neue Staatsform trägt."

Schwer ist es für den Außenstehenden, die unterschiedlichen Bewertungen der Via dell' Impero von L. Curtius[1] – bis 1937 mit der Leitung des römischen Instituts betraut – aus den Jahren 1934 und 1950 zu begreifen. Ein 1934 in Köln gedruckter, auch in italienischer Sprache erschienener Vortrag trägt den Titel „Mussolini und das antike Rom" und geht in seiner positiven Würdigung der Leistungen des italienischen Faschismus und seines Duce soweit, dass man als Erklärung nur den Versuch sehen kann, das Römische Institut „in den Wirren der Zeiten" gegen unliebsame Einflüsse abzusichern und die „glückliche Insel" zu bewahren, wo „Politik keine Rolle" spielte. Es irritiert, dass L. Curtius in seinen sonst sehr offenen Lebenserinnerungen die Ausführungen von 1934 übergeht und beinahe das Gegenteil sagt.

[1] Ludwig Curtius (1874–1954): bedeutender Archäologe, von 1928 bis 1937 Direktor des Deutschen Archäologischen Instituts in Rom; Zitate aus: Deutsche und antike Welt. Lebenserinnerungen (1950).

Gerhard Binder, Einführung, in: ders. (Hrsg.), Saeculum Augustum III. Kunst und Bildersprache, Darmstadt 1991, S. 24–29.

Die Weltaustellung (Esposizione Universale di Roma) hätte 1942 stattfinden sollen. 1939 wurde mit dem Bau der monumentalen Anlage begonnen, die den Kern einer dem Meer zugewandten urbanistischen Erweiterung der Stadt im Süden bilden sollte. Mit Kriegsbeginn wurde jegliche Bautätigkeit eingestellt. Viele Gebäude wurden überhaupt erst nach 1950 benutzt und restauriert. In den vergangenen Jahrzehnten wuchs EUR zu einem modernen Verwaltungs- und Wohnviertel heran; Foto des Geländes von 1960.

MATERIAL

5 Augustus im Schwarzhemd: Eine Ausstellung zu seinem 2000. Geburtstag

Jens Petersen schreibt 1995 in der „Frankfurter Allgemeinen Zeitung“ zur 1937 realisierten Großausstellung „Mostra Augustea della Romanità“:

Viele Rom-Besucher kennen den Vogelschau-Blick auf die antike Weltstadt Rom in konstantinischer Zeit. Die farbigen Poster gehören zu den Verkaufsschlagern der fliegenden Straßenhändler in der römischen Innenstadt. Etliche Rom-Liebhaber werden wissen, dass es sich um das Farbfoto eines Stadtmodells im Maßstab 1:250 handelt, das zu den Attraktionen des „Museo della Civiltà Romana“ im Stadtteil EUR zählt. Nur wenige Eingeweihte jedoch sind sich bewusst, dass das Modell entstanden ist für die zum 2000. Geburtstag von Augustus realisierte „Mostra Augustea della Romanità“ (MAR), die – am 23. September 1937 in Rom eröffnet – innerhalb eines Jahres fast 2 Millionen Besucher anzog.

Das Modell beruhte auf den Ergebnissen zahlreicher Grabungen. Es fußte aber auch auf der Kenntnis des antiken Stadtplans aus der Zeit des Septimius Severus. An diesem größten Puzzle der Welt, einer Marmorfläche von mehr als 20 Quadratmetern, von der nur 10 Prozent in Bruchstücken erhalten sind, basteln die Archäologen seit mehr als einem Jahrhundert. Sie werden dieses Puzzle niemals beenden.

Ihre Hypothesen und Rekonstruktionen durften sie einmal in großem Stil „vor Ort“ verifizieren. Das war in der Zeit des Faschismus, als Mussolini die römische Antike in den Dienst des neuen italienischen Machtstaates stellte. Die tausendjährigen Monumente sollten, so forderte der „Duce“ schon 1925, „gigantisch aufscheinen in der für sie notwendigen Einsamkeit“. Deshalb ließ er große Teile des „historischen Zentrums“ mit seinem mittelalterlichen und frühneuzeitli-

Der italienische Pavillon der Weltausstellung in New York 1939, ausgeführt von dem Architekten Michele Busiri Vici.

chen Baubestand abreißen, um so eine Triumphstraße entlang der Kaiserforen zu schaffen, das Augustus-Mausoleum freizulegen oder den Blick auf das Marcellus-Theater zu eröffnen. Diese ganze, vielfach neugeschaffene „Ruinenstadt“ diente – so äußerte bewundernd der berühmte deutsche Archäologe Ludwig Curtius 1934 – nur „der Größe des staatlichen Seins, der Größe der schöpferischen Persönlichkeit“. [...] Wie unter dem Mikroskop werden die Wirkungsmechanismen einer Führerdiktatur sichtbar. Das Projekt kam zustande im engen Kontakt zwischen Giglioli (Archäologe an der Universität Rom) und Mussolini. Der direkte Zugang zum Diktator erwies sich als die eigentliche Triumphkarte des Archäologen.

Ausstellungstechnisch erschloss die MAR mit ihrem radikalen Verzicht auf Originale, mit ihrer alle Bereiche des römischen Lebens abdeckenden, in Kopien, mehr als 20 000 Abgüssen und 200 Modellen realisierten und aus ganz Europa zusammengetragenen Dokumentation vielfach Neuland. Niemals zuvor hatte man das römische Weltreich in allen seinen Aspekten, von der Religion bis zur Kriegführung, vom Ackerbau bis zur Seefahrt, von Familie und häuslichem Leben bis zur Politik so anschaulich, an einem Ort vereint, studieren können.

Augustus im Schwarzhemd? Mussolini als Dux und Cäsar? Die These von der Kontinuität italienischer Geschichte seit der Antike und die nationalistische Auffassung vom Primat Italiens in der Welt einten die vielfach heterogenen Elemente des Projektes. Der Eintretende wurde im Treppenhaus von dem Spruch Mussolinis empfangen: „Italiener, macht, dass die Ruhmestaten der Vergangenheit übertroffen werden durch die Ruhmestaten der Zukunft.“ Vor diesem Hintergrund konnten auch laizistisch-nationale und katholisch-universalistische Rom-Traditionen miteinander verschmolzen werden. Die Ausstellung zielte auf ein Millionenpublikum und bildete quasi die Generalprobe für die auf 20 Millionen Besucher geplante Weltausstellung von 1942.

Jens Petersen, Ein Schwarzhemd muß Augustus tragen, in: FAZ, 2.5.1995.

MATERIAL

6 Politik und Architektur: ein notwendiger Zusammenhang? (1986)

In seinen Gesprächen mit Emil Ludwig[1] hatte Mussolini erklärt: „Für mich ist die Architektur die größte aller Künste, weil sie alle anderen umfasst." Hitlers Interesse an Architektur ist weidlich bekannt. Seine Großbaumeister Troost und Speer haben mit ihren neo-klassizistischen Monumentalbauten den Herrschaftsanspruch des Regimes zum Ausdruck gebracht. [...]

Unstrittig war lange Zeit die Annahme, dass es einen engen Zusammenhang zwischen totalitären Regimen und dem Neo-Klassizismus in der Architektur gebe. Lange Zeit wurde einfach nicht zur Kenntnis genommen, dass aber auch ein enger Zusammenhang zwischen architektonischem Modernismus und dem faschistischen Regime in Italien existierte. Bestenfalls noch äußern sich bekannte Architekturhistoriker höchst widersprüchlich zu der Tatsache, dass es in Italien bis in die Vierzigerjahre hinein, d.h. bis zum Ende des Regimes, ein kompliziertes Nebeneinander unterschiedlicher Richtungen gab. [...]

Man kann für Italien einfach nicht übersehen, dass es dort eine Gruppe von avantgardistischen Architekten [...] gab, die zugleich glühende Anhänger des Faschismus waren und auf architektonischem Gebiet eine wenn schon nicht revolutionäre, so doch moderne Architekturkonzeption im Sinne des Internationalen Bauens propagierten. Daher versuchen wohlmeinende Architekturhistoriker wie De' Seta, einen inneren Zusammenhang zwischen politischer Option und künstlerisch-architektonischer Arbeit zu leugnen. Als Individuen seien diese Männer zwar Faschisten gewesen, ihre Werke dürfe man aber nicht als faschistische bezeichnen, da sie anderen geistigen Wurzeln entstammten. [...]

Rationales, modernes Bauen ist nicht schon *per se* demokratisch, sondern hatte in Italien elitäre und technokratische Züge, die sich sehr wohl mit den funktionalen Bedürfnissen des Regimes vereinbaren ließen. [...]

Der italienische Faschismus war pluralistischer, facettenreicher, widersprüchlicher, aber gewiss auch pragmatischer, als es manchem Historiker lieb sein mag.

[1] Emil Ludwig (1881–1948): deutscher Journalist und Schriftsteller, der zahlreiche Biographien von bedeutenden Persönlichkeiten verfasste

Karin Priester, Architektur und Faschismus in Italien, in: Die Neue Gesellschaft/Frankfurter Hefte 33, 1986, S. 236 ff.

MATERIAL

7 Säulen und Bögen – Moderne und Faschismus (1994)

Etwas vom unterhaltsamsten in der – sagen wir: progressiv orientierten – Literatur über die Architektur der Mussolini-Zeit ist das schiere Entsetzen der Autoren angesichts der Verbindungen zwischen Kunst, Moderne und Faschismus. Dass das neue Bauen kein Privileg einer Gesellschaft war, die sich „links und frei" definierte, bereitet ihnen gewaltiges Unbehagen. Gewöhnlich versuchen sie dann ihr Weltbild zu retten, indem sie sich auf die Universität Rom und die EUR 42 stürzen. Endlich wieder Säulen und Bögen, jede Menge Monumentalarchitektur – und die Rationalisten zur Anpassung gezwungen oder auch gar nicht berücksichtigt. [...] Schließlich die EUR 42, die neue, für die Weltausstellung 1942 geplante Stadt zwischen Rom und Ostia, bei deren Planung sich die Säulen- und Bogen-Fraktion so massiv durchsetzte, dass Pagano[1] angewidert das Handtuch warf. [...]

Aber dieser stilistische Fassadenwechsel war keineswegs ein Privileg des Faschismus, wie das Beispiel Hannes Meyer dokumentiert. Der aus Basel stammende Architekt und Direktor des Dessauer Bauhauses, 1930 wegen kommunistischer Umtriebe zur Demission gezwungen, entdeckte plötzlich wieder die Reize von Säulen und Bögen, sicher auch bedingt durch seinen Aufenthalt in der Sowjetunion.

[1] Giuseppe Pagano (1896–1945): Vertreter der „rationalistischen" Strömung der italienischen Moderne. Pagano hatte einen streng funktionalistischen Gegenentwurf für die EUR entwickelt, der aber abgelehnt wurde.

Ignaz Miller, Im Gleichschritt ins Bauhaus. Architektur im Italien Mussolinis, in: Neue Züricher Zeitung, 28. 5. 1994.

Modell der Casa del Fascio, der faschistischen Parteizentrale in Como, die der Architekt Giuseppe Terragni 1932 errichtete.

MATERIAL

Baut der gute Architekt für jeden Bauherrn? 8

Dieter Bartetzko schreibt 2001 in der Frankfurter Allgemeinen Zeitung über den Architekten Terragni:

Der Faschismus sei wie die „Casa del Fascio" – klar, offen und mit einem kristallenen Kern. So schwärmte Mussolini über das in weißem Marmor strahlende Prisma, das Giuseppe Terragni ihm und seiner Partei als Gral und Herz 1932 in Como errichtet hatte. Terragni wusste nicht, oder wollte nicht wissen, dass er seine geniale Kunst in den Dienst eines der Schlächter Europas stellte. Politisch ein Naivling, als Architekt genial. So lautet die Kurzformel, auf die sich Architektenkreise nach jahrzehntelangen Eiertänzen geeinigt haben. Es war Le Corbusier, der in der schönsten Freiheit und Offenheit des Alters einmal sagte, er selbst hätte in jungen Jahren sogar für Stalin gebaut, wenn der ihm freie Hand zugesichert hätte.
Le Corbusier war es auch, der Terragnis Genie unmittelbar nach dessen frühem Tod würdigte. Begeistert war der Italiener in den Krieg gezogen, völlig verstört wurde er 1943 nach Como zurückgebracht, wo er bald darauf starb.

Dieter Bartetzko, Das gläserne Herz, in: FAZ, 12. 3. 2001.

MATERIAL

Terragnis Rationalismus 9

Der Architekt und Journalist Enrico Santifaller schreibt im Jahr 2000 über die Casa del Fascio:

Am reinsten zeigt sich Terragnis Rationalismus beim strahlend weißen Parteihaus in Como. Auf den ersten Blick ein purifizierter Renaissance-Palazzo, klassisch in seinen Proportionen, in seiner streng geometrischen Form des Halbkubus, in seiner dreiteiligen Organisation um einen überdeckten Innenhof. Der Baukörper nimmt Elemente des mittelalterlichen Stadtturmes und des kaum jüngeren Versammlungssaales von Como auf, die Fassade zur Altstadt aber spiegelt den aus römischer Zeit stammenden Stadtgrundriss, Comos ganzen Stolz. Terragni erhebt den Anspruch Benito Mussolinis, der Faschismus führe Italien wieder zu antiker Größe, in dieser Fassade zum Tafelbild. Die Casa del Fascio ist freilich ein vollkommen moderner Bau, dessen Stahlbetonskelett bis auf eine einzige Stelle von Marmor umkleidet ist. Nur mitten im Büro des Parteisekretärs, dem Zentrum der Macht, lässt Terragni den Beton eines Pfeilers in seiner unmittelbaren Roheit mit natürlich belassener Oberfläche. Was zunächst ein Faux pas aus Nachlässigkeit scheint, ist in Wahrheit Berechnung: „An diesem Pfeiler, der selbst in seiner materiellen Ungeschlachtheit die Spontaneität der Squadristi (faschistische Schlägertrupps) zur Darstellung bringt, sollen die tödlichen Überreste eines faschistischen Straßenkämpfers angebracht werden", schrieb Terragni kurz nach der Fertigstellung des Gebäudes. Im Gegensatz zu den steinern-schweren Bauten des Nationalsozialismus ist der Marmor in Como hauchdünn geschnitten, zudem verwendete Terragni in Como reichlich Glas. Und entsprach damit der Forderung des „Duce", wonach der Faschismus ein gläsernes Haus sein müsse.

Enrico Santifaller, Luzifer der Moderne, in: www.baunetz.de/BauNetz/dbz/aktuell/k/0803011.htm.

Palazzo della Civiltà del Lavoro im Stadtteil EUR.

1. Analysieren Sie das Mussolini-Plakat auf S. 117 hinsichtlich der historischen Symbolik, die hier eingesetzt wird.
2. Beschreiben Sie die Zusammenhänge, die Mussolini und die Faschisten zwischen ihrer Ideologie und dem römischen Imperium herstellen. (M 1, M 2 und M 4)
3. Gibt es reale Verwandtschaften zwischen faschistischem und augusteischem „Staatsverständnis"? (M 1, Kap. 2–4)
4. Stellen Sie die Intentionen der Briefmarkenserien zu den Zweitausendjahrfeiern vor. (M 2)
5. Erläutern Sie allgemein den Quellenwert von Briefmarken. (M2) Suchen Sie in einer Privatsammlung oder im Internet italienische und deutsche Briefmarken aus den Dreißigerjahren des vorigen Jahrhunderts. Vergleichen Sie Ihre Befunde.
6. Erläutern Sie, welche „Erfolge" Archäologen in Rom während des Faschismus zu verzeichnen hatten. Welche Kompromisse mussten sie schließen? (M3 und M4)
7. Erläutern Sie das Selbstverständnis, das der italienische Pavillon der Weltausstellung von 1939 ausdrückt. (S. 123) Beschreiben Sie die baulichen Besonderheiten der Casa del Fascio und des Palazzo della Civiltà del Lavoro. (S. 125 u. 126)
8. Stellen Sie die verschiedenen Richtungen von Architektur dar, und erklären Sie deren Zusammenhang mit dem Faschismus. (M 6 – M 9)
9. Erläutern Sie das „Unbehagen", das den progressiven Architekturhistoriker angesichts der politischen Indifferenz „moderner" Baukunst befällt. (M 6 u. M 7)
10. Diskutieren Sie: Gab es eine faschistische Staatsarchitektur?
11. Welche Zusammenhänge sehen Sie zwischen der Architektur im faschistischen Italien und der Architektur im antiken Rom?
12. Bewerten Sie aufgrund ihrer Ergebnisse zur faschistischen Ideologie erneut den Zusammenhang von Architektur und Politik.
13. Vergleichen Sie die Selbstdarstellungen von Mussolini, Augustus, Ludwig XIV., Napoleon, Wilhelm II. und Hitler. Diskutieren Sie, inwieweit sie sich unter dem Gesichtspunkt charismatischer Herrschaft vergleichen lassen.

Architektur als Quelle

Burgen findet man im Elsass auf jedem Hügel. Ein wundervolles Besuchsprogramm für Touristen. Leider stellen sich die meisten mehr oder weniger in Ruinenform dar, so dass der Besucher schon Phantasie braucht, um sich in die Architektur des Gebäudes hineinzudenken. Aber es gibt Ausnahmen, die „vollständig erhalten" sind. Zu diesen Ausnahmen zählt Haut-Koenigsbourg, wo Besuchermassen sich ein „richtiges" Bild vom Mittelalter machen wollen. Für viele Besucher gibt es allerdings ein Problem. Sie wissen nicht, dass das Elsass von 1871 bis 1918 zum Deutschen Kaiserreich gehörte und dass Kaiser Wilhelm II. Haut-Koenigsbourg von 1901 bis 1908 nach seinen eigenen Vorstellungen restaurieren ließ. Was die Besucher also zu sehen bekommen, ist in weiten Teilen nicht Originalmittelalter, sondern die Vorstellung, die sich Wilhelm II. und seine Berater vom Mittelalter machten. Das einfache Beispiel zeigt, dass Architektur als Quelle viele Fallstricke bereithält. Zunächst also gilt es, sich Informationen darüber zu beschaffen, was man überhaupt sieht.

Rahmenbedingungen der Architektur

Architektur gehört zum weiten Bereich der Kunst, hat aber, anders als Malerei und Plastik, eine reale Benutzbarkeit zur Grundlage, wovon höchstens reine Denkmalsbauten eine seltene Ausnahme bilden. Architektur wird also in erster Linie geprägt durch praktische Bedürfnisse. Diese wiederum orientieren sich an finanziellen Mitteln, technischen Möglichkeiten und politischen Begrenzungen. Der künstlerische Aspekt ist also bei Architektur immer nur eine zusätzliche Qualität. Darüber hinaus ist Architektur gekoppelt an gesellschaftliche Bedingungen, die von Politik, Religion usw. bestimmt sind. Konkret zeigt sich das bei den Auftraggebern und Bauherren, die mit eigenen Intentionen an einen Architekten herantreten und in der Regel die Richtlinien vorgeben. Zu unterscheiden sind öffentliche, halböffentliche und private Bauten, wobei die letzten beiden vielfach staatlicher Genehmigung bedürfen. Zu den gesellschaftlichen Bedingungen zählen auch die Organisation des Bauwesens (Gesetzgebung, Stadtplanung, Bauaufsicht etc.), und das komplexe Gefüge der an der Arbeit des Bauens Beteiligten (Auftraggeber, Unternehmer, Architekt, Arbeiter etc.).

Architektur hat aber auch immer architekturgeschichtliche Voraussetzungen. Man knüpft an Formenapparate und Bautypen an, setzt neue Akzente oder greift bewusst auf noch älteres zurück. Manchmal werden Stilmerkmale von der Nachwelt als so markant oder typisch empfunden, dass sie einer ganzen historischen Epoche ihren Namen geben, wie etwa dem Barockzeitalter. Große Bauwerke entstehen also in einem komplizierten Geflecht technischer, wirtschaftlicher, politischer, sozialer und kunstgeschichtlicher Bedingungen. Umgekehrt haben sie aber auch Rückwirkungen auf diese Bedingungen. So führten die Großbauten um 1200 n. Chr. zu Innovationen der Bautechnik und Bauorganisation, förderten den Übergang von der Saisonarbeit zu ganzjähriger Arbeit und intensivierten den Wandel von der Natural- zur Geldwirtschaft.

Fürstliche und kirchliche Baustiftungen sollten seit alters her das Andenken sichern. Bauten großer Herrscher der Vergangenheit, in Ägypten, Rom, Byzanz und anderswo, sollten als Vorbild dienen und den Stempel der jeweiligen Machthaber tragen, auf dass diese auch in ferner Zukunft noch eine sichtbare Spur hinterließen. Aber die Bauten spiegeln nur selten unmittelbar die Verhältnisse wider, sondern folgen einem Zeichensystem, das wechselseitige Orientierungen repräsentiert. Die reale Macht eines Herrschers, eines Bischofs oder einer Kommune ist nicht aus dem Palast, der Kathedrale und dem Rathaus abzulesen, vielmehr verweisen diese indirekt auf Ansprüche, Selbstverständnis und Geschichtsbild ihrer Erbauer. Historikerinnen und Historiker haben ein Interesse daran, die Zeichen zu entschlüsseln, um an die dahinterstehenden Geisteshaltungen zu gelangen.

Beispiel 1: Frankreich und die „Großen Projekte" des François Mitterand

In keinem Land Europas haben in den letzten Jahrzehnten staatlich initiierte, größtenteils öffentlich zugängliche Großbauten in einer Hauptstadt eine solche Bedeutung erlangt, Interesse bei der breiten Bevölkerung für Architektur und Stadtplanung geweckt, aber auch heftigste Diskussionen ausgelöst wie die zahlreichen „Grands Projets de l'Etat" in Paris. Der im Januar 1996 verstorbene Staatspräsident François Mitterand hatte 1981 die ersten vier Projekte dieser für das Stadtbild ganz elementaren Entwicklung von seinen Vorgängern übernommen, mit großer Passion fortgeführt und in eine neue Dimension gesteigert. Mehr noch, die „Grands Projets" wurden zu einer der wichtigsten Aufgaben seiner langen Präsidentschaft. Für ihn, einen Mann großen Weitblicks, der sich einer humanen, die Kultur des Landes bewahrenden Gesellschaft verschrieben hatte, kündigte sich mit diesen Projekten das nächste Jahrtausend und damit eine neue Epoche an. [...]
Mitterand reagierte auf die Kritik an der Bibliothek und an seinen anderen Bauvorhaben nicht. Er blieb von ihr – zumindest nach außen – unbeeindruckt. Zu keiner Zeit vergaß er jedoch, mit rhetorischem Geschick die „Grands Projets" als sein Engagement für das Volk und die Bewahrung der Kulturnation Frankreich zu erklären. Seine Vorhaben dienten der Schaffung von zentralen Orten in der Stadt, die dazu beitragen sollten, Kenntnisse der Wurzeln, der Geschichte des Landes und der Menschheit zu erlangen. Dies ist nicht Ausdruck eines Buhlens um intellektuelles Prestige, sondern ein wahres Anliegen des Präsidenten, der das neue Gewicht der Kultur in Frankreich erkannte und geschickt nutzte, „damit das Volk sich wieder identifizieren kann". Und er fügte hinzu: „Um aus der Krise herauszukommen, ist ein kultureller Unterbau sehr wichtig."
Bei den „Grands Projets" ist dennoch etwas anderes, ganz Entscheidendes unverkennbar: Mitterands Hang zum Unvergänglichen. „Ja, ich mag die Geschichte, und ich mag es, in der Geschichte Spuren zu hinterlassen. Man erinnert sich an Tutanchamun. Was wird man in einigen tausend Jahren selbst von Charles de Gaulle, Georges Pompidou, Valéry Giscard d'Estaing, von mir sagen?" (Mitterand im April 1995). Architektur ist ihm aufgrund ihres Symbolgehalts wichtig. Bauten sind bleibende Denkmäler der Größe und Vollkommenheit. Mitterand wurde geradezu ein kämpferisches Verhältnis zur Vergänglichkeit nachgesagt. So wollte er wie kein anderer Zeichen setzen für seine Zeit der Größe als Staatspräsident Frankreichs. Dass ihn seine letzte Reise kurz vor seinem Tod nach Ägypten führte, wo er sich schon zuvor viele Male aufgehalten hatte, zeigt seine Passion für die großen untergegangenen Kulturen. Für François Chaslin, ehemaliger Chefredakteur von „L'Architecture d'Aujourd'hui" in Paris, ist es „diesem merkwürdigen Staatschef, der gerne mit einer Sphinx verglichen wird, diesem König der Linken, einem republikanischen Monarchen", gelungen, „eine sozialistische Variante des Landesfürsten mit überraschender, eigener Prägung zu entwickeln". Die satirische Presse prägte das Wort von „Mitteramses I.". [...]
Mitterands Staatsarchitektur hat kraft ihrer Symbolhaftigkeit im Stadtbild von Paris eine besondere Präsenz. Die Entscheidung für diese Großprojekte lag allein beim Präsidenten, der die Planung vorantrieb und bei fast allen Projekten die Finanzierung vollständig sicherstellte; Abstimmungen im Parlament waren dazu nicht erforderlich. Die Stadt Paris hatte kaum Chancen, sich in die Konzepte einzumischen. Die zentralistisch organisierte Nation hatte schon immer massiv in die Struktur der Hauptstadt eingegriffen, so dass Stadtbaupolitik nie die Stadtbaupolitik der Stadt Paris war, sondern die des Staates. [...] Fast alle großen Bauvorhaben wurden jedoch nach anfänglichem Unverständnis und teilweise massiven Protesten von großen Teilen der Bevölkerung zumindest angenommen. Sie sind das Ziel von Besuchern aus ganz Frankreich und dem Ausland. Für die Touristen sind die Projekte heute Sehenswürdigkeiten wie der Eiffelturm oder Montmartre.

Andrea Gleiniger, Gerhard Matzig, Sebastian Redecke, Paris. Architektur der Gegenwart, München-New York 1997, S. 22–25.

La Grande Arche
Nordwestlich von Paris entstand seit den 1960er Jahren die Büro-, Geschäfts- und Wohnstadt „La Défense". Deren mittlere Erschließungsachse ist eine exakte Verlängerung der „königlichen Achse" aus dem Zentrum der Metropole heraus. Dort wurde 1984–89 als Abschluss die „Grand Arche" realisiert, die eine Verdoppelung des Arc de Triomphe darstellt. Die Grand Arche wurde zum 200. Jahrestag der Französischen Revolution fertig.
Das Gebäude besteht aus zwei 35-geschossigen, 19 Meter breiten Bürohochhausscheiben, die eine Höhe von 110 Metern und eine Kantenlänge von 106 Metern zeigen. Durch das verbindende Dach wirkt das Gebäude wie ein ausgehöhlter Würfel. In der Mitte bringen vier gläserne Aufzüge den Besucher zu der Panoramaplattform im Dach, wo auch Vortragssäle und Ausstellungsflächen vorhanden sind. Im internen Platz gibt es ein fest verspanntes Segel („Wolken"), unter dem der zentrale Zugang zu den im Sockel liegenden Ausstellungsräumen und zum Bahnhof liegt.

Le Grand Louvre

Der Louvre ist seit dem Mittelalter das Stadtschloss der Könige von Frankreich. Von hier aus regierten sie das Land – zumindest solange, bis in Versailles, das weit außerhalb von Paris liegt, die neue Residenz fertiggestellt wurde. Der Louvre besteht aus verschiedenen Gebäuden verschiedener Epochen. Im Mittelpunkt steht die Schlossanlage, die ihre Ursprünge im 12. Jahrhundert hat und deren Zentrum der Repräsentationsbau unter Ludwig XIV. darstellt. Seit dem Beginn des 19. Jahrhunderts wurde dieser Bau in konsequenter Fortsetzung erheblich erweitert. Bereits 1793 machte der Nationalkonvent den Louvre zum zentralen Kunstmuseum für das französische Volk. Spätestens mit den kriegsbedingten Erwerbungen aus den napoleonischen Kriegen erlangten die Sammlungen internationale Geltung.

In den 1970er Jahren aber wurde deutlich, dass der Louvre, der als eines der größten und bedeutendsten Museen der Welt gilt, für seine wachsenden Aufgaben zu klein werden würde. In der zweiten Hälfte der 1980er Jahre ging man an die Lösung des Problems, die durch einen New Yorker Architekten chinesischer Abstammung, Ieoh Ming Pei, realisiert wurde. Die wichtigsten Ansätze waren die Unterkellerung des zentral gelegenen Cour Napoléon und in der Mitte die Errichtung einer 22 Meter hohen und an der Basis 35 Meter breiten gläsernen Pyramide als zentraler Eingang. Darunter liegt die unterirdische Eingangshalle mit den Maßen von 200 mal 120 Metern mit Information, Kassen, Zugängen, Läden, Postamt, Restaurants und Hörsaal. Hinzu kam eine unterirdische Passage mit Luxusgeschäften der Kulturvermarktung, die zu dem ebenfalls unterirdischen Busbahnhof und -parkplatz führt.

Der 195 Meter lange Richelieu-Flügel, der bis 1989 als Finanzministerium genutzt worden war, wurde entkernt, und man reduzierte seine bisher vier Geschosse auf zwei mit jetzt je sieben Meter hohen Ausstellungsräumen. Zusätzlich wurden die drei Innenhöfe mit gewölbten Glasdächern überbaut, die damit die größten Räume dieses neuen Museumsflügels wurden.

La Bibliothèque Nationale François Mitterand
In den Jahren 1992–96 wurde an der Seine eine neue Nationalbibliothek erbaut, die bis zu 12 Millionen Bücher aufnehmen soll. Sie ist die zentrale Forschungsbibliothek Frankreichs und gleichzeitig allgemeine Informationsbibliothek. Der Pariser Architekt Dominique Perrault entwarf ein Konzept, das nach außen gekennzeichnet ist durch vier winkelförmige Ecktürme, die wie vier geöffnete Bücher sich gegenüberstehen und einen symbolischen Raum begrenzen. Diese Türme sind 79 Meter hoch und umfassen sechs Bürogeschosse, zehn Magazingeschosse und zwei Technikgeschosse. Das Buchmagazin insgesamt hat eine Regallänge von 400 Kilometern. Der leere Raum zwischen den vier Ecktürmen wird begrenzt durch einen breiten Erschließungsgang, durch Lesesäle, Veranstaltungsräume und Restaurants. Im Zentrum befindet sich ein Hof, dessen Atmosphäre bestimmt wird durch die Anpflanzung von 120 Kiefern, die teilweise bis zu 40 Jahre alt sind und eine Höhe von 20 Metern erreichen.

Zum Umgang mit architektonischen Quellen

Bauwerke nehmen wir häufig durch Bilder, Modelle, beschreibende Texte und Grundrisse zur Kenntnis. Vorzuziehen ist aber immer der Besuch, der allein imstande ist, eine reale Vorstellung von Größe und Standort zu erzeugen. Allerdings ist ein Besuch nicht immer realisierbar, nicht jeder Gebäudeteil begehbar, und manches Bauwerk vermittelt als Ruine kaum noch eine Vorstellung seiner einstigen Präsenz. Unabhängig davon, ob man ein Bauwerk in der Realität oder in medialer Vermittlung zur Kenntnis nimmt: Wenn man es als Quelle für Geschichte betrachtet, dann muss man kritisch mit ihm umgehen wie mit jeder anderen Quelle auch. Folgende Fragen können dienlich sein:

- Wie sieht das Gebäude insgesamt aus? Aus welchen Teilen besteht es? Welche Bestandteile sind besonders hervorgehoben? In welcher Beziehung stehen die einzelnen Bestandteile zueinander?
- Welche Abmessungen hat das Gebäude? (Breite, Länge, Grundfläche, Gesamthöhe, Geschosshöhe, Fenstergröße, Fensteranzahl etc.) Zum Vergleich können Abmessungen ähnlicher Gebäude herangezogen werden.
- Aus welchen Materialien besteht das Gebäude? (Fassade, Mauern, Treppen, Dach, Fensterrahmen, Fenster, Fußböden, Gardinen, Balkons etc.)
- Wo steht es? In welchem baulichen Umfeld stand es zum Zeitpunkt seiner Fertigstellung? War oder ist es Bestandteil eines größeren Ensembles?
- Wann wurde das Gebäude errichtet? Wann wurde es geplant? Wie lange wurde an ihm gebaut?
- Handelt es sich bei dem heute vorhandenen Gebäude um das „Original", also um die zuerst verwirklichte Version? Oder wurde das Original umgebaut, erweitert, restauriert, neu aufgebaut? Inwieweit sind dabei Veränderungen vorgenommen worden? Lässt sich die Baugeschichte in ihren wichtigsten Stationen bildlich und/oder schriftlich dokumentieren?
- Wer war der Architekt? Welche Bauwerke hat er außerdem errichtet? Welche Vorstellung von Architektur hatte er? Gibt es Schriftzeugnisse darüber?
- Wer war der Auftraggeber? Welche Absichten verband er mit dem Bauwerk?
- Welche technischen Voraussetzungen galten während der Bauzeit? Welche Hilfsmittel standen bereits zur Verfügung, welche nicht? (Kräne, Transportmittel, Beton etc.) Waren Bauherren und Architekten technisch auf der Höhe ihrer Zeit? Wie viele Arbeiter wurden eingesetzt? Welche Handwerkssparten waren vertreten? Wie viel Geld haben die Arbeitskräfte bekommen?
- Was hat das Bauwerk insgesamt oder in einzelnen Bestandteilen gekostet?
- Welche Zwecke sollte das Bauwerk erfüllen? Welche Zwecke hat es tatsächlich erfüllt oder erfüllt es heute? Hatten oder haben einzelne Teile unterschiedliche Funktionen?
- Gibt es bauliche Vorbilder, an die das Gebäude anknüpft? Ist es selbst zum Vorbild geworden?
- Welche Bedingungen setzten Gesellschaft, Religion und Politik? Was davon drückt sich aus?

1. Wenden Sie den Fragenkatalog auf das Beispiel Paris an.
2. Analysieren Sie entsprechend weitere Beispiele aus diesem Schulbuch.
3. Vergleichen Sie Ihre Ergebnisse zu den verschiedenen Gebäuden im gegenwärtigen Berlin, im augusteischen Rom, im faschistischen Italien und im gegenwärtigen Paris.
4. Untersuchen Sie entsprechende Gebäude in Ihrer eigenen Gemeinde, und entwickeln Sie einen architekturgeschichtlichen Stadtrundgang.

Die Techniken des Entertainm
ermöglichen es, das Politis
im Modus des Feel good darzubi
und dadurch eine positive Gru
stimmung zu produzieren, di
Entfremdungs- und Ablehnungs
tendenzen im Sinne der weit
verbreiteten Politikverdrossenh
durchaus entgegenwirken kann.

ungebrochenen Zulauf in der
Erlebnisgesellschaft.

6. Verwandlung der Berliner Republik?

Politik in der medialen Erlebnisgesellschaft

6.0 Demokratie und Massenmedien

Medien sind überall Der Triumphzug der modernen Massenmedien ist nicht aufzuhalten. Durch Massenmedien betrachten wir immer mehr die Wirklichkeit, zu der auch die Medien selbst gehören. Hat diese mediale Allgegenwärtigkeit Auswirkungen auf die Form unserer Demokratie?

Was ist Demokratie? Pluralistisch-rechtsstaatliche Demokratien haben gemeinsame Merkmale, bei allen Unterschieden im Einzelnen. Dazu zählen die Gewährleistung grundlegender Menschenrechte, die Volkssouveränität, ein Mehrparteiensystem, der Parlamentarismus, eine unabhängige Gerichtsbarkeit, die Freiheit der Medien und eine in Form und Ausmaß ganz unterschiedliche Bürgerbeteiligung. Vielleicht gehört dazu auch eine funktionierende Zivilgesellschaft, in der Vereine, Verbände, Organisationen und Initiativen zwischen Gesellschaft und Staat vermitteln. Mit diesen Grundlagen vereinbar sind durchaus unterschiedliche Varianten der Demokratie, z. B. solche, die sich eher am Marktmodell orientieren, oder solche, die eher einem Partizipationsmodell folgen. Im Zentrum steht eine funktionierende politische Öffentlichkeit, die Transparenz zeigt und die Bürgerinnen und Bürger befähigt, auf der Grundlage von Informationen selbständig zu urteilen und zu handeln.

Funktion der Parteien Hinsichtlich der intermediären (vermittelnden) Stellung zwischen Gesellschaft und Staat erhalten die Parteien durch Artikel 21 Grundgesetz, der ihnen die Mitwirkung an der politischen Willensbildung zusichert, eine herausgehobene Funktion. Parteien entwickeln – demokratietheoretisch formuliert – Richtungs- und Sachalternativen und verkörpern somit die Planbarkeit von Politik und ihren Handlungsspielraum. Ihre zweite Funktion ist die Rekrutierung von politischem Personal, das sich zur Wahl stellt und Ämter und Funktionen übernimmt. Die Förderung der Meinungs- und Willensbildung inhaltlich und personell ist eine Aufgabe der Parteien, durch die Politik erst gestaltet wird. Die Parteien unterliegen prinzipiell dem Gebot innerparteilicher Demokratie.

Funktion der Medien Auch die Massenmedien leisten einen Beitrag zur demokratischen Kommunikation. Zu den Leitbildern zählt eine möglichst objektive Berichterstattung, damit Bürgerinnen und Bürger Fakten und Zusammenhänge sehen und sich ein Urteil bilden können. Gleichzeitig sollen sie Meinungen artikulieren, das aber nicht einseitig, sondern unter angemessener Berücksichtigung aller Richtungen, was wiederum der Urteilsbildung der Bürger dient. Zum dritten sollen die Medien eine Kritik- und Kontrollfunktion in Politik und Gesellschaft wahrnehmen.

„Mediokratie"? In der Gegenwart wird oft die These vertreten, dass die Massenmedien in den letzten Jahrzehnten sehr an Wirkungsmacht gewonnen hätten und dass sie zunehmenden Einfluss auch auf funktionale Abläufe der Politik und auf deren Inhalte nähmen. Leben wir bereits in einer „Mediokratie", in der die Selbstdarstellung und Inszenierung von Personen wichtiger geworden ist als die Inhalte? Wie sieht das „Bildprogramm" der Berliner Republik aus und wie wird es umgesetzt?

Karikatur aus der Frankfurter Allgemeinen Zeitung vom 16.05.2001. Auslöser ist eine Aktion, in der mehrere deutsche Spitzenpolitiker tageweise neue Erfahrungen in fremden Berufssparten suchten.

6.1 Mediale Erlebnisgesellschaft

Die Gesetze des Medienmarktes

Der Medienmarkt unterliegt eigenen Gesetzen, insbesondere der Markt der audiovisuellen Medien, in dem das Fernsehen eine klare Vorreiterrolle spielt. Die verschiedenen Anbieter von Nachrichten, Hintergrundinformationen oder Reportagen stehen in Konkurrenz zueinander. Für sie geht es um Marktanteile bei ihren Zielgruppen, ihre Planung muss betriebswirtschaftlicher Rationalität entsprechen. Das heißt auch, dass in der Berichterstattung die Politik in Konkurrenz zu anderen Bereichen gerät. Ein Sportereignis lockt mehr Zuschauer vor den Bildschirm als eine Bundestagsdebatte, und an den Zuschauerquoten orientiert sich wiederum die Preisgestaltung für die Werbespots, die zwischendurch gezeigt werden.

Ereignishaftigkeit

Audiovisuelle Berichterstattung bedeutet deshalb zunehmend Begrenzung, Einsetzen von Filtersystemen und Anwendung von strengen Auswahlkriterien, deren letzte Instanz immer die Gunst des Publikums ist. Die Attraktivität einer Nachricht ist wesentlich bestimmt durch ihre Ereignishaftigkeit, die oft mit hoher Personengebundenheit einhergeht.

Suche nach Öffentlichkeit

Da umgekehrt Politiker und Parteien ein lebenswichtiges Interesse daran haben, Öffentlichkeit zu gewinnen, also Inhalt von medial multiplizierten „Nachrichten" zu sein, sind sie bis zu einem gewissen Grade dazu bereit, ihr eigenes Auftreten den Spielregeln der Massenmedien anzupassen. Das bedingt Darstellungs-, Präsentations- und Inszenierungsregeln, die oftmals in einem Spannungsverhältnis zu den charakteristischen Inhalten der Politik stehen.

Privatisierung des Medienmarktes

Seit Mitte der 1980er Jahre gibt es eine erhebliche Ausweitung des Marktes audiovisueller Medien, denn seitdem müssen die angestammten öffentlich-rechtlichen Anbieter mit privaten konkurrieren. Die Sender müssen sich nun stärker am Publikumsgeschmack und an den Bedürfnissen der Werbebranche orientieren. Viele kritische Beobachter wollten wegen der Intensivierung der Unterhaltungssparte einen breiten Niveauverlust und eine Trivialisierung von Funk und Fernsehen feststellen. Insgesamt hat die Konkurrenz aber auch zu einer erheblichen Diversifizierung des Angebots geführt, in dem nun eine größere Auswahl herrscht als zuvor.

Erlebnisgesellschaft

Klar gegliederte Gesellschaften gehören in modernen Demokratien der Vergangenheit an. Es ist zu einer Auflösung von Klassen, Schichten und überkommenen Ordnungsmustern gekommen, und Individualisierung ist zum Schlüsselwort moderner Gesellschaften geworden, die von einer Vielfalt der Optionen für den Einzelnen gekennzeichnet sind. Die damit verbundene größere Freiheit führt allerdings nicht nur zu einer Entlastung, sondern setzt den Einzelnen bisweilen unter Druck, wenn er in seinem sozialen Umfeld geradezu die „Pflicht zur Selbstverwirklichung" verspürt. Spaßkultur und das Genießen des Lebens treten in den Vordergrund. Konsum- und Freizeitaktivitäten werden für immer größere Teile der Gesellschaft sinnstiftend, so dass Erlebnismilieus entstehen, zwischen denen die Beteiligten nicht beliebig oft wechseln können. Zur Beschreibung dieser Vorgänge hat der Soziologe Gerhard Schulze den Begriff der „Erlebnisgesellschaft" geprägt.

Verwandlung der Demokratie?

Politik wird heute anders vermittelt als vor 30 Jahren. Diese kaum zu bestreitende Aussage führt zu mehreren Fragen: Wie gestaltet sich die moderne Politikvermittlung? Inwiefern passt sie sich an die „Erlebnisgesellschaft" an? Wieweit verbinden sich Information und Unterhaltung? Welche neue Rolle spielen die Massenmedien? Gibt es dadurch Änderungen im Parteiensystem? Werden davon die Grundsätze der Demokratie berührt, und führt das gar zu einer anderen Demokratie?

MATERIAL

1 Lichtgestalten: Franz Beckenbauer for President?

Der Sozialwissenschaftler und Publizist Claus Leggewie schreibt im Jahr 2000 in der Zeitschrift „Die Woche":

Wird Franz Beckenbauer Bundespräsident oder gar Kanzler? Die Frage klingt nicht mehr so absurd wie zu den Zeiten von Max Schmeling oder Fritz Walter, als man in sportlichen Erfolgen noch keine Qualifikation für politische Ämter erblickte. Würde man eine entsprechende Ted-Umfrage[1] veranstalten, der „Kaiser" könnte aus dem Stand eine erkleckliche Zahl von Stimmen auf sich vereinigen. Politische Klasse und Publikum lechzen nach Zelebritäten, die so bekannt und beliebt sind wie „der Franz", die jovial über alles sprechen können und ein geradezu magisches Händchen beweisen: erst Weltmeister als Spieler, dann als Trainer, schließlich als Organisator. [...]

„Der Franz hat die WM nach Deutschland geholt!" diese Qualifikation übertrifft in den Augen vieler das Geschiebe um die Rente oder das Gezerre um BSE. Allein schon das Finanzvolumen der sportpolitischen Mega-Operation prädestiniert zu Höherem. Von einer Kandidatur für ein politisches Amt ist bislang zwar nichts bekannt, aber wirklich überraschen könnte sie nicht angesichts der aufgeweichten Grenzen zwischen Fußballpräsidien und Kanzlerämtern und allgemein zwischen Prominenz und Politik.

Der neue Politiker-Typ muss sich an Lichtgestalten wie Franz Beckenbauer messen lassen und es gibt schon zu viele Beispiele von Sportskanonen und Unterhaltungsstars, die aus dem Showbiz ins politische Geschäft übergewechselt sind, als dass noch von Einzelfällen die Rede sein könnte. [...]

Noch nie war die Herstellung von Politik, die es meist mit sterbenslangweiligen Materien zu tun hat und ohne große Aura auskommen muss, ohne Darstellung zu haben, und jede Wahl hat unweigerlich mit Werbung zu tun. Die unumkehrbare Affinität zwischen Politik und Schauspielerei wurde freilich gerade in demokratischen Gesellschaften durch die Würde einer öffentlichen Institution und die Selbstachtung der politischen Führung im Zaum gehalten.

[1] Ted-Umfrage: Abkürzung für „Tele-Dialog", Erhebung auf der Basis von Telefonanrufen, die elektronisch angenommen und ausgewertet werden

Claus Leggewie, It's only Politainment, in: Die Woche, 22. 12. 2000.

Jesse Ventura (geb. 1951) ist seit 1998 Gouverneur des US-Bundesstaates Minnesota. Popularität gewann er zuvor als professioneller Schaukämpfer (Wrestler).

MATERIAL 2

Täglich sechs Stunden massenmediale Kommunikation (2001)

Wenn man [...] danach fragt, womit denn eigentlich die Mehrheit der erwachsenen Bevölkerung ihre alltägliche Freizeit verbringt, dann wird klar, dass die Erlebnisgesellschaft eine mediale Erlebnisgesellschaft ist: Die Massenmedien, und hier insbesondere das Fernsehen, nehmen im Tagesverlauf der meisten Menschen einen ganz erheblichen Raum ein. [...] Im Jahr 1997 verfügten nicht weniger als 98,7 Prozent der Haushalte in Deutschland über ein Fernsehgerät, gut ein Drittel davon über zwei oder mehr Geräte. Zusätzlich steht in 62,5 Prozent der Wohnungen ein Videorecorder, mit dem nicht nur Fernsehsendungen aufgezeichnet, sondern auch Leihkassetten mit Kinofilmen abgespielt werden können. Mittlerweile sind etwa 45 Prozent der Haushalte mit einem Kabelanschluss der Telekom versorgt, und fast ein Drittel verfügt über Satellitenempfangsanlagen, so dass die meisten Menschen auch tatsächlich einen Zugriff auf die große Vielfalt der Anbieter haben.

Das Ausmaß der tatsächlichen Mediennutzung zeigt sich in den Daten zum Zeitbudget der Zuschauer. So liegt die durchschnittliche Einschaltdauer der TV-Geräte pro Tag bei 312 Minuten, die tatsächliche Sehdauer beträgt ca. 170 Minuten – einen Teil der Einschaltzeit dient das Fernsehprogramm also eher als Hintergrundrauschen oder als lose gekoppelte Begleitung anderer Tätigkeiten.

Dennoch bleibt zu konstatieren, dass im Durchschnitt fast 3 Stunden täglich konzentriert ferngesehen wird. Bei den so genannten Vielsehern, immerhin etwa 34 Prozent des gesamten Publikums, sehen die Werte noch ganz anders aus: 14 Prozent schauen dreieinhalb Stunden, 10 Prozent muten sich viereinhalb Stunden zu, und weitere 10 Prozent verbringen sogar sechseinviertel Stunden täglich vor dem Fernseher. Zieht man die gesamten Nutzungszeiten der audiovisuellen Massenmedien inklusive Hörfunk, Video und Tonträgern zusammen, dann ergibt sich eine durchschnittliche Gesamtdauer von 364 Minuten. Es ist somit ein Quantum von über 6 Stunden massenmedialer Kommunikation beobachtbar, während man mit personaler Kommunikation „von Mensch zu Mensch" im Durchschnitt gerade einmal eineinhalb Stunden verbringt.

Andreas Dörner, Politainment. Politik in der medialen Erlebnisgesellschaft, Frankfurt/M. 2001, S. 40 f.

MATERIAL

3 Leben wir in einer „Erlebnisgesellschaft"?

Der Soziologe Gerhard Schulze analysiert 1999 in der „Zeit" die Grundlagen unserer alltäglichen Wahrnehmung.

Unser Bild von der Wirklichkeit wird immer durch zwei Kräfte geformt. Zum einen durch unsere Betrachtungsweise, zum anderen durch den betrachteten Gegenstand selbst. [...] Worin liegt der Unterschied, ob ich mich mit mir selbst beschäftige oder mit einer Nähmaschine? Für die objektiven Eigenschaften der Nähmaschine ist es gleichgültig, wie ich sie betrachte. Wenn sie beispielsweise defekt ist, wird die Vorstellung von der Nähmaschine, die ich mir in meinem Kopf bilde, nicht das Geringste daran ändern. Geht es dagegen um mich selbst, so herrschen gänzlich andere Bedingungen. Wenn mir jemand täglich einredet, ich sei ein Griesgram, werde ich irgendwann dieses Urteil übernehmen und tatsächlich einer sein. Vielleicht aber wird es mir gelingen, mich zu „reparieren", indem ich die Ratschläge eines Buches über positives Denken befolge.

Wenn ich mich selbst überzeuge, etwas Bestimmtes zu sein, entwickle ich mich mit einiger Wahrscheinlichkeit in Richtung dieser Überzeugung. Wenn sich das Subjekt selbst zum Objekt macht, wird es, wenn auch in Grenzen, zum Schöpfer einer Wirklichkeit, die keineswegs bloß eingebildet ist. Den besten empirischen Beleg für die Behauptung der Selbstgestaltungskraft des Subjekts, das sich reflexiv zum Gegenstand der Anschauung macht, liefert der Placebo-Effekt. In Tausenden von Experimenten zeigt sich, dass allein der bloße Glaube an die Wirksamkeit einer „als Medizin" eingenommenen Substanz ohne irgendwelche Wirkstoffe die Wirksamkeit tatsächlich objektiv messbar herzustellen vermag, jedenfalls zum Teil. Eine der großen säkularen Bewegungen der Gegenwart ist die Verlagerung des Fokus unserer Zieldefinitionen von außen nach innen. Wir wollen uns gut fühlen und ein schönes, interessantes, faszinierendes Leben haben. Mit dem Erlebnismarkt setzte die größte Mobilisierung des Placebo-Effekts ein, die es je gegeben hat. Ökonomisch gesehen gilt hier eine völlige Umkehr der traditionellen Rationalität des Verbrauchers. War es in der objektzentrierten Wirtschaft rational, den Qualitätsversicherungen der Anbieter zu misstrauen und einen Gegenstand erst nach eingehender kritischer Prüfung als kaufwürdig anzusehen, so stimmt in der subjektzentrierten Wirtschaft genau das Gegenteil: Es ist rational, den Wirksamkeitsversprechungen der Anbieter zu glauben, weil man dadurch die Wahrscheinlichkeit erhöht, dass sich die versprochene Wirkung tatsächlich einstellt. Wenn es nicht um Sachen geht, sondern um Erlebnisse, ist der Käufer unausweichlich Mitproduzent der Ware. Sie entsteht erst in ihm, unter Mithilfe des Anbieters.

Gerhard Schulze, in: Die Zeit, 7. 10. 1999.

1. Diskutieren Sie die Aussage der Karikaturen auf S. 135 und 137. Erörtern Sie Kriterien und Maßstäbe, die sie selbst bei der Beurteilung von Spitzenpolitikern anlegen würden.
2. Beckenbauer for President? Nehmen Sie dazu Stellung. (M 1)
3. Diskutieren Sie: „Werbung ist die Interpretation gesellschaftlicher Wirklichkeit".
4. Erläutern Sie den „Placeboeffekt" im Marktgeschehen, und nehmen Sie zu der Einschätzung Schulzes Stellung. (M 3)
5. Konkretisieren Sie die Theorie der „Erlebnisgesellschaft" mithilfe von Werbung in denjenigen Medien, die sich speziell an Ihre Altersgruppe richten.
6. Führen Sie eine erste Debatte: Inwieweit leben wir in einer Erlebnisgesellschaft? Inwieweit ist die Erlebnisgesellschaft eine mediale Erlebnisgesellschaft? Inwieweit ist Politik zum Bestandteil einer medialen Erlebnisgesellschaft geworden?

6.2 Politik im Unterhaltungsformat

Es ist ein Spezifikum massenmedialer Kommunikation der Gegenwart, dass die aktuellste Nachricht für jeden Bürger in kürzester Zeit zugänglich ist. Erfahrungsbeschleunigung, globale Gleichzeitigkeit und damit verbunden ein Höchstmaß an Komplexität erreichen heute das Wohnzimmer oder die Küche jedes Haushalts. Öffentlichkeit wird längst nicht mehr auf dem Marktplatz hergestellt, und die Versammlungsöffentlichkeit wird deutlich übertroffen von der medialen Öffentlichkeit.

Der FDP-Politiker Jürgen W. Möllemann setzte sich und seine Partei um die Jahrtausendwende wiederholt mit Fallschirmsprüngen in Szene.

Die heutige Gesellschaft ist gekennzeichnet durch die Allgegenwart massenmedial inszenierter Unterhaltung. Unterhaltungswelten sind grundsätzlich „Als-ob-Welten", die im Normalfall die politische und gesellschaftliche Komplexität reduzieren und die in der Regel verbunden sind mit dem „Feel-Good-Faktor": Sie sollen eine positive Stimmung erzeugen. Dazu gehört ein Zusammenhang von Handlung, Bildlichkeit und Musik. Der ursprüngliche Gegenbegriff zur Unterhaltung lautet Information. Diese steht aber inzwischen in enger Auseinandersetzung und Konkurrenz mit den wachsenden Ansprüchen der Unterhaltung. Der Unterhaltungswert bestimmt die Auswahl der Themen, die Präsentationstechnik übersetzt Information in Unterhaltung, und es entstehen neue Arten von Informationssendungen im Unterhaltungsformat. Für die zunehmend größer werdende Schnittmenge hat das kritische Feuilleton den Begriff des „Infotainment" geprägt.

Unterhaltung contra Information?

Wahlen entsprechen dem Grundsatz der Volkssouveränität, wodurch letzten Endes jede politische Entscheidung ihre ursprüngliche Legitimation durch die Bürger erfährt. Im Wahlkampf selbst geht es den Kandidaten, die sich den Wählern präsentieren, um eine Stimmenmaximierung in einer Konkurrenzsituation. Das heißt, die Parteien und Kandidaten wollen Kommunikation herstellen und brauchen dafür eine entsprechende Strategie. Die Wahlergebnisse werden letztlich nur noch zu einem geringen Teil von den spezifisch regionalen Aktivitäten beeinflusst, im Kern werden sie vielmehr durch das Bild bestimmt, das eine Partei als Ganzes und ihre Spitzenrepräsentanten abgeben.

Wahlen

Wahlkämpfe spielen sich heute hauptsächlich in den Massenmedien und in der Unterhaltungsöffentlichkeit ab, nur noch ein kleiner Teil der Auseinandersetzung findet in der Versammlungsöffentlichkeit statt. Die Parteien, deren Kandidaten, die Medien und die Wähler bilden die Eckpfeiler des Entscheidungsprozesses. Das Verhältnis dieser vier Grundelemente zueinander ist aber veränderlich und anscheinend gerade in jüngerer Zeit starken Verschiebungen ausgesetzt. Zu fragen wird sein, inwieweit sich die viel beschworene Individualisierung der Gesellschaft in der politischen Kultur der Gegenwart widerspiegelt. Welche Folgen haben darüber hinaus die gestiegenen Anforderungen an den Unterhaltungswert öffentlicher Ereignisse?

Der Ort der Wahlkämpfe

MATERIAL

1 Andreas Dörner: „Nach der Wahl ist vor der Wahl" (2001)

„Nach der Wahl ist vor der Wahl" so lässt sich, in Anlehnung an eine alte Fußballweisheit, der Zustand des politischen Feldes in der Gegenwartsgesellschaft umschreiben. Das ist keineswegs nur eine Konsequenz der Häufigkeit von Wahlgängen, wie sie gemäß der Vielzahl von ausdifferenzierten Politikebenen etwa in Deutschland mit Kommunal-, Landtags-, Bundestags- und Europawahlen gegeben ist. Dieser Zustand verdankt sich auch der Einsicht von Akteuren und Parteien, dass das Werben um den Wähler in einer Demokratie nicht auf kurze Phasen der öffentlichen Aufmerksamkeit beschränkt werden darf, wenn man gegenüber den Mitbewerbern nicht ins Hintertreffen geraten will. Der „permanente Wahlkampf" [...] ist heute zur Normalität im politischen Alltagsgeschäft geworden. [...]

Unbestritten ist, dass den Wahlkämpfen in den vergangenen Jahrzehnten eine gesteigerte Bedeutung zugewachsen ist, da aufgrund von gesellschaftlichen Modernisierungsprozessen die ehemals relativ festen Bindungen von Wählergruppen an Parteien immer weiter gelockert wurden. Enttraditionalisierung, Individualisierung, Pluralisierung der Lebensstile und Milieus, Temporalisierung von Gruppenzugehörigkeiten – das sind die Stichworte der soziologischen Zeitdiagnose, aus denen sich die Gründe für die empirisch feststellbare Zunahme der Wechselwähler ableiten lassen. Je mehr die gewachsenen Parteibindungen verblassen, um so ertragreicher erscheint es, intensiv um Wähler zu werben, da sich deren Entscheidung an der Urne tatsächlich durch situative Faktoren beeinflussen lässt.

Wenn das politische Feld daher die Dynamik eines Marktgeschehens annimmt, ist es auch wenig überraschend, dass Wahlwerbung sich immer deutlicher den Charakteristika der Produkt- und Markenwerbung annähert.

Andreas Dörner, Politainment. Politik in der medialen Erlebnisgesellschaft, Frankfurt/M. 2001, S. 112 f.

MATERIAL

2 Andreas Dörner: Ein Parteitag als „Krönungsmesse"? (1999)

Im Bundestagswahlkampf 1998 hat Gerhard Schröder anschaulich vorgeführt, was es heißt, die Funktionslogik der medialen Erlebnisgesellschaft im Prozess des demokratischen Machterwerbs zu nutzen. So wurden beim großen SPD-Parteitag, der im Frühjahr 1998 in Leipzig stattfand, die sonst eher sachlich und nüchtern daherkommenden Akteure in eindrucksvoller Licht- und Farbästhetik in Szene gesetzt. Schwungvolle popmusikalische Darbietungen rahmten das Geschehen ein, und beim Höhepunkt der Show wurde schließlich Schröders neuer Wahlkampfspot überlebensgroß auf der Bildschirmwand zelebriert. In einer Bildästhetik, die stark angelehnt war an den visuellen Code von MTV-Musikvideoclips, trat der Kanzlerkandidat als ein souveräner Macher auf, der in der Lage ist, vorhandene Visionen in politische Realität umzusetzen.

Verstärkt wurde diese Ästhetik des „Machers" durch eine geschickt eingesetzte musikalische Rahmung. Es ertönte die hymnische Filmmusik aus der Hollywood-Produktion Airforce One (1997). Die Semantik dieses populären Films, in dem der amerikanische Präsident (Harrison Ford) als heroischer Streiter für sein Land durch entschlossenes Handeln im Alleingang eine ganze Gruppe von Terroristen besiegt, verlieh dem niedersächsischen Ministerpräsidenten und Kanzlerkandidaten – zumindest für den Moment der Inszenierung – ebenfalls die außeralltägliche Aura des politischen Erlöserhelden, mit dessen Erscheinen alles besser werden kann. In dieser Inszenierung vollzog sich das, was für die Präsenz des Politikers in der medialen Erlebnisgesellschaft zunehmend typisch wird: die Transformation des realen Akteurs in eine „hyperreale" Medienfigur, an die sich Bedeutungen, Werte, Sehnsüchte und Sinnverheißungen anlagern.

Andreas Dörner, Politik im Unterhaltungsformat. Zur Inszenierung des Politischen in den Bildwelten von Film und Fernsehen, in: Aus Politik und Zeitgeschichte, B 41/1999, S. 18.

MATERIAL 3

Zeichen der Zeit: Entertainerisierung des Wahlkampfs (2001)

„Wahlkampf unter Vielkanalbedingungen" bedeutet für Parteien und Politiker, dass der Kampf um die immer knapper werdende Ressource Aufmerksamkeit unter verschärften Bedingungen geführt werden muss. Da auf dem Fernsehmarkt wiederum die höchsten Quoten stets mit Unterhaltungsformaten erreicht werden, wird verständlich, warum die politischen Werber zunehmend das Politainment pflegen [...]. Die „unpolitischen Wechselwähler" (das sind derzeit nicht weniger als ca. ein Drittel des gesamten Elektorats) sind zugleich auch ausgesprochen unterhaltungsorientierte Mediennutzer.

Wer gewohnt ist, auf seinem Unterhaltungsslalom im Reich der Television immer umzuschalten, wenn Politik im Nachrichten- oder Informationsformat geboten wird, der bleibt schon mal eher auf dem Kanal, wenn die Politik im Unterhaltungsformat einherkommt. Diese enorme Reichweite der Unterhaltungskultur in die unpolitischen Wählerschichten hinein macht es zum Muss für die Akteure, sich auf die Spielregeln des Entertainment einzulassen. Hinzu kommt, dass sie in den Informationssendungen in der Regel nur journalistisch gefiltert und geschnitten zu Wort kommen, während eine Talk- oder Gameshow den direkten Zugang zum Publikum gewährleistet. [...]

Langfristig wichtiger ist aber ohne Zweifel der professionelle Einsatz unterhaltungskultureller Inszenierungstechniken durch die politischen Akteure, um auf diesem Wege flüchtige Wählergruppen wieder in den Einzugsbereich der großen politischen Parteien zurückzubringen. Diese Entertainisierung des Wahlkampfs geht mit einer Fiktionalisierung des Politischen einher, in deren Rahmen die realen Politiker zu hyperrealen Medienfiguren transformiert werden.

Andreas Dörner, Politainment. Politik in der medialen Erlebnisgesellschaft, Frankfurt/M. 2001, S. 115ff.

MATERIAL 4

Öffentlichkeit als kostbares Gut: Spitzenpolitiker in der Talkshow (2001)

Das Unterhaltungsfernsehen und der Kinofilm im Hollywood-Format stiegen 1998 zu den Leitmedien und zentralen Bildspendern des Wahlkampfs auf. Die erfolgreichen Genres und die Formensprache dieser Medien wurden genutzt, um dem Politischen die Schwere des Arguments und den Ernst alltagsweltlicher Folgenhaftigkeit zu nehmen. Befreit von [...] Kassen- und Quotengift ließ sich auch das ehrwürdige demokratische Ritual der Parlamentswahl aus seiner Aura des Altfränkischen lösen und als Event mit Unterhaltungswert inszenieren, bei dem nicht Programme, sondern gelungene Auftritte über den Erfolg entscheiden.

Symptomatisch für diesen Transformationsprozess steht die geradezu inflationäre Häufigkeit, in der hochkarätige politische Akteure die Harald-Schmidt-Show auf Sat 1 heimsuchten, um sich dort einer Zielgruppe von Jüngeren und Erstwählern als Unterhaltungsdienstleister zu präsentieren. Diese werktäglich zu später Stunde ausgestrahlte Mischung aus Talk- und Comedy-Show bot offenbar eine günstige Chance, ein wichtiges, aber schwer erreichbares Segment des Elektorats zu kontaktieren, denn die Liste der wahlkämpfenden Gäste aus der politischen Klasse umfasste in der Kampagnenzeit 1998 nicht weniger als 16 Namen, von Otto Schily – sonst nicht gerade als Entertainer profiliert – über Joschka Fischer und Rudolf Scharping bis zu Rita Süßmuth und, gleich zweimal, Heiner Geißler. Derartige Auftritte in einer Show, die alles und jeden zum Objekt einer gnadenlosen Spaßkultur macht, sind nicht nur billiger, sondern auch treffgenauer als Wahlwerbespots, bei deren Ankündigung das Gros des Publikums ohnehin wegschaltet. Wer bei Schmidt zu Gast ist und über Nichtigkeiten plaudert, erlangt das kostbare Gut der Wahrnehmbarkeit in der Unterhaltungsöffentlichkeit.

Andreas Dörner, Politainment. Politik in der medialen Erlebnisgesellschaft, Frankfurt/M. 2001, S. 118.

MATERIAL

5 Wird die Plauderrunde zum Ersatz für echte Politik?

Hans Leyendecker stellt 2001 in der „Süddeutschen Zeitung" die Frage nach den Vorteilen der Talkshow für die Politiker.

Die alten Großen wie der frühere Kanzler Helmut Schmidt beklagen zwar, dass die Volksvertreter sich in diese „Sabbelshows" drängten, die nur zu Oberflächlichkeiten verleiteten. Aber auch sie setzten sich mit viel Einsatz ins Licht der Kameras. Da können sie reden, ohne dass ihr Beitrag auf das erträgliche Maß zusammengeschnitten wird. Es ist kein Zufall, dass sich die Mitarbeiter von Fernseh-Magazinen wie Frontal 21 oder Report immer häufiger über Minister beklagen, die Interviews zu kritischen Sachverhalten ablehnen. Was brauchen die die Kritikaster? Die Talkshows reichen ihnen für die übliche Selbstinszenierung. [...]
Richtig ist natürlich auch, dass komplexe Sachverhalte dem Publikum mitunter nur schwer zu vermitteln sind. Die Frage ist allerdings, ob Politik überhaupt noch komplexe Sachverhalte lösen will und ob das Sabbeln in der Talkshow nicht mittlerweile Politik-Ersatz ist. Was war zuerst da? Das Interesse der Medien oder die Sucht der Politiker, sich dem Volk menschelnd zu zeigen.

Hans Leyendecker, Eins in die Presse, in: Süddeutsche Zeitung, 8.9.2001

1. Was ist Öffentlichkeit? Skizzieren Sie einige Veränderungen der Öffentlichkeit in den letzten dreißig Jahren.
2. Erläutern Sie die Aussage: Mit der Öffentlichkeit ändert sich auch der Wahlkampf.
3. Stellen Sie eine Liste von Talk-Shows zusammen. Werten Sie einzelne Beispiele aus, und überprüfen Sie die Einschätzungen von A. Dörner. (M 1 und M 4)
5. Diskutieren Sie: Prägen Talkshows den politischen Diskurs? Werden Talkshows zum Ersatz für Politik?

6.3 Politainment und Mediokratie – Neue Herrschaftsformen?

Wird sich die Politik ändern?

Die Wahrnehmung von Politik hat sich durch die moderne Mediengesellschaft ebenso verändert wie ihr Auftreten („Performance"). Es hat eine Medialisierung der Politik stattgefunden, das Kriterium ihres Unterhaltungswertes ist gestiegen. Verändern sich damit auch die institutionellen und prozessualen Bedingungen politischen Handelns? Wird sich mit der politischen Kultur auch eine tiefgreifende Anpassung des politischen Kerngeschäfts an die Bedürfnisse der Zuschauer vollziehen? Sind vielleicht sogar die bisherigen Legitimationsgrundlagen des politischen Systems infrage gestellt?

Kandidaten statt Parteien?

Kritiker bemerken, dass die Parteien in der medialen Erlebnisgesellschaft an den Rand des Geschehens gedrängt würden, weil das Interesse sich ganz auf die jeweiligen Spitzenkandidaten fokussierte. Dies hätte auch eine Reduzierung der innerparteilichen Demokratie zur Folge. Pate steht bei dieser Wahrnehmung die US-amerikanische Po-

Bundeskanzler Gerhard Schröder und der russische Präsident Wladimir Putin am 9. 4. 2002 zu Gast bei Alfred Bioleks Talkshow „Boulevard Bio".

litik, in der die Parteien seit jeher eine ungleich geringere Rolle spielen. Zugleich nahm der neue massenmedial zelebrierte Politikstil in den USA seinen Anfang. Die Konzentration auf zwei Kanzlerkandidaten, die im deutschen Bundestagswahlkampf 2002 besonders ausgeprägt war, scheint tatsächlich in die Richtung eines medienvermittelten Personalplebiszits zu weisen, das dem politischen System der Bundesrepublik Deutschland bisher eher fremd war und das zu Lasten des Mehrparteiensystems in Richtung eines Zweiparteiensystems wirken kann. Umgekehrt können sich allerdings auch Spitzenpolitiker kleiner Parteien mehr profilieren, als es dem Gewicht ihrer Partei angemessen sein mag.

Wo bleibt das Parlament?

Auch den Parlamentarismus, die Schaltzentrale der Demokratie, sehen manche Beobachter in Bedrängnis. Die „Marginalisierung" der Parteien und die Mittelpunktrolle von Einzelakteuren hätten einen Bedeutungsverlust der eigentlichen politischen Arbeit zur Folge. Außerparlamentarische Verhandlungssysteme und Gesprächsrunden (z. B. Bündnis für Arbeit), deren Ergebnisse medienwirksam vorgetragen werden können, schränkten die Gestaltungsmöglichkeiten der Parlamente weiter ein. Häufig werde heutzutage die Presse über partei- oder fraktionsinterne Entscheidungen eher informiert als das Parlament.

Eine Demokratiebilanz der Zukunft

Die Grenzen der Handlungsbereiche von Medien und Politik sind offenkundig in Bewegung. Aber es bleiben unterschiedliche Sichtweisen und Einschätzungen hinsichtlich einer Demokratiebilanz. Kann die Gesellschaft nicht auch profitieren von der neuen Transparenz und Allgegenwärtigkeit von Politik? In Rom entschieden der Prinzeps und eine sehr kleine Elite darüber, was „öffentlich" ist und was nicht. Das ist in den Zeiten der Massengesellschaft ganz anders. Voraussetzungen für eine positive Entwicklung bestehen in einer von Verantwortung geprägten Kommunikationskultur in der Gesellschaft und in der Medienkompetenz des Einzelnen, die in einer unübersichtlicher gewordenen Informations- und Kommunikationswelt eine zentrale Fähigkeit der Bürgerinnen und Bürger zur Orientierung darstellt.

MATERIAL

1 Mediokratie: Unterwirft sich die Politik den Medien?

Thomas Meyer analysiert in der „Neuen Züricher Zeitung" die Schnittflächen von politischer Logik und Medienlogik (2001).

Traditionellerweise beobachten in der Parteiendemokratie die Medien die Politik, damit sich die Staatsbürger eine vernünftige Meinung von ihr bilden können. In der Mediendemokratie aber beobachten die politischen Akteure das Mediensystem, um zu lernen, was sie und wie sie sich präsentieren müssen, um auf der Medienbühne einen sicheren Platz zu gewinnen. Solches „Politainment" macht Spaß und erweitert das Publikum. Die Frage ist nur, ob das, was es dabei zu besichtigen gibt, noch Information über Politik und einen Einblick in ihr tatsächliches Geschehen vermittelt und auf diesem Wege mündige Entscheidungen über sie möglich macht. In der Antwort auf diese Frage – und nicht etwa in einer puristisch-elitären Abneigung gegen die Künste der Massenattraktion – besteht das Problem, das die Kolonisierung der Politik durch die Medien für die Demokratie aufwirft.

Kern der Veränderung ist eine weitgehende Überlagerung der beiden Systeme „Politik" und „Medien". Sie geht zu einem erheblichen Teil aus der Wirkungsweise ihrer jeweiligen Funktionsgesetze selbst hervor. Das ist leicht einsehbar: Aus Legitimationsgründen ist demokratische Politik unvermeidlich auf die öffentliche Darstellung ihres Vollzugs und ihrer Ergebnisse, nämlich der Herstellung gesellschaftlich verbindlicher Entscheidungen, angewiesen. In den unüberschaubar komplexen Gesellschaften der Gegenwart benötigt sie dazu die Massenmedien. Diese folgen indessen bei jeglicher Darstellung von Politik gleichermaßen unvermeidlich ihrer eigenen Logik, wenn sie ihrer gesellschaftlichen Funktion, nämlich der Erzeugung von größtmöglicher Aufmerksamkeit für gemeinsame Themen, gerecht werden wollen.

Die Massenmedien erreichen ihren Zweck im Wesentlichen durch die Befolgung von zwei aufeinander abgestimmten Regelsystemen. Das erste Regelsystem (Selektionslogik) besteht in der Auswahl berichtenswerter Ereignisse nach Maßgabe ihrer Nachrichtenwerte. Das zweite Regelsystem (Präsentationslogik) besteht aus einem Kanon von attraktionssteigernden Inszenierungsformen für das so ausgewählte Nachrichtenmaterial, um die Maximierung eines anhaltenden Publikumsinteresses zu sichern. [...] Es herrscht das Gesetz der spannungsreichen theatralischen Inszenierung. [...]

Die Frage entsteht, ob solche Darstellung der Politik die Eigenlogik des Politischen noch in einem für die selbständige Urteilsbildung der Bürger angemessenen Maße erkennen lässt oder ob sie diese in den Regeln ihrer eigenen Logik auflöst. Auf Seiten der Politik führt die Schlüsselrolle des Mediensystems zur Vermehrung und zur Professionalisierung der Anstrengungen, ein Höchstmaß an Kontrolle über die Darstellung der Politik im Mediensystem zurückzugewinnen. [...]

Die Auswirkungen dieser Entwicklung sind umfassend und vielgestaltig. Sie strukturieren nicht nur die Darstellung des Politischen, sondern auch seine Herstellung neu. Welche Themen auf den Tisch kommen, welcher Politiker Aufstiegschancen hat, wer die Führung übernimmt und wie groß seine Spielräume zur Definition seiner Politik sind, gegenüber der eigenen Partei, gegenüber den Kontrahenten und gegenüber der Öffentlichkeit, wird durch mediale Vermittelbarkeit und Mediencharisma mitentschieden. Wo beide ausbleiben, haben Themen und Interessen, auch wo sie im Hinblick auf Gerechtigkeit, Zukunftsfähigkeit und Gemeinwohl wichtig wären, wenig Aussicht auf Berücksichtigung. [...]

Doch nicht nur die Parteien, die bisher eine demokratisch fundierte Zentralstellung im politischen Prozess einnahmen, geraten in der mediendemokratischen Konstellation zusehends an den Rand des Geschehens. Der Konflikt der politischen Zeiten zwischen der langsamen Zeit des politischen Prozesses und der schnellen medialen Reaktions- und Inszenierungszeit bringt letztendlich auch den Parlamentarismus selbst in Bedrängnis.

Thomas Meyer, Kotau vor den Medien. Mutiert die Parteiendemokratie zur Mediokratie?, in: Neue Züricher Zeitung, 15. 12. 2001.

Karikatur aus der „Frankfurter Rundschau" vom 22.01.2002; der Bundestagswahlkampf 2002 zeichnete sich nach Meinung vieler Beobachter durch besonders geringe inhaltliche Unterschiede der Kanzlerkandidaten aus.

MATERIAL 2

Gibt es einen Bedeutungsverlust des Parlaments?

Norbert Hoyer erörtert 2001 die Rolle des Parlaments in der Mediendemokratie.

Das Unbehagen ist groß. Das Nachdenken hat längst eingesetzt. Doch bisher weiß niemand einen Ausweg: Das deutsche Parlament befürchtet in der immer bunteren Medienwelt noch mehr an Ansehen zu verlieren. Die Teilnahme an populären TV-Talkshows ist längst wichtiger als eine Rede im Deutschen Bundestag. [...]

„Die Talkshows sind die eigentlichen Plenarsitzungen", klagte die Tageszeitung „Die Welt" in diesem Frühjahr in einem Kommentar. „Die Medialisierung unserer Politik schreitet voran – das Parlament hingegen verschwindet ganz im Schweigen."

Bundestagspräsident Wolfgang Thierse, promovierter Kulturwissenschaftler, räumt Probleme ein: „Es gibt einen Bedeutungsverlust des Politischen, der selbstverständlich auch das Parlament betrifft." Und er konstatiert ebenfalls: „Der Politiker, der in den Medien nicht vorkommt, existiert kaum."

Dabei hat der Deutsche Bundestag schon einiges versucht. Die Regierung soll ihn – wenn möglich – nach den Kabinettssitzungen wenigstens zeitgleich mit der Presse über Ergebnisse und Beschlüsse informieren. Parlaments-Debatten sollen dadurch lebendiger werden, dass beispielsweise kurze Erwiderungen erlaubt sind. Auch soll wie kürzlich im Disput um Gentechnik und Embryonen-Forschung mit Debatten nicht gewartet werden, bis ein Gesetzentwurf auf dem Tisch liegt. [...]

Der Sozialdemokrat Thierse, der erst seit der Wiedervereinigung Deutschlands vor elf Jahren diesen Politik-Betrieb von innen erlebt, mahnt allerdings zur Unterscheidung zwischen einem angeblichen und tatsächlichen Bedeutungsverlust des Parlaments. „Der Deutsche Bundestag ist ein fleißiges, ein zusammenführendes, ein Arbeitsparlament", lobt er. „Im Parlament entscheidet sich das Schicksal der Regierenden und ihrer Pläne und Absichten."

Allerdings weiß auch Thierse, dass dies den Bürgern oft nur schwer zu vermitteln ist. Die stehen zwar in langer Schlange an, um im Bundestag Einlass zu finden. Mehr als vier Millionen Menschen waren schon da, seit das Parlament vor zwei Jahren vom Rhein nach Berlin umzog. Doch angelockt werden die Besucher-Scharen weniger von der Politik als von der modernen Kuppel auf dem ehrwürdigen Reichstags-Bau und der Aussicht von dort über die Metropole. Da stört es nicht, wenn – wie in diesen Wochen – die Abgeordneten in Urlaub sind.

Norbert Hoyer, in: DPA, 1.8.2001.

MATERIAL

3 Italien: Machtbündelung ohne Kontrolle? Das System Berlusconi

Rüdiger Suchsland analysiert 2001 den Politikstil Silvio Berlusconis nach dessen neuerlicher Wahl zum Ministerpräsidenten Italiens.

Er hat es geschafft. Vor einer Woche ist der reichste Mann Italiens mit knapper, aber ausreichender Mehrheit zum neuen Ministerpräsidenten gewählt worden. [...] Wieder einmal [wird], wie schon so oft in der Geschichte, Italien mit dem Wahlerfolg von Silvio Berlusconi zum Laboratorium der Politik, zum Experimentierfeld von Herrschaftsstilen, die durchaus keine italienischen Eigentümlichkeiten bedeuten, sondern in vielem die Rohform von Entwicklungen darstellen, die auch andere Staaten Europas [...] in den folgenden Jahrzehnten zunehmend prägen werden.
Worum es sich handelt, ist – allgemein gesagt – eine Verbindung von sehr alten mit hypermodernen Politikstilen. Ihnen gemeinsam ist ihr antidemokratischer Kern, ihre Auffassung von Politik als einer reinen Technik, einer Methode von Machterwerb und Machterhalt, nicht hingegen als einer Methode von gesellschaftlicher Mitbestimmung und Bürgerbeteiligung.
Dass das Modell Berlusconi durchaus Tradition hat, zeigt ein Blick auf die Antike, genauer: auf das Ende der römischen Republik. Die soeben auf Deutsch erschienene Biographie Julius Cäsars des italienischen Altphilologen Luciano Canfora lässt sich leicht als ein Portrait durchaus aktueller Zustände im Gewand eines Geschichtswerks erkennen. [...]
Wie Berlusconi die Krise der italienischen Republik geschürt hat, ist hinlänglich bekannt. [...] Nicht weniger wichtig sind Berlusconis semantische Spiele mit dem Gedanken der Diktatur, seine aggressive Rhetorik des Aufräumens, der Säuberung, der starken Führung. Berlusconi lässt sich gern amerikanisierend als „leader" bezeichnen. [...] Im Unterschied zu Cäsar ist Berlusconi natürlich demokratisch gewählt, und bisher deutet – trotz seiner demokratisch zweifelhaften Koalitionspartner – eher wenig darauf hin, dass er die demokratische Ordnung direkt angreifen könnte. Ihre Bedrohung ist anderer, indirekterer Art, sie besteht offenkundig zuerst in der populistischen Rhetorik des neuen Ministerpräsidenten und in der Möglichkeit, mittels seines Medienimperiums, seines nach Art einer Kaderorganisation geführten Parteiapparats und seiner Präsenz auf diversen Feldern von Wirtschaft und Unterhaltungsindustrie, die politische Debatte nahezu vollständig zu beherrschen und die Öffentlichkeit nach allen Regeln der Kunst zu kontrollieren.
Canforas Biographie zeigt, dass auch diese Verquickung von Politik und Ökonomie à la Berlusconi keineswegs so neu ist, wie manche glauben. Die Auffassung von Politik als Markt, von einem Programm als zu verkaufendes Produkt, das mit allen Mitteln – inklusive Wahlabsprachen, Korruption, Stimmenkauf und öffentlicher Beeinflussung durch Medien-Propaganda – an den Kunden/Wähler gebracht wird, gab es bereits zu Zeiten der Geschäfte des Herrn Julius Cäsar.
Sein Nachfolger Augustus perfektionierte dieses System politischer Propaganda – Triumphbögen, Kaiserforen, Zirkusarenen und ähnliche öffentliche Prachtarchitektur hatten vor 2000 Jahren eine Funktion, die durchaus mit heutigen Fernsehsendern vergleichbar ist – und institutionalisierte so als „pater patriae" die Diktatur zum System des Kaisertums.
Und wie die Politiker, die in früheren Jahrhunderten den Cäsar-Kult betrieben – von anderen römischen Kaisern bis hin zu Napoleon III. oder dem frühen Mussolini – bedient sich auch Berlusconi eines ganz bestimmten Politikmodells: Immer wieder beschwört er seine besondere, exklusive Beziehung zum Volk, in diesem Fall zu den „wahren Italienern". In seiner – als kostenlose Broschüre in 12-facher Millionenauflage verteilter – Wahlkampfbiographie „Una Storia Italiana" präsentierte sich Berlusconi ganz als einfacher unpolitischer Mann aus dem Volk, als einer, der „es" mit viel Arbeit eher trotz der politischen Verhältnisse geschafft hat, und dabei dennoch nahe an den kleinen Leuten geblieben ist. Das bisschen Geld, so wurde suggeriert, spiele ja keine Rolle [...].

R. Suchsland, Über den Rubikon. In: Telepolis, 25. 5. 2001 (http://www.heise news.de/tp/deutsch/inhalt/te/7710/1.html).

1. Erörtern Sie die Aussage zur Rolle von Parteien und Parlamentarismus bei Thomas Meyer und Norbert Hoyer. (M 1 und M 2)
2. Führt das „Politainment" zur allgemeinen Vorherrschaft der Medien („Mediokratie")?
3. Überprüfen Sie, inwieweit die beiden Konzepte „Politainment" und „Mediokratie" geeignet sind zur Beschreibung des gegenwärtigen Regierungssystems Deutschland.
4. Erörtern Sie, die Gefahr eines Verlustes an demokratischer Kontrolle, wenn eine mediengestützte Machtbündelung stattfindet. (insb. M 3)
5. Der Politikwissenschaftler Herfried Münkler meint, dass die zunehmende „Politiktheatralisierung" Bestandteil eines tiefgreifenden Demokratiewandels sei, durch den die parlamentarische Demokratie schließlich abgelöst würde. Diskutieren Sie diese These.
6. Diskutieren Sie: Verändern sich die Machtstrukturen in Deutschland wirklich?
7. Diskutieren Sie die Fragen, die Bundespräsident Johannes Rau in einer Rede am 23.10. 2001 (Frankfurter Rundschau, 24.10. 2001) aufgeworfen hat: „Wie kommen wir in der Flut der Bilder zur Distanz des Reflektierens? Wie kommen wir in den unterschiedlichen Öffentlichkeiten zu einer für die Demokratie fruchtbaren Meinungsbildung? Wie kommen wir im Beschleunigungsprozess zum Nachdenken, zum kritischen Hinterfragen und zum Verstehen der Dinge und Zusammenhänge?"
8. Untersuchen Sie erneut die Regierungsviertel in Berlin und die Selbstdarstellung des Prinzipats. Bewerten Sie sie unter dem Gesichtspunkt von Politainment.
9. Halten Sie den Begriff „Politainment" dafür geeignet, auch das Regierungssystem des Augustus zu kennzeichnen?
10. Sie haben in diesem Buch die Transformation einer Regierungsform – von der Republik zum Prinzipat – untersucht und darüber hinaus verfolgt, wie sich diese Transformation in einer neuen „Sprache" von Statuen, Dichtung, Münzen und Architektur, kurz: den „Massenmedien" der Antike ausdrückte. Diskutieren Sie, inwiefern es Analogien gibt, denenzufolge auch heute ein „Sprachwechsel" der Massenmedien auf einen Wandel der politischen Verhältnisse schließen lässt.
11. Weiterentwicklung oder „Niedergang": Halten Sie das aktuelle System der westeuropäischen und nordamerikanischen Demokratien für gefährdet?
12. Diskutieren Sie, aufbauend auf den Arbeitsaufträgen 10 und 11, wie weit es sinnvoll ist, „aus der Geschichte lernen" zu wollen.

Berlusconi, der Möchtegern-Napoleon, Karikatur aus „The Economist", 22. 03. 2001.

ZEITTAFEL FÜR DEN AUGUSTEISCHEN PRINZIPAT

Jahr	Politik	Literatur	Kunst/Architektur
31 v. Chr	Seeschlacht von Actium		
27	Res publica restituta; Imperium proconsulare; Ehrenname Augustus	Geschichtswerk des Livius (erste Bücher); Horaz, Carm. 3,1–3 und 5; Tibull, 1. Gedichtband	Clupeus virtutis, Augustus-Bogen von Rimini
25	Schließung des Janus-Tempels	Horaz, Carmen 1, 12; Properz, 2. Gedichtband	Augustus-Bogen von Aosta
23	Tribunicia potestas auf Lebenszeit	Horaz, Carmina I–III (Publikation); nach 23: Properz, 3. Gedichtband	
22	Augustus: Cura Annonae		Tempel des Jupiter Tonans
21	Agrippa: Praefectus urbi?		
20	Verständigung mit den Parthern; Augustus: Cura Viarum	Geschichtswerk des Pompeius Trogus (nach 20); Horaz, epistulae 1; Ovid, Liebesdichtung (ab 20)	
19	Imperium proconsulare auf Lebenszeit; Augustalia	Tod Vergils; Vergil, Aeneis (Publikation);	
18		Horaz, epist. 2,2 (an Florus)	
17	Ludi Saeculares	Horaz, Carmen saekulare	
16	Neugliederung Galliens	Properz, 4. Gedichtband (nach 16)	
14		Vitruv, de architectura (an Augustus); Horaz, Carmen 4,5; Horaz, Epist. 2,1 (an Augustus)	
13	Rückkehr aus Spanien	Horaz, Carmen 4,15;	
12	Augustus: Ponitfex Maximus; Tod des Agrippa		Ara Romae et Augusti in Lyon; Vestaheiligtumauf dem Palatin
11	Augustus: Cura aquarum	Horaz, Epistulae II (Publikation)	Theatrum Marcelli
9			Ara Pacis Augustae; Solarium
8	Tod des Maecenas	Tod des Horaz	Augustus-Bogen v. Susa
6	Tiberius Mitinhaber der Tribunicia potestas		Tropaeum Augusti bei La Turbie
2	Augustus Pater patriae		Forum Augusti mit dem Tempel des Mars Ultor
4 n. Chr.	Adoption des Tiberius		
8		Verbannung Ovids; Ovid, Metamorphosen	
9	Varusschlacht	Ovid Tristien („Traurige Elegien") I–II	Caelius-Stein
10/11	Tiberius Oberbefehl in Germanien	Ovid Tristien III–IV	
12	Triumphzug des Tiberius	Ovid Tristien V	Gemma Augustea
13	Imperium proconsulare verlängert; Tiberius Mitinhaber	Ovid, Briefe aus der Verbannung I–III	
14	Tod des Augustus; Vergöttlichung		

GLOSSAR

Absolutismus: Der Begriff meint einen der Haupttypen der frühneuzeitlichen Monarchie, in der der Monarch der alleinige Inhaber aller staatlichen Gewalt ist und nur Gott und seinem Gewissen verantwortlich ist. Diese Vorstellung läuft auf eine Identität von Monarch und Staat heraus. Die idealtypische Verkörperung des Absolutismus wird häufig in Ludwig XIV. von Frankreich gesehen (1661–1715).

Aedil: Die Aedilen waren zuständig für alle polizeilichen Funktionen in der Stadt Rom und bildeten die zweitniedrigste Beamtengruppe in der römischen Ämterlaufbahn.

Aeneas: Sagenhafter Spross einer Seitenlinie des trojanischen Königshauses; Sohn des Anchises und der Göttin Venus, floh aus dem eroberten Troja nach Italien und wurde zum Stammvater der Römer.

Agrippa, Marcus Vipsanius: lebte 62–12 v. Chr., Freund des Augustus und dessen Feldherr, dem der Prinzeps viele militärische Erfolge verdankte; trat auch als Bauherr in Rom entscheidend hervor; Augustus gab ihm 21 seine einzige Tochter Julia zur Frau.

Agrippa Postumus, Marcus: 12 v. Chr. nachgeborener Sohn des Agrippa von Julia; 4 n. Chr. von Augustus adoptiert, auf Betreiben von Augustus' Frau Livia 7 n. Chr. verbannt; wurde nach dem Tod des Herrschers – wahrscheinlich auf Veranlassung der Livia – ermordet.

Antonius, Marcus: lebte 82–30 v. Chr.; schloss 43 das Triumvirat mit Oktavian und Lepidus, die zusammen Brutus und Cassius besiegten. Antonius verwaltete von Ägypten aus den Osten des Reichs, heiratete die Königin Kleopatra und wurde zum großen Gegenspieler des Oktavian; von diesem bei Actium 31 v. Chr. besiegt, beging er 30 v. Chr. Selbstmord.

Apollo: Sohn des Zeus und der Leto; Gott des Lichtes; Bekämpfer alles Unreinen und Bösen, daher Heilgott, Gott der Weissagung und der Dichtkunst; A. galt als Gott eines neuen goldenen Zeitalters und wurde von Augustus favorisiert.

Aufklärung: Europäische Kulturbewegung des 17. und 18. Jahrhunderts, die das Denken aus der bisherigen Abhängigkeit von Autoritäten herauslösen und auf die Vernunft begründen wollte. Sie forderte in der Regel Toleranz, Trennung von Staat und Kirche, Meinungsfreiheit und Rechtsstaatlichkeit. Damit wurde sie zur geistigen Grundlage der amerikanischen wie auch der französischen Revolution.

Brutus, Marcus Iunius: lebte 85–42 v. Chr.; einer der Caesarmörder; nach der Niederlage bei Philippi 42 v. Chr. gegen Antonius beging er Selbstmord.

Caesar, Gaius Julius: lebte von 100–44 v. Chr.; setzte sich in den innenpolitischen Auseinandersetzungen der römischen Adelsrepublik durch und wurde Anfang 44 zum Diktator auf Lebenszeit ernannt; am 15. 3. 44 wurde er von Gegnern seiner Alleinherrschaft ermordet.

Cassius, Gaius: einer der Caesarmörder; nach der Niederlage bei Philippi 42 v. Chr. gegen Antonius beging er Selbstmord.

Cicero, Marcus Tullius: lebte 106–43 v. Chr.; durchlief die Ämterlaufbahn bis zum Konsulat; bedeutender Gerichtsredner und Schriftsteller, der den „klassischen" lateinischen Prosastil prägte; 43 v. Chr. von Antonius geächtet und ermordet.

Demokratie: Begriff aus der griechischen Antike mit der Bedeutung „Herrschaft des Volkes"; heute genutzt für ein pluralistisch-rechtsstaatliches System, in dem grundlegende Menschenrechte, Volkssouveränität, Mehrparteiensystem, Parlamentarismus, unabhängige Gerichtsbarkeit, Freiheit der Medien und Bürgerbeteiligung garantiert sind.

Diana: altitalische Mondgöttin, später der griechischen Artemis gleichgestellt; Schwester des Apollo; galt auch als eine der von Augustus persönlich favorisierten Gottheiten.

Diderot, Denis: lebte 1713–1784; französischer Schriftsteller und Philosoph, Mitherausgeber der Encyclopédie, der ersten umfassenden Wissenssammlung der Neuzeit.

Diktatur: In Notsituationen wurde in der römischen Republik ein Diktator mit der unbeschränkten politischen Gewalt betraut; diese war aber begrenzt auf 6 Monate; seit 202 v. Chr. nicht mehr angewandt; die Diktatur Caesars ist hinsichtlich Reichweite und (fehlender) Begrenzung deutlich davon zu unterscheiden.

Divi filius: Sohn des Vergöttlichten (Julius Cäsar); Selbstbezeichnung des Augustus.

Divus Julius: der vergöttlichte Julius (Cäsar).

Drusus, Gaius Octavius: lebte 38–9 v. Chr.; jüngerer Bruder des späteren Kaisers Tiberius; D. war für die Nachfolge des Augustus vorgesehen, starb aber früh bei einem Feldzug in Germanien.

Erlebnisgesellschaft: von dem Soziologen Gerhard Schulz geprägter Begriff zur Beschreibung der heutigen Gesellschaft, in der Konsum- und Freizeitaktivitäten immer stärker sinnstiftend werden.

Eusebius von Cäsarea: lebte ca. 260 – 339 n. Chr.; seit 313 Bischof in Palästina; gilt wegen seiner Schriften als einer der Kirchenväter.

Fasces: in Rom von den Liktoren getragene Rutenbündel mit Beil. Sie brachten die Amtsgewalt der römischen Beamten und deren Recht, zu züchtigen und die Todesstrafe zu verhängen, zum Ausdruck;.

Faschismus: bezeichnet die von Benito Mussolini 1919 gegründete Bewegung und ihre Ideologie; der Begriff leitet sich ab von den Fasces (s. o.); nationalistisch-militante Bewegung mit imperialistischen Tendenzen und antiliberalen und antimarxistischen Ansätzen; sie gelangte in Italien 1922 an die Macht und suchte später außenpolitisch den Schulterschluss mit Hitler-Deutschland.

Friedrich I. (Barbarossa) von Staufen: lebte ca. 1122–1190, Kaiser; prägte den Begriff „Sacrum Imperium" (Heiliges Reich); während des 3. Kreuzzuges 1190 in Kleinasien ertrunken.

Hitler, Adolf: lebte 1889–1945; seit 1921 Vorsitzender der NSDAP; seit Januar 1933 Reichskanzler; seit Sommer 1934 „Führer und Reichskanzler" des Deutschen Reiches mit vorstaatlicher Legitimation.

Imperator: Bezeichnung für einen römischen Beamten, der das militärische Kommando innehatte; seit Augustus Namensbestandteil der römischen Herrscher.

Imperium proconsulare: militärische Kommandogewalt eines ehemaligen Konsuls als Provinzstatthalter; eine der rechtlichen Grundlagen der Herrschaft des Augustus.

Janus: altitalischer Sonnengott, Gott alles Ursprungs und Anfangs, des Ein- und Ausgangs, nach volkstümlicher Überlieferung erster König von Latium; der Tempel des Janus stand in Kriegszeiten offen, im Frieden war er geschlossen.

Kapitol: die südwestliche Höhe des Kapitolsbergs in Rom mit dem Tempel des Jupiter Capitolinus.

Karl der Große: lebte 742–814; fränkischer König 768–814; seit 800 Kaiser; erneuerte damit das „abendländische" Kaisertum in Anknüpfung an das römische Reich.

Kleopatra VII.: lebte 69–30 v. Chr.; 51 – 30 ägyptische Königin; schon mit Caesar verbunden, wurde sie zur Gattin des Antonius und damit zum Sinnbild von dessen außerrömischer Bindung im Bürgerkrieg mit Oktavian.

Klienten: Personen mit einem geringeren Sozialprestige, die in einem Treue- und Schutzverhältnis zu Personen mit hohem Sozialprestige stehen.

Konsul: Bezeichnung für die beiden höchsten Beamten der römischen Republik, die nahezu unbeschränkte Machtbefugnisse hatten, sich aber gegenseitig kontrollierten und nur ein Jahr im Amt waren.

Ludwig XIV: lebte 1638–1715; König von Frankreich; galt als Vollender und berühmtester Repräsentant der absoluten Monarchie.

Mäzenas, Gaius Cilnius: lebte 70–8 v. Chr.; M. war einer der engsten Vertrauten des Augustus; durch seine großzügige Förderung der Literatur ist er in das Gedächtnis und den Sprachschatz der Nachwelt eingegangen.

Mars: der Kriegsgott; als Vater von Romulus Stammvater der Römer; als Mars Ultor (rächender Mars) von Augustus für sich persönlich in Anspruch genommen.

Marxismus-Leninismus: Bezeichnung für die offizielle Doktrin des orthodoxen Kommunismus; Weiterentwicklung des Marxismus durch Lenin.

Mediokratie: Herrschaft der Medien; Kennzeichnung des parlamentarischen Systems durch einige Kritiker, die eine Übermacht der Medien im politischen System sehen.

Mitterand, François: lebte 1916–1996; war von 1981 bis 1995 französischer Staatspräsident und hat als solcher u. a. sehr viel Wert gelegt auf die architektonische Ausgestaltung der Hauptstadt Paris.

Mommsen, Theodor: lebte 1817–1903; der berühmteste deutsche Historiker des 19. Jahrhunderts, der sich mit der römischen Geschichte beschäftigte; Literatur-Nobelpreis 1902 für seine „Römische Geschichte".

Monarchie: Staatsform, in der ein einzelner, der Monarch, die Herrschaft ausübt im Gegensatz zur Aristokratie und zur Demokratie; es gibt sehr unterschiedliche Formen der Monarchie.

Montesquieu, Charles de Secondat: lebte 1689–1755; französischer Staatstheoretiker, der u. a. die Lehre von der Gewaltenteilung vertrat; bedeutender Vertreter der politischen Aufklärung.

Mussolini, Benito: lebte 1883–1945; als „Duce" die Verkörperung des italienischen Faschismus.

Napoleon I. (Bonaparte): lebte 1769–1821; militärischer Aufstieg während der französischen Revolution; 1804–1814/15 Kaiser der Franzosen, überzog Europa mit Krieg, sorgte aber auch für die Verbreitung der Errungenschaften der Französischen Revolution.

Nationalsozialismus: politische Bewegung und Bezeichnung für das zwischen 1933 und 1945 in Deutschland errichtete Herrschaftssystem, gekennzeichnet durch Rassismus und Lebensraumideologie.

Oktavian: der Name ist eigentlich eine Erfindung der Historiker; selbst hat er ihn nie benutzt; bis zu seiner Adoption durch Cäsar hieß er Gaius Octavius; danach bis 17 v. Chr. Gaius Julius Cäsar.

Otto der Große: lebte 912–973; deutscher König und römischer Kaiser.

Parlamentarismus: Regierungssystem, in dem das Parlament als gewählte Vertretung des „Volkes" eine zentrale Stellung einnimmt.

Patrizier: in Rom eigentlich die Nachkommen jener Senatoren, die als Häupter der großen Familien in der Frühzeit Roms in die Ratsversammlung gekommen sind.

Patron: im römischen Recht der durch ein gegenseitiges Treueverhältnis mit dem Klienten verbundene Schutzherr.

Plebejer: zunächst die römischen Bürger, die von den Staatsämtern und dem Senat ausgeschlossen waren; später nahezu gleichberechtigt mit den Patriziern; spezifische plebejische Ämter (Volkstribunat) blieben erhalten.

Pompeius, Gnaeus: lebte 106–48 v. Chr.; römischer Feldherr und Staatsmann; erst Schwiegersohn, dann Bürgerkriegsgegner von Caesar.

Prätor: römischer Beamter, der für die Rechtsprechung zuständig war und auch über ein militärisches Kommando verfügen konnte.

Prokonsul: Nach dem Konsulat konnte ein Konsul als Statthalter in eine Provinz gehen oder ein militärisches Kommando innehaben.

Propraetor: Nach der Praetur konnte ein Praetor als Statthalter in eine Provinz gehen oder ein militärisches Kommando innehaben.

Quirinus: der vergöttlichte Romulus; Quiriten sind die Nachkommen des vergöttlichten Romulus, die Römer.

Reichstag: seit 1867/1871 die parlamentarische Vertretung im Norddeutschen Bund bzw. im Deutschen Reich; gleichzeitig Bezeichnung für das Gebäude, in dem er tagt.

Republik: von lateinisch *res publica* (öffentliche Sache); eine Staatsform, die der Monarchie entgegensteht; nicht identisch mit dem Begriff der Demokratie.

Romulus: angeblich Sohn des Mars; sagenhafter Gründer von Rom.

Saturn: altitalischer Gott des Ackerbaus, der mit dem griechischen Zeusvater Kronos identifiziert wurde; von seinem Sohn Jupiter vertrieben, kam er nach Italien, wurde dort von Janus gastlich aufgenommen und herrschte in Latium; seine Herrschaft galt als „Goldenes Zeitalter".

Senat: ursprünglich der „Rat der Alten", die eigentliche Entscheidungsinstanz in Rom, die die führenden Familien der Stadt repräsentierte; man kann von einer Senatsaristokratie sprechen.

SPQR: *senatus populusque romanus*; Senat und Volk von Rom, so die offizielle Staatsbezeichnung, die die Verbindung von römischer Führungsschicht und Volk zum Ausdruck bringen sollte.

Tiberius Claudius Nero: lebte 42 v.–37 n. Chr.; Stiefsohn und Nachfolger des Augustus; römischer Kaiser 14–37 n. Chr.

Tribunicia potestas: tribunizische Gewalt (Amtsgewalt der römischen Volkstribunen); im Prinzipat ein wesentlicher Teil der Amtsgewalt des Herrschers, mit dem die Unverletzlichkeit seiner Person legitimiert war.

Triumvirat: Dreimännerkollegium (zur Wiederherstellung der Republik), so nannten sich zuerst Pompeius, Crassus und Cäsar (60 v. Chr.), dann Antonius, Oktavian und Lepidus (43 v. Chr.).

Troja: Die Stadt Troja wurde nach der Dichtung Homers von den Griechen zerstört. Nach römischer Auffassung wurde der trojanische Königssohn Aeneas, dem es gelang zu fliehen, zum Stammvater der Römer. Als die Römer die Herrschaft über Griechenland antraten, schloss sich nach Meinung vieler Zeitgenossen der mythische Kreis.

Venus: Göttin der Schönheit und der Liebe, Gattin des Vulkan, Mutter des Aeneas, auch des Amor oder Cupido; als Venus Genetrix (Stammutter Venus) von Augustus für sich als Vorfahrin in Anspruch genommen.

Volkstribun: die Magistrate der Plebejer, die deren Rechte gegen die Patrizier verteidigten; V. konnten mit ihrem Veto-Recht Senatsbeschlüsse und Handlungen anderer Magistrate verbieten; dabei war ihre Person besonders geschützt (sakrosankt).

Voltaire (François Marie Arouet): lebte 1694–1778; französischer Schriftsteller, Historiker und Philosoph; bedeutender Vertreter der europäischen Aufklärung.

Wilhelm II.: Kaiser des Deutschen Reichs von 1889–1918; versuchte die konstitutionelle bzw. in Ansätzen parlamentarische Monarchie zu einem sehr „persönlichen Regiment" umzugestalten.

Zensur: zunächst Amt der römischen Zensoren, die zuständig waren für die Erstellung von Bürgerlisten zum Zweck der Vermögenseinschätzung; darüber hinaus kontrollierten sie das Verhalten von Senatoren und konnten in republikanischer Zeit Ausschlüsse durchsetzen. Der Begriff hat sich verselbständigt zur Beurteilung und Überwachung von Meinungsäußerungen allgemein.

INFORMATIONEN ZUR WEITERN ARBEIT – VORSCHLÄGE FÜR REFERATE UND FACHARBEITEN, LITERATURHINWEISE, INTERNETADRESSEN

Reichstagsgebäude, Bundeskanzleramt und „Band des Bundes" (Kap. 1.1)

Vorschläge für Referate und Facharbeiten

- Biographien der Bundespräsidenten
- Der Reichstagsbau Ende des 19. Jahrhunderts
- Die Bedeutung des Reichstagsbrandes 1933
- Die Verhüllung des Reichstags durch Christo
- Der Neubau des Bonner Parlaments
- Das Bonner Bundeskanzleramt
- Regierungsgebäude in Berlin (weitere Beispiele)
- Das politische System der Bundesrepublik Deutschland
- Nationalsozialistische Planungen und Bauten für Berlin (Nord-Süd-Achse, „Halle des Volkes", Reichskanzlei)
- Die Diskussion um das Berliner Stadtschloss
- Berlin oder Bonn? Die Diskussion um die Hauptstadtfrage
- Was geschieht mit dem „Palast der Republik"?

Literatur

- Adolf Arndt, Demokratie als Bauherr, Berlin 1984.
- Bundesministerium für Verkehr, Bau- und Wohnungswesen (Hrsg.), Demokratie als Bauherr. Die Bauten des Bundes in Berlin 1991 bis 2000, Berlin-Hamburg 2000.
- Bundeszentrale für politische Bildung (Hrsg.), Hauptstadt Berlin, Bonn 1996.
- Otfried Jarren/Ulrich Sarcinelli/Ulrich Saxer (Hrsg.), Politische Kommunikation in der demokratischen Gesellschaft. Ein Handbuch, Opladen 1998.
- Barbara Kündiger, Fassaden der Macht. Architektur der Herrschenden, Leipzig 2001.
- Günter Schlusche, Die Parlaments- und Regierungsbauten des Bundes im Kontext der Berliner Stadtentwicklung, in: Aus Politik und Zeitgeschichte B. 34–35 / 2001, S. 16–24.
- Volker Wagner, Regierungsbauten in Berlin. Geschichte, Politik, Architektur, Berlin 2001.
- Heinrich Wefing (Hrsg.), Dem Deutschen Volke. Der Bundestag im Berliner Reichstagsgebäude, Bonn 1999.
- Heinrich Wefing, Kulisse der Macht. Das Berliner Kanzleramt, München 2001.
- Max Welch Guerra, Hauptstadt Einig Vaterland. Planung und Politik zwischen Bonn und Berlin, Berlin 1999.
- Karin Wilhelm, „Demokratie als Bauherr". Überlegungen zum Charakter der Berliner politischen Repräsentationsbauten, in: Aus Politik und Zeitgeschichte B. 34–35/2001, S. 7–15.

Internet

www.bundespraesident.de
www.bundestag.de
www.bundeskanzler.de
www.bundesregierung.de
www.bundesbaugesellschaft.de

Augusteisches Rom (Kap. 1.2, 2, 3 und 4)

Vorschläge für Referate und Facharbeiten

- Strabon, ein römischer Geograph
- Forum Romanum. Die Entwicklung einer Versammlungsstätte
- Augustusforum. Die Stätte des Prinzipats
- Marsfeld. Von der Republik zum Prinzipat
- Ara Pacis. Ein Altar für den Frieden

- Mausoleum des Augustus. Ein Beispiel für antike Grabstätten
- Panzerstatue des Augustus. Die Verkörperung des Prinzipats?
- Münzen: die ideologische Auseinandersetzung zwischen Oktavian und Antonius
- Münzen: Oktavian als Sohn Cäsars
- Münzen: Oktavian/Augustus als Restaurator der republikanischen Freiheit
- Münzen: Augustus/das Augustusreich als Verkörperung des Friedens nach innen und außen
- Münzen: Augustus als „Vater des Vaterlandes"
- Apollotempel und Augustushaus. Wohnen bei Gott?
- Horaz, Oden und Epoden. Herrscherhymnen oder Kunst?
- Vergil, Eklogen. Herrscherhymnen oder Kunst?
- Vergil, Aeneis. Ein römischer Gründungsmythos.
- Tibull als augusteischer Dichter
- Properz als augusteischer Dichter
- Ovid als augusteischer Dichter
- Die neuen Götter des Augustus
- Togastatue des Augustus. Vorspiegelung falscher Tatsachen?
- Der Tatenbericht des Augustus. Welchen Quellenwert hat eine Selbstdarstellung?
- Die Annalen des Tacitus. Ein kritisches Geschichtswerk?
- Cassius Dio als römischer Geschichtsschreiber
- Sueton als Biograph des Augustus
- Velleius Paterculus als römischer Geschichtsschreiber
- Die äußere Entwicklung Roms zwischen 500 und 31 v. Chr. Ein imperialistischer Staat?
- Die Verfassung der römischen Republik. Verfahrensregeln einer herrschenden Schicht?
- Revolution zwischen 44 und 27 v. Chr.?
- Prinzipatsverfassung: Grundlage einer Monarchie?

Literatur

- Augustus, Res gestae. Tatenbericht (Monumentum Ancyranum). Lateinisch, griechisch und deutsch, übers., kommentiert und hrsg. v. Marion Giebel, Stuttgart 1975
- Hermann Bengtson, Grundriss der Römischen Geschichte mit Quellenkunde. 1. Bd.: Republik und Kaiserzeit bis 284 n. Chr., 2. durchges. Aufl., München 1970
- Gerhard Binder (Hrsg.), Saeculum Augustum, Bd. I: Herrschaft und Gesellschaft, Darmstadt 1987, Bd. II: Religion und Literatur, Darmstadt 1988, Bd. III: Kunst und Bildersprache, Darmstadt 1991.
- Jochen Bleicken, Verfassungs- und Sozialgeschichte des Römischen Kaiserreichs, 2 Bde., 2. verb. Aufl., Paderborn 1981.
- Jochen Bleicken, Die Verfassung der Römischen Republik. Grundlagen und Entwicklung, 4. Aufl., Paderborn 1985.
- Jochen Bleicken, Geschichte der Römischen Republik, 3. überarb. Aufl., München 1988.
  Jochen Bleicken, Augustus. Eine Biographie, Berlin 1998.
- Luciano Canfora, Caesar. Der demokratische Diktator. Eine Biographie, München 2001.
- Karl Christ, Krise und Untergang der Römischen Republik, Darmstadt 1979.
- Karl Christ, Die römische Kaiserzeit. Von Augustus bis Diokletian, München 2001.
- Michael Crawford, Die Römische Republik, 3. Aufl., München 1987.
- Werner Dahlheim, Geschichte der Römischen Kaiserzeit, 2. überarb. u. erw. Aufl., München 1989.
- Werner Eck, Augustus und seine Zeit, 2. Aufl., München 2000.
- Marion Giebel, Vergil mit Selbstzeugnissen und Bilddokumenten, 5. Aufl., Reinbek 1995.
- Horaz, Oden und Epoden, lat./deutsch, übers. u. hrsg. v. Bernhard Kytzler, 4. Aufl., Stuttgart 1988.
- Horaz, Epistulae. Briefe, lat./deutsch, übers. u. hrsg. v. Bernhard Kytzler, Stuttgart 1986.
- Kaiser Augustus und die verlorene Republik. Ausstellungskatalog, Berlin 1988.
- Dietmar Kienast, Augustus. Prinzeps und Monarch, 3. durchges. und erw. Aufl., Darmstadt 1999.
- Eckard Lefèvre, Horaz. Dichter im augusteischen Rom, München 1993.
- Christian Meier, Caesar, München 1986.
- Robert M. Ogilvie, ... und bauten die Tempel wieder auf. Die Römer und ihre Götter im Zeitalter des Augustus, München 1984.
- Hans Oppermann (Hrsg.), Wege zu Vergil, Darmstadt 1966.

- Hans Oppermann (Hrsg.), Wege zu Horaz, Darmstadt 1972.
- Viktor Pöschl (Hrsg.), Tacitus, Darmstadt 1969.
- Walter Schmitthenner (Hrsg.), Augustus, Darmstadt 1969.
- Ulrich Schmitzer, Ovid, Hildesheim 2001.
- Herbert Alexander Stützer, Kleine Geschichte der römischen Kunst, Köln 1984.
- Tacitus, Annalen I–VI, Übersetzung, Einleitung und Anmerkungen von Walther Sontheimer, Stuttgart 2000.
- Vergil, Hirtengedichte (Bukolika), übers. u. erl. v. Harry C. Schnur, Stuttgart 1986.
- Vergil, Aeneis. Epos in zwölf Gesängen, unter Verw. d. Übertragung Ludwig Neuffers übers. u. hrsg. v. Wilhelm Plankl unter Mitwirkung von Karl Vretska, Stuttgart 1989.
- Paul Zanker, Augustus und die Macht der Bilder, 3. Aufl., München 1997.

Internet

www.gnomon.ku-eichstaett.de/Gnomon/Gnomon.html *(Gnomon-Datenbank: Bibliographisches Instrument für die Altertumswissenschaften)*
www.latein.uni-erlangen.de/muenzen/numhome.html *(Linksammlung zur Numismatik der Antike)*
www.phil.uni-erlangen.de/~p2latein/ressourc/ressourc.html
www.phil.uni-erlangen.de/~p2latein/ressourc/ressourc.html *(KIRKE: Katalog der Internetressourcen für die Klassische Philologie aus Erlangen)*
www.phil.uni-erlangen.de/~p2latein/ovid/start.html *(Ovid-Homepage)*
www.phil.uni-erlangen.de/~p1altar/aeriahome.html *(AERIA = Antikensammlung Erlangen Internet Archive)*
www.phil.uni-erlangen.de/~p2latein/ressourc/roma. html *(Rom im WorldWideWeb)*
www.ub.uni-konstanz.de/fi/ant/internet.htm"
(Altertumswissenschaft im Internet)
www2.hu-berlin.de/winckelmann/virtbibl.html
(Virtuelle Bibliothek für Altertumswissenschaften)

Vorstufen des modernen Augustusbildes (Kap. 5.1)

Vorschläge für Referate und Facharbeiten

- Zusammenhänge zwischen Augustus und Jesus. Frühe christliche Interpretationen
- Biographie und Augustusbild von
  - Origenes
  - Eusebius
  - Augustinus
  - Orosius
  - Otto von Freising
- Biographie, Regierung, Augustus-Bezug von
  - Karl dem Großen
  - Otto dem Großen
  - Friedrich Barbarossa
- Das Regierungssystem des Absolutismus
- Sichtweisen der Aufklärung (Montesquieu, Voltaire, Diderot)
- Ludwig XIV.: Absoluter Monarch und Nachfolger des Augustus?
- Napoleon I.: Regierungssystem und Rom als Legitimation?

Literatur

- Matthias Becher, Karl der Große, 2. durchges. Aufl., München 2000.
- Wolfgang Braunfels, Karl der Große mit Selbstzeugnissen und Bilddokumenten, 13. Aufl., Reinbek 1994.
- Heinz Duchhardt, Das Zeitalter des Absolutismus, 3. überarb. Auflage, München 1998.
- Odilo Engels, Die Staufer, 3. erw. Auflage, Stuttgart-Berlin-Köln-Mainz 1984.
- Dieter Hägermann, Karl der Große. Herrscher des Abendlandes. Biographie, Berlin 2000.
- Axel Kuhn, Die Französische Revolution, Stuttgart 1999.
- Johannes Laudage, Otto der Große. Eine Biographie, Darmstadt 2001.
- Georges Lefébvre, Napoleon, Stuttgart 1989.
- Rudolf Reiser, Götter und Kaiser. Antike Vorbilder Jesu, München 1995.
- Werner Schneiders (Hrsg.), Lexikon der Aufklärung. Deutschland und Europa, München 2001.

Internet

www.bautz.de.bbkl
(Biographisch-Bibliographisches Kirchenlexikon)
www.erlangerhistorikerseite.de/ma/ma_qu.html
(Links und Quellen zum Mittelalter)
www.fh-augsburg.de/~harsch/augustana.html
(Bibliotheca Augustana: Antike und mittelalterliche Originalquellen)
www-geschichte.fb15.uni-dortmund.de/fnz
(Historisches Material zum Absolutismus und zur Aufklärung)
www.uni-tuebingen.de/mittelalter/indexstart.htm
(Quellen, Sekundärliteratur u. andere Werkzeuge zum Mittelalter)

Informationen zu Geschichtswissenschaft und Geschichtsunterricht in Deutschland (Kap. 5.2)

Vorschläge für Referate und Facharbeiten

- Das Prinzipatsverständnis von …
  - Theodor Mommsen
  - Eduard Meyer
  - Michail Rostovtzeff
  - Ernst Kornemann
  - Dietmar Kienast
- Das Bild des Prinzipats in Geschichtsbüchern
  - des Kaiserreichs
  - der Weimarer Republik
  - des Nationalsozialismus
  - der DDR
  - der Bundesrepublik Deutschland
- Der Prinzipat in Erlassen und Lehrplänen
  - in Bayern
  - in NRW …
  - in der Sekundarstufe I
  - in der Sekundarstufe II

Literatur

- Karl Christ, Römische Geschichte und deutsche Geschichtswissenschaft, München 1982.
- Karl Christ, Von Caesar zu Konstantin. Beiträge zur römischen Geschichte und ihrer Rezeption, München 1996.
- Alfred Heuß, Römische Geschichte, 8. Aufl., Paderborn 2001.
- Diemuth Königs, Joseph Vogt. Ein Althistoriker in der Weimarer Republik und im Dritten Reich, Basel-Frankfurt/M. 1995.
- Volker Reinhardt (Hrsg.), Hauptwerke der Geschichtsschreibung, Stuttgart 1997.
- Ines Stahlmann, Imperator Caesar Augustus. Studien zur Geschichte des Prinzipatsverständnisses in der deutschen Altertumswissenschaft bis 1945, Darmstadt 1988.
- Matthias Willing (Hrsg.), Althistorische Forschung in der DDR, Berlin 1991.

Internet

www.geschichte.hu-berlin.de/galerie/texte/emeyer/emeyer.htm *(Biographie von Eduard Meyer)*
www.gnomon.ku-eichstaett.de/LAG/mommsen.html *(Jürgen Malitz, „Ich wünschte ein Bürger zu sein". Theodor Mommsen im wilhelminischen Reich, 1988)*
www.gnomon.ku-eichstaett.de/LAG/caesar.html
(Jürgen Malitz, Mommsen, Cäsar und die Juden, 1996)

Augustusrezeption und Architektur im italienischen Faschismus (Kap. 5.4)

Vorschläge für Referate und Facharbeiten

- Ideologie: Vergleich italienischer Faschismus und Nationalsozialismus
- Ideologie: Vergleich italienischer Faschismus und Franco-Spanien
- Ideologie: Vergleich italienischer Faschismus und Austrofaschismus
- 1933–1945: Briefmarken als Ideologieträger in Deutschland
- Vergangenheitsbezüge im Nationalsozialismus:
  - Germanenideologie
  - Hermannskult
  - Nibelungensage
  - Friedrich Barbarossa
  - Heinrich der Löwe
  - Architektur im Nationalsozialismus (auch einzelne Beispiele)
- Piacentini: Architektur und Ideologie

- Terragni: Architektur und Ideologie
- Vergleich Architektur im Nationalsozialismus und im italienischen Faschismus
- Deutsches Bauhaus und italienischer Rationalismus

Literatur

- Brigitte Böss, Benito Mussolini und der Faschismus, Puchheim 1988.
- Jerzy W. Borejsza, Schulen des Hasses. Faschistische Systeme in Europa, Frankfurt/M. 1999.
- Christof Dipper/Rainer Hudemann/Jens Petersen (Hrsg.), Faschismus und Faschismen im Vergleich. Wolfgang Schieder zum 60. Geburtstag, Köln 1998.
- Margrit Estermann-Juchler, Faschistische Staatsbaukunst. Zur ideologischen Funktion der öffentlichen Architektur im faschistischen Italien, Köln 1982.
- Hartmut Frank (Hrsg.), Faschistische Architekturen. Planen und Bauen in Europa 1930 bis 1945, Hamburg 1985.
- Reinhard Hirth, Propagande Recycleta. Vergil, Horaz und Augustus auf Briefmarken der Mussolini-Zeit, in: AU 33, 1990, H. 1 u. 2, S. 97–108.
- Walter Laqueur, Faschismus. Gestern – heute – morgen, Berlin 1997.
- Brunello Mantelli, Kurze Geschichte des italienischen Faschismus, Berlin 1998.
- Jens Petersen/Wolfgang Schieder (Hrsg.), Faschismus und Gesellschaft in Italien. Staat, Wirtschaft, Kultur, Köln 1998.
- Karin Priester, Der italienische Faschismus. Ökonomische und ideologische Grundlagen, Köln 1972.
- Karin Priester/Horst Wiechers, Macht der Worte – Macht der Bilder. Materialien zum fächerverbindenden Unterricht in der gymnasialen Oberstufe, Berlin 1999.
- Volker Reinhardt, Geschichte Italiens, München 1999.
- Friedemann Scriba, Augustus im Schwarzhemd? Die ‚Mostra Augustea della Romanità' in Rom 1937/38, Frankfurt/M. 1995.
- Wolfgang Wippermann, Europäischer Faschismus im Vergleich (1922–1982), Frankfurt/M. 1983.
- Wolfgang Wippermann, Faschismustheorien. Zum Stand der gegenwärtigen Diskussion, 5. Aufl., Darmstadt 1989.

Internet

www.dhm.de/lemo/html/biografien/Mussolini Benito/ *(Biografie Mussolinis)*
www.home.fh-karlsruhe.de/~laho0012 *(Römische Gebäude und Literatur dazu)*
www.theo.tu-cottbus.de/expo/nyc1939/nationen/framesetreferat.htm *(Infos und Bilder zum italienischen Pavillon bei der Weltausstellung von 1939)*

Politik in der medialen Erlebnisgesellschaft (Kap. 6)

Vorschläge für Referate und Facharbeiten

- Analyse verschiedener Wahlkämpfe (Europawahl, Bundestagswahl, Landtagswahl, Kommunalwahl)
- Parteitage zur Kandidatenaufstellung
  Analyse verschiedener Talkshows (auch einzelne Sendungen)
- Untersuchung von Serien auf deren Politikgehalt (Lindenstraße, Forsthaus Falkenau, GZSZ etc.)
- Politainment in Großbritannien? Tony Blair
- Politainment in den USA? Ronald Reagan
- Politainment in den USA? Bill Clinton
- Politainment in Italien? Silvio Berlusconi

Literatur

- Andreas Dörner, Politainment. Politik in der medialen Erlebnisgesellschaft, Frankfurt/M. 2001.
- Andreas Dörner/Ludgera Vogt (Hrsg.), Wahl-Kämpfe. Betrachtungen über ein demokratisches Ritual, Frankfurt/M. 2002.
- Murray Edelman, Politik als Ritual, Frankfurt/M./New York 1976
  Siegfried Frey, Die Macht des Bildes. Der Ein-
- fluss der nonverbalen Kommunikation auf Kultur und Politik, Bern 2000.

- Gerhard Göhler (Hrsg.), Macht der Öffentlichkeit – Öffentlichkeit der Macht, Baden-Baden 1995.
- Christina Holtz-Bacha, Wahlkampf in den Medien, Wahlkampf mit den Medien: Ein Reader zum Wahlkampf 1998, Wiesbaden 2000.
- Otfried Jarren / Ulrich Sarcinelli (Hrsg.), Politische Kommunikation in der demokratischen Gesellschaft. Ein Handbuch mit Lexikonteil, Opladen 1998.
- Thomas Meyer, Politik als Theater. Die neue Macht der Darstellungskunst, Berlin 1998.
- Thomas Meyer, Mediokratie. Die Kolonisierung der Politik durch das Mediensystem, Frankfurt/M. 2001.
- Thomas Meyer / Rüdiger Ontrup / Christian Schicha, Die Inszenierung des Politischen. Zur Theatralität medialer Diskurse, Opladen 2000.
- Elisabeth Noelle-Neumann, Kampa. Meinungsklima und Medienwirkung im Bundestagswahlkampf 1998, Freiburg 1999.
- Ulrich Sarcinelli (Hrsg.), Politikvermittlung und Demokratie in der Mediengesellschaft. Beiträge zur politischen Kommunikationskultur, Bonn 1998.
- Christian Schicha u. a. (Hrsg.), Politikvermittlung in Unterhaltungsformaten, Münster u. a. 2002.
- Gerhard Schulze, Die Erlebnisgesellschaft. Kultursoziologie der Gegenwart, Frankfurt/M.-New York 1993.
- Jürgen Wilke (Hrsg.), Mediengeschichte der Bundesrepublik Deutschland, Bonn 1999.
- Herbert Willems / Martin Jurga (Hrsg.), Inszenierungsgesellschaft. Ein einführendes Handbuch, Opladen-Wiesbaden 1998.
  Andreas Wittwen, Infotainment. Fernsehnachrichten zwischen Information und Unterhaltung, Bern u. a. 1995.
- Danilo Zolo, Die demokratische Fürstenherrschaft. Für eine realistische Theorie der Politik, Göttingen 1997.

Internet

www.sabine-christiansen.de
www.harald.schmidt-show.de *(Hinweis: Die Internetadressen der einzelnen Talkshows und Serien sind relativ einfach zu erschließen über die Adressen der einzelnen Fernsehsender.)*
www.die-zeit.de
www.faz.de
www.tagesspiegel.de usw.
www.bundestag.de
(Personen, Termine, Themen rund um den deutschen Bundestag)
www.elektronische-demokratie.de
(Newsserver und Diskussionsforum des deutschen Bundestags)
www.politikerscreen.de
(Portal für viele nützliche und aktuelle Links und News aus der Politik)
www.wahlrecht.de *(Detaillierte Infos, Zahlen und Prognosen zu allen größeren Wahlen)*

BILDQUELLENVERZEICHNIS

AKG: 21, 27–o, 28–o, 33, 43, 47, 54, 57, 61, 79, 83, 89, 97 (Erich Lessing), 101, 117, 122, 126; Archäologische Staatssammlung, Museum für Ur- und Frühgeschichte, München: 22; Beck Verlag, München: 24–o; Bibliothèque nationale, Paris: 32-m; Bilderberg, Hamburg: 11-o; British Museum, London: 38–1 (Typ BMC I 110 Nr. 680), 38–2 (Inv.Nr. 28478.56), 38-3 (Typ BMC I 71, Nr. 412); Bundesbaugesellschaft, Berlin: 9; Bundesbildstelle, Berlin (Andrea Bienert): 11–u, 12; Bundespräsidialamt, Berlin: 7; Bundestag, Berlin: 14; Château de Versailles: 98; concret, Augsburg: 91; Deutsches Institut für internationale pädagogische Forschung, Frankfurt/M.: 113; dpa: 129, 130, 131, 133, 139, 143; Fototeca Unione, Rom: 32-u; FAZ: 135 (Greser & Lenz); Globus: 15; Heidolph, Theis, Kottgeisering: 16, 77; Jucker, Hans: 31; Kaiser Augustus und die verlorene Republik. Ausstellungskatalog, Berlin 1988, S. 408: 26–u; Kaiser Augustus und die verlorene Republik. Ausstellungskatalog, Berlin 1988, S. 409: 27-u; Langner & Partner, Hannover: 81, 84; Münzen und Medaillen AG, Basel: 32–o; Museo Na- zionale, Neapel: 38–4 (Fiorelli 3600); Pfannenschmidt, Dirk, Hannover: 15, 18, 19, 24–u, 25, 28–u, 29–o, 29–m, 29–u, 30, 34; Plassmann/CCC, HYPERLINK „http://www.c5.net" www.c5.net: 145; Rheinisches Landesmuseum, Trier: 107; Scala, Florenz: Umschlag, 30, 53, 73; The collections of H. M. the King of Sweden (3/2), Stockholm: 99; Thüringer Universitäts- und Landesbibliothek, Jena: 95-o (Ms. Bos. q. 6, Bl. 38v), 95-m (Ms. Bos. q. 6, Bl. 67v), 95-u (Ms. Bos. q. 6, Bl. 78v).

Nicht in allen Fällen war es uns möglich, den Rechteinhaber der Abbildung ausfindig zu machen. Berechtigte Ansprüche werden im Rahmen der üblichen Vereinbarungen abgegolten.

REGISTER

A

Absolutismus 96 ff., 149
Aeneas 44 ff., 118, 149
Aeneis 40, 44 ff.
Agrippa Postumus, M. V. 64 f., 149
Agrippa, Marcus V. 27, 40, 46, 50, 63, 149
Aktium, Schlacht von 46 f., 79
Annalen des Tacitus 61 ff., 71
Annuität 82
Antonius, Marcus 46, 74, 78 f., 149
Apollo-Tempel 23, 34, 48
Ara Pacis 16, 23 f., 26 f., 29, 120
Archäologie 120 f.
Architektur 8 ff., 122 ff., 127 ff.
As 35
Aufklärung 96 ff., 149
Augustusforum 19, 23 f.
Aureus 32, 35, 38

B

Band des Bundes 13 f.
Bartetzko, Dieter 125
Bauhaus 124
Bauwesen 127
Berlusconi, Silvio 146 f.
Bibliothèque Nationale 131
Binder, Gerhard 121
Bleicken, Jochen 78 ff.
Bossuet, Jacques B. 96
Briefmarken 118 f.
Brutus 78 f., 149
Bucolica 40
Bundeskanzleramt 11 ff.
Bürgerforum 13 f.
Bürgerkrieg, römischer 74 ff, 78 ff.

C

Canfora, Luciano 146
Carmen saeculare 48
Casa del Fascio 125 f.
Cassius Dio 51, 70 f.
Cassius, Gaius 78 f., 149
Christ, Karl 106
Christliche Autoren 92 f.
Christo und Jean-Claude 10 f.
Cicero, Marcus Tullius 78 f., 149
Cincinnatus 48
Circus Maximus 16
Crassus, Marcus L. 38
Curia Julia 23
Curtius, Ludwig 121

D

Demokratie 134 ff., 149
Denar 32, 35
Deutsche Demokratische Republik 101, 108
Diderot, Denis 97 f., 150
Diktatur 48, 56, 62, 81 f., 150
Dio Cassius *siehe* Cassius Dio
Domitian 61
Dörner, Andreas 140
Dupondius 35
Dyarchie 104 f.

E

Encyclopédie 97 f.
Erlebnisgesellschaft 134 ff., 150
EUR (Esposizione Universale di Roma) 122 f., 126
Euro-Münzen 36 f.
Europa und Augustus 90 f.
Eusebios von Cäsarea 92, 150

F

Faschismus 91, 116 ff., 150
Fortuna 24
Forum Romanum 16 ff.
Foster, Sir Norman 9 f.
Frank, Charlotte 12 f.
Friedensaltar des Augustus *siehe* Ara Pacis
Friedrich I. Barbarossa 95, 150
Frühgeschichte, römische 75

G

Gemma Augustea 33
Georgica 40
Gérard, François-P.-S. 99
Germanicus 33, 63
Gladiatorenspiele 58
Grabrede 49
Gracchen 75, 83
Grand Louvre 130
Grande Arche 129
Grands Projets 128 ff.
Grundgesetz 8

H

Harald-Schmidt-Show 141
Haus der Kulturen, Berlin 11 f.
Herrscherbriefe 43
Hitler, Adolf 101, 104, 106, 150
Hofmann, Werner 68
Horaz, (= Quintus Horatius Flaccus) 40 f., 43, 50, 116, 118
Horologium *siehe* Sonnenuhr
Hoyer, Norbert 145

I

Ideologie 54 ff., 67 f.
Imperium proconsulare 84 f., 150
Infotainment 139 ff.

J

Janustempel 48
Jenenser Chronik 95
Jupiter Tonans 17

K

Kaiserreich, deutsches 100 ff.
Karl der Große 95, 150
Karthago 75
Kienast, Dietmar 111 f.
Kleopatra 46, 79, 150
Klio 113
Kollegialität 82 f.
Koner, Max 100

Konsulat 81 f., 84, 88
Kornemann, Ernst 104 f.

L

Leggewie, Claus 136
Lehrpläne 107
Lepidus, Marcus Ae. 78 f.
Leyendecker, Hans 142
Livia 27, 34, 40, 52, 63 ff.
Louvre *siehe* Grand Louvre
Ludwig XIV. 96 ff., 130, 151

M

Macchiavelli, Niccoló 91
Mäzenas, Gaius C. 40, 43
Marcellus-Theater 17
Mars Ultor 17, 19 f., 38, 51, 60
Marsfeld 20, 23, 25
Massenmedien 134 ff.
Mausoleum des Augustus 16, 20, 23, 25, 28 f.
Medienmarkt 135 f.
Mediokratie 134 ff., 142 ff., 151
Melito von Sardes 92
Meyer, Thomas 144
Mitterand, François 128, 131, 151
Mommsen, Theodor 101 ff., 151
Montesquieu, Charles de S. 96 f., 151
Monumentum Ancyranum *siehe* Tatenbericht
Mostra Augustea della Romanità 122 f.
Multiperspektivität 111
Münzen 23, 32, 35 ff.
Mussolini, Benito 116 ff., 151

N

Napoleon Bonaparte 99, 151
Nationalsozialismus 101, 104, 106, 112 f., 151
Neo-Klassizismus 124

O

Obelisk 29
Objektivität 111
Öffentlichkeit 8 ff., 22 ff., 134 ff.
Optimaten 75 f.
Origenes 92
Orosius 93
Otto I. der Große 95, 151
Otto von Freising 93 ff.
Ovid (= Publius Ovidius Naso) 40

P

Pagano, Giuseppe 124
Palazzo della Civiltà del Lavoro 126
Pallotino, Massimo 120
Panzerstatue des Augustus 22, 30 f.
Parlamentarismus 143 f., 151
Parteilichkeit 111
Partherkrieg 22, 31 f., 41 f., 59
Pater patriae 39, 151
Patristische Literatur 92
Petersen, Jens 122
Politainment 142 ff.
Pontifex Maximus 48, 57, 87
Popularen 75 f.
Prätur 81 f., 84, 88
Primaporta, Augustus von, *siehe* Panzerstatue
Primus inter pares 54
Proskriptionen 78

Q

Quästur 81 f., 84, 88
Quelleninterpretation 69 ff., 111
Quellenkritik 69 ff.

R

Regierungsviertel Berlin 8 ff.
Reichstag 9 ff., 152
Res publica amissa 74
Res publica restituta 74, 80, 85
Revolution, Römische 74 f.
Rezeptionsgeschichte 90 ff.
Rigaud, Hyacinthe 97
Romulus 44, 71, 152

S

Sacrosanctitas 86
Säkularfeiern 40, 48, 50
Salamun, Kurt 67
Santifaller, Enrico 125
Schulbücher (Geschichte) 102, 107 ff.
Schultes, Axel 12 f.
Senat 80 f., 84, 87, 152
Sesterz 35
Sibylle von Kumae 45
Signis receptis 32, 38, 42
Sine ira et studio 62
Sklaverei 75
Sonnenuhr des Augustus 29
Spenden an das Volk 58, 65, 76
Spreebogen 14
Stahlmann, Ines 92 f.
Ständekämpfe 75, 86
Strabon 20
Suchsland, Rüdiger 146
Sueton 17, 50 ff.
Syme, Ronald 74

T

Tacitus, Cornelius 61 ff., 71
Talkshow 141 f., 145
Tatenbericht des Augustus 55 ff.
Tellus 27, 33
Terragni, Giuseppe 125 f.
Tiberius 27, 33, 62 ff., 152
Tiepolo, Giovanni B. 43
Tillemont, Sebastien L. de 96
Togastatue des Augustus 54
Tribunicia potestas 38, 84, 86, 152
Triumvirat 56 f., 78 f., 152
Troja 42, 44, 46, 152

V

Verfassung der röm. Republik 80 ff.
Verfassung des Prinzipats 84 ff.
Vergil, (= Publius Vergilius Maro) 40, 44 ff., 116, 118 f.
Verhüllter Reichstag 11
Vertot, Abbé de 96
Veto 83, 86
Volkstribunat 81 ff., 84, 86, 88, 152
Volksversammlung 81 f.
Voltaire, François M. A. 97, 152

W

Wahlkampf 139 ff.
Wasserversorgung Roms 16, 20, 58
Weber, Wilhelm 112 ff.
Weimarer Republik 101, 104 f., 112 f.
Weltausstellung 123
Wilhelm II. 100, 152

Z

Zensur 81 f., 84, 152